Gelassen und sicher im Streß

Springer

Berlin
Heidelberg
New York
Barcelona
Budapest
Hongkong
London
Mailand
Paris
Santa Clara
Singapur
Tokio

Gert Kaluza

Gelassen und sicher im Streß

Psychologisches Programm zur Gesundheitsförderung

2., vollständig überarbeitete und erweiterte Auflage

Dr. Gert Kaluza
Philipps-Universität Marburg
Medizinische Psychologie
Fachbereich Humanmedizin
Bunsenstraße 3
D-35033 Marburg

Die Deutsche Bibliothek – CIP-Einheitsaufnahme

Kaluza, Gert:
Gelassen und sicher im Stress ; psychologisches Programm zur Gesundheitsförderung / Gert Kaluza. – Berlin ; Heidelberg ; New York ; Barcelona ; Budapest ; Hongkong ; London ; Mailand ; Paris ; Santa Clara ; Singapur ; Tokio : Springer, 1996

ISBN 3-540-58724-1

ISBN 3-540-58724-1 Springer-Verlag Berlin Heidelberg New York

ISBN 3-540-53655-8 1. Auflage Springer-Verlag Berlin Heidelberg New York

Umschlaggestaltung: Struve & Partner, D-69126 Heidelberg
Satzherstellung: Storch GmbH, D-97353 Wiesentheid
Herstellung: PRO EDIT GmbH, D-69126 Heidelberg

SPIN: 10487393 26/3134-5 4 3 2 1 0 – Gedruckt auf säurefreiem Papier

*Für Sarah, Anna-Lena,
Eleonore und Friederike*

Vorwort

Das Programm „Gelassen und sicher im Streß" ist ein gesundheitspsychologisch fundiertes Gruppentrainingsprogramm zur Verbesserung des Umgangs mit alltäglichen Belastungen (Streßbewältigung). Sein Vorläufer, das verhaltenstherapeutisch orientierte Streßpräventionsprogramm „Gelassen und sicher im Streß" (Kaluza & Basler 1991), wurde in den Jahren 1985 bis 1989 im Rahmen eines von der Bundeszentrale für gesundheitliche Aufklärung geförderten Projektes am Institut für Medizinische Psychologie der Universität Marburg konzeptuell entwickelt, praktisch erprobt und wissenschaftlich evaluiert (Kaluza, Basler & Henrich 1988). In den vergangenen Jahren hat dieses Programm eine große Verbreitung gefunden und nimmt inzwischen im expandierenden Feld der Gesundheitsförderung einen festen Platz ein. Mehr als 600 Diplom-Psychologinnen und Diplom-Psychologen haben sich bis heute zum Kursleiter fortgebildet, und das Programm wird sowohl von Krankenkassen, Volkshochschulen und anderen Einrichtungen der Erwachsenenbildung angeboten als auch im Rahmen betrieblicher Gesundheitsförderungsaktionen durchgeführt.

In das hier vorgelegte erweiterte und vollständig überarbeitete Manual sind die inzwischen gewonnenen umfangreichen Praxiserfahrungen eingearbeitet in Form von neu aufgenommenen Übungen, zusätzlichen Teilnehmermaterialien, zahlreichen Beispielen, wörtlichen Instruktionen und detaillierten didaktischen Hinweisen sowie gezielten Hilfen für den Umgang mit methodischen, motivationalen und gruppendynamischen Schwierigkeiten. Dabei wurde die bewährte Grundkonzeption des Trainingsprogrammes, die sich durch eine starke Orientierung an den individuellen Belastungen der Teilnehmer sowie durch ein hohes Maß an Flexibilität in der praktischen Kursgestaltung auszeichnet, beibehalten. Anstelle einer detaillierten Vorstrukturierung einzelner Kurssitzungen werden in dem vorliegenden Kursleitermanual einzelne Trainingsbausteine beschrieben. Dadurch soll es dem Kursleiter ermöglicht werden, in Abhängigkeit von der jeweiligen Kursgruppe thematische Schwerpunkte zu setzen und den zeitlichen Ablauf des Kurses flexibel zu gestalten. Zur orientierenden Unter-

stützung bei dieser Aufgabe werden zusätzlich Vorschläge zur inhaltlichen und zeitlichen Strukturierung des Kurses gemacht.
Inhaltlich ist das Trainingsprogramm in drei Bausteine gegliedert: „Problemlösetraining", „Entspannungstraining" und „Genußtraining". Die beiden letzteren zielen wesentlich darauf ab, Abstand von inneren und äußeren Anforderungen zu gewinnen, negative Belastungsfolgen zu kompensieren sowie präventive Schutzfaktoren aufzubauen. Daneben tritt mit dem „Problemlösetraining" die Konfrontation und problembezogene Auseinandersetzung mit den konkreten Belastungen der Kursteilnehmer. Unter der generellen Zielperspektive einer möglichst hohen Flexibilität im Umgang mit Belastungen wird eine ausgewogene Balance zwischen den distanzierenden palliativen Bewältigungsformen einerseits und einem konfrontierenden problembezogenen Bewältigungsverhalten andererseits angestrebt.
Im vorliegenden Manual werden die gesundheitspsychologischen Grundlagen des Programmes (Teil A) und die drei Programmbausteine sowie deren praktische Umsetzung im Kurs (Teil B) ausführlich beschrieben. Im Anhang finden sich Arbeitsmaterialien, die im Verlaufe des Kurses an die Teilnehmer ausgegeben werden.

Viele Menschen haben mir in den zurückliegenden Jahren geholfen. Ich danke meinem Chef und Co-Autor der Vorläuferversion dieses Manuales, Prof. Dr. phil. Dr. med. habil. Heinz-Dieter Basler, für seine fachliche und menschliche Unterstützung seit mehr als 10 Jahren. Die Diplom-Psychologen Helen Hellwig ✝, Heiner Kaut-Otterbein, Ute Kramer, Holger Meyer, Josef Schmitz und Ingrid Wild haben als „Trainer der ersten Stunde" in der Erprobungsphase die Kurse geleitet und durch ihre konstruktive Kritik die Programmentwicklung mitgestaltet. Meine Erfahrungen mit betrieblichen Streßbewältigungstrainings verdanke ich zu wesentlichen Teilen der langjährigen, vertrauensvollen Zusammenarbeit mit Frau Karin Huth und Herrn Georg Büchler von der Firma BOEHRINGER Mannheim. Die inzwischen bundesweite Verbreitung des Programmes wäre nicht möglich gewesen ohne die Deutsche Psychologen Akademie (DPA) in Bonn, in deren Händen seit 1990 die Organisation der Fortbildungsveranstaltungen für Kursleiter liegt. Dem Leiter der DPA, Herrn Dr. Friedrich-Willhelm Wilker, danke ich für sein stets offenes Ohr und seinen unkomplizierten Stil der Kooperation. Zahlreiche wertvolle Anregungen für die Überarbeitung des Manuales verdanke ich Holger Meyer und Josef Schmitz, die mich in vielen gemeinsamen Diskussionen von ihren Erfahrungen als Kursleiter und Fortbilder profitieren ließen. Mein Kollege Diplom-Psychologe Stefan Keller war stets mit Rat und Tat zur Stelle, wenn ich Hilfe am PC brauchte. Für die geduldige und positive motivierende verlegerische Betreuung danke ich Frau Heike Berger, die auch den ersten Anstoß für die Überarbeitung des Manuales gab.

Ich hoffe, daß von dem vorliegenden Manual reger Gebrauch gemacht wird, und bin dankbar für konstruktive Rückmeldungen über Erfahrungen aus der Kurspraxis.

Marburg, im Juli 1995 G. Kaluza

Inhaltsverzeichnis

Theoretische Grundlagen des Gesundheitsförderungsprogrammes

TEIL A

Gesundheitsförderung durch Streßbewältigung

1

Von der Prävention zur Gesundheitsförderung 1.1

Gesundheit fördern – aber welche? 1.2

Gefahren und Irrwege der Gesundheitsförderung 1.3

1.1 Von der Prävention zur Gesundheitsförderung

„Vorsorgen ist besser als heilen" – diese einfache, alte Erkenntnis hat auch heute nichts von ihrer Gültigkeit eingebüßt. Die konkreten Wege allerdings, die zu ihrer praktischen Umsetzung beschritten werden, haben sich gewandelt. Die allgemeine Verbesserung der Lebensbedingungen und die Fortschritte der modernen Medizin haben dazu geführt, daß sich die durchschnittliche Lebenserwartung seit der Jahrhundertwende nahezu verdoppelt hat. Damit hat sich zugleich auch das Spektrum der vorherrschenden Krankheiten entscheidend verändert. Im Vordergrund stehen heute nicht mehr akute Infektionskrankheiten, wie dies noch vor 70 oder 80 Jahren der Fall war, sondern zumeist chronisch verlaufende sogenannte „Zivilisationskrankheiten". Dazu zählen Herz-Kreislauf-Erkrankungen, Krebsleiden, degenerative Muskel- und Skeletterkrankungen und nicht zuletzt auch psychische und psychosomatische Krankheiten und Beschwerden.

Verhalten und Verhältnisse wirken bei der Entstehung der „Zivilisationskrankheiten" zusammen

So verschieden diese modernen Krankheiten hinsichtlich ihrer Ursachen, ihres Erscheinungsbildes und ihres Verlaufes auch sein mögen, so ist ihnen doch eines gemeinsam: Sie entwickeln sich schleichend, in einem oft über Jahre andauernden Prozeß. Dabei wirken Lebens-, Arbeits- und Umweltverhältnisse sowie individuelle Verhaltensweisen in vielschichtiger Weise zusammen. Große epidemiologische Studien haben wiederholt falsche Ernährung, Bewegungsmangel, Rauchen und mangelhafte Streßbewältigung als wichtige verhaltensbedingte Risikofaktoren für Herz-Kreislauf-Erkrankungen bestätigt. Doch nicht allein das Risiko*verhalten* des einzelnen, sondern auch bestimmte Umwelt- und Arbeits*verhältnisse,* die z.B. durch andauernde Arbeitsplatzunsicherheit oder durch hohe Verantwortung bei nur geringem Entscheidungsspielraum gekennzeichnet sind, erhöhen das Erkrankungsrisiko. Beispielsweise ergab eine schwedisch-amerikanische Untersuchung an über 3000 Beschäftigten, daß die Faktoren „Unzufriedenheit mit dem Arbeitsplatz" und „Betriebsklima" bei chronischen Rückenschmerzen eine größere Rolle spielten als körperliche Belastungen oder Kraft und Ausdauer der Beschäftigten (Theorell et al. 1991).

Was sind heute die Aufgaben der Gesundheitsförderung?

Eine wirksame Vorbeugung dieser Erkrankungen erfordert mehr als den sprichwörtlichen erhobenen Zeigefinger, der zu einem gesundheitsgerechten Verhalten ermahnt. Auch traditionelle Präventionskonzepte wie z.B. „Anti-Raucher-Kampagnen" greifen, wie alle Erfahrungen zeigen, zu kurz. Moderne Gesundheitsförderung heute muß sowohl das Verhalten des einzelnen als auch seine Lebens- und Arbeitsverhältnisse gleichermaßen berücksichtigen. Den einzelnen Menschen zu einem gesunden Leben zu befähigen und zugleich die Lebens- und Arbeitsbedingungen gesundheitsgerecht zu gestalten, sind die Aufgaben, die zusammen in Angriff genommen werden müssen.

Gesundheit fördern statt Krankheit verhüten

Gesundheitsförderung ist auch mehr als bloße Krankheitsverhinderung. Gesundheit erschöpft sich nicht in der Abwesenheit von Krankheit; die ausschließlich kurative Behandlung von Krankheiten schafft noch keine Gesundheit. Mehr noch: Gesundheit und Krankheit können als zwei zumindest teilweise voneinander unabhängige Dimensionen betrachtet werden (Lutz 1992). So wie „Gesundsein" mehr beinhaltet als „nicht-krank", so wird auch ein Mensch, der an einer Krankheit leidet, immer auch „gesunde" Anteile aufweisen. Nicht nur die Merkmale der Krankheit selbst, sondern auch die körperliche und psychische Widerstandskraft des Betroffenen, seine Lebenseinstellungen, Bewältigungskompetenzen und sozialen Ressourcen beeinflussen den aktuellen Gesundheitszustand. Diese sogenannten salutogenetischen Faktoren (Antonovsky 1988) zu stärken, ist das Hauptanliegen der Gesundheitsförderung, die damit eine ausschließlich pathogenetische, an der bloßen Beseitigung oder Verhinderung von Krankheiten orientierte Sichtweise überwindet. „Die Idee der Gesundheitsförderung ist unspezifisch, die Idee der Prävention krankheitsspezifisch, das heißt an der ICD-Klassifikation orientiert. Prävention beginnt bei wohldefinierten medizinischen Endpunkten und fragt zurück nach möglichen Risikofaktoren. Gesundheitsförderung setzt an den Lebensbedingungen des Menschen an. Ihr geht es darum, biologische, seelische und soziale Widerstandskräfte und Schutzfaktoren zu mobilisieren und Lebensbedingungen herzustellen, die positives Denken, positive Gefühle und ein optimales Maß an körperlicher Be- und Entlastung erlauben" (Badura 1992, S. 44).

Das vorliegende psychologische Gesundheitsförderungsprogramm „Gelassen und sicher im Streß" fühlt sich einem solchen an einem positiven Gesundheitsbegriff orientiertem Verständnis von Gesundheitsförderung verpflichtet.

1.2 Gesundheit fördern – aber welche?

Worin besteht „Gesundheit"?

Nimmt man den Satz, daß Gesundheit mehr ist als die Abwesenheit von Krankheit, ernst, so ist man sogleich vor die Frage gestellt, worin denn dieses „mehr" besteht. Anders gefragt: Wie läßt sich Gesundheit (über die einfache Negation von Krankheit hinaus) positiv definieren? Dies ist keine rein akademische Gedankenspielerei. Vielmehr hat die Frage, wie und womit der Gesundheitsbegriff inhaltlich positiv zu füllen ist, entscheidende Konsequenzen für die Praxis der Gesundheitsförderung. Im folgenden soll daher versucht werden zu klären, welches Gesundheitsverständnis dem hier vorgestellten Gesundheitsförderungsprogramm zugrundegelegt ist.

Die WHO-Definition der Gesundheit

Die Gesundheitsdefinition, auf die sich weltweit die größte Expertengruppe hat einigen können, wurde bereits im Jahre 1946 in der Präambel der Charta der *Weltgesundheitsorganisation (WHO)* veröffentlicht. Sie lautet: „Gesundheit ist der Zustand vollständigen körperlichen, geistigen und sozialen Wohlbefindens und nicht nur des Freiseins von Krankheit und Gebrechen" (zit. nach Franzkowiak & Sabo 1993, S. 60).

Gesundheit als Wohlbefinden

Hervorzuheben an diesem Versuch, Gesundheit positiv zu bestimmen, ist im wesentlichen zweierlei: Zum einen wird Gesundheit hier nicht definiert über den durch einen professionellen Experten erhebbaren objektiven Befund, sondern über das subjektive Befinden des einzelnen, der damit selbst zum Experten für seine Gesundheit wird und dessen Selbstbestimmung und Selbstverantwortung in Sachen Gesundheit gestärkt werden. Subjektives Wohlbefinden zu fördern wird zur Maxime praktischer Gesundheitsförderung. Gesundheit kann und darf Spaß machen. Dies impliziert die Abkehr von asketischen Verhaltensvorschriften und die Betonung von Genuß, positiven Emotionen (Freude, Vitalität, Hoffnung, Zuneigung etc.) und sogenannter euthymer Verhaltensweisen (vgl. Lutz 1993). In diesem Sinne können dann auch Verhaltensweisen, die gemeinhin als gesundheitsgefährdend betrachtet werden wie z.B. Rauchen, Alkohol trinken, Süßigkeiten essen, als potentiell gesundheitsfördernd angesehen werden. Als kleine Fluchten im Alltag können sie helfen, Streß leicher zu ertragen und die Stimmung zu verbessern (Ernst 1992 b und 1995). Zum zweiten bleibt der Gesundheitsbegriff in der WHO-Definition nicht auf die biomedizinische Funktionsebene beschränkt und weist über eine traditionell am medizinischen Modell orientierte, mechanistisch-reduktionistische Gesundheitsauffassung hinaus. Durch den

Einbezug der geistigen und sozialen Dimension des Wohlbefindens wird der Bedeutung psychosozialer Einflußfaktoren Rechnung getragen und insgesamt eine ganzheitliche Perspektive eröffnet.

Kritik an der WHO-Definition

Doch hat die WHO-Definition keineswegs ungeteilten Beifall gefunden. Abgesehen von dem Vorwurf, vollständiges Wohlbefinden sei eine Utopie oder gar ein Zynismus angesichts der realen Lebensverhältnisse eines großen Teils der Menschheit, ist Kritik insbesondere an folgenden zwei Aspekten anzubringen: erstens daran, daß Gesundheit weniger einen statischen *Zustand* beschreibt, wie in der WHO-Definition, sondern besser als ein dynamisches *prozeßhaftes Geschehen* zu begreifen ist, als ein immer wieder neu herzustellendes dynamisches Gleichgewicht sowohl innerhalb der Person als auch zwischen der Person und den jeweiligen Umweltgegebenheiten. Zweitens ist Kritik an der Vagheit der Definition geübt worden. Der Begriff Gesundheit wird durch den ebenfalls sehr allgemeinen und unpräzisen Begriff des Wohlbefindens ersetzt. Was Gesundheit bzw. Wohlbefinden letztlich auszeichnen, bleibt ebenso unklar wie die Bedingungen, unter denen sich Gesundheit bzw. Wohlbefinden überhaupt erst entwickeln können. Hierzu bedarf es inhaltlich gehaltvollerer Modelle oder Theorien der Gesundheit.

Drei Modelle psychischer Gesundheit

Mit Bezug auf die psychische Gesundheit kommt Becker (1982; für eine ausführliche Diskussion vgl. Paulus 1994) nach einer vergleichenden Analyse eines repräsentativen Querschnittes von Theorien zur seelischen Gesundheit zu drei grundsätzlich zu unterscheidenden Modellen psychischer Gesundheit:

Die Fähigkeit zur Problemlösung und Gefühlsregulierung

Das Regulationskompetenzmodell. Seelisch gesunde Personen zeichnen sich nach diesem Modell u.a. durch Realitätskontakt, Anpassungsfähigkeit, inneres Gleichgewicht und Widerstandsfähigkeit gegen Streß aus. Die Leitidee ist die eines mit Kompetenzen ausgestatteten Individuums, das zur (Wieder-)Herstellung eines inneren und äußeren Gleichgewichtes befähigt ist. Wichtige Vertreter dieser Gesundheitsauffassung sind S. Freud und K. Menninger, aber auch Vertreter der modernen Gesundheitswissenschaften wie z.B. Bernhard Badura (1993, S. 24 f.): „Gesundheit ist für mich eine Fähigkeit zur Problemlösung und Gefühlsregulierung, durch die ein positives Selbstbild, ein positives seelisches und körperliches Befinden erhalten oder wiederhergestellt wird."

Selbstverantwortlichkeit, Selbstachtung und Selbstvertrauen

Das Selbstaktualisierungsmodell. Dieses wird vor allem von Vertretern der humanistischen Psychologie (E. Fromm, C. Rogers, A. Maslow, S. Jourard) formuliert. Becker (1982) charakterisiert es wie folgt: „Der größte Konsens zwischen den vier Selbstaktualisierungstheoretikern besteht hinsichtlich des Unabhängigkeitskriteriums. Für seelisch gesunde Menschen ist vor allem kennzeichnend, daß sie sich frei entwickeln, ihre eigenen Anlagen und Potentiale auf schöpferischem Weg zur Entfaltung bringen und einen gewissen Widerstand gegen Enkulturation leisten. Sie orientieren ihr Verhalten nicht an von außen aufgezwungenen oder kritiklos übernommenen Normen und Wertvorstellungen, sondern erreichen die Stufe autonomer Moral und der Selbstverantwortlichkeit für sich und andere" (S. 147, zit. nach Paulus 1994). Weitere Merkmale eines seelisch gesunden Menschen nach diesem Modell sind Selbsteinsicht, Selbstachtung und -vertrauen sowie Natürlichkeit und Echtheit.

Sinnfindung und Selbst-Transzendenz

Das Sinnfindungsmodell. Dieses wird am konsequentesten von Viktor Frankl, aber teilweise auch von G. W. Allport und E. Fromm vertreten. Psychische Gesundheit besteht hier darin, im Leben Sinn zu finden, das eigene Handeln nach Werten und Normen zu gestalten, die es selbst für notwendig und sinnvoll erachtet. Dabei beinhaltet Sinnfindung immer auch „über sich selbst hinauszugehen" („Selbst-Transzendenz"), sei es in der Hingabe an eine Aufgabe, in der Liebe zu einem anderen Menschen oder bei der Bewältigung von Leid und Krankheit (z.B. Frankl 1981).

Modellübergreifende Gemeinsamkeiten: Produktivität und Liebesfähigkeit

Die genannten drei Modelle psychischer Gesundheit unterscheiden sich deutlich durch unterschiedliche Akzentsetzungen in dem jeweiligen Bild eines psychisch gesunden Menschen, das von ihnen entworfen wird. Sie schließen sich jedoch nicht prinzipiell gegenseitig aus. Auch darf nicht übersehen werden, daß bei aller Unterschiedlichkeit doch auch ein breiter Fundus an Gemeinsamkeiten existiert. Becker (1982) unterscheidet zwei modellübergreifende Kriterien, die von allen Theoretikern geteilt werden: „Produktivität" und „Liebesfähigkeit". Diese gehen auf S. Freud zurück, der einst auf die Frage, was seiner Meinung nach ein normaler Mensch können müsse, die knappe und etwas brummige Antwort: „lieben und arbeiten" gegeben haben soll.

Es sind individuell unterschiedliche Formen der Gesundheit möglich

Es ist darüber hinaus durchaus denkbar, daß die drei genannten Gesundheitsmodelle darauf verweisen, daß es nicht nur *die* Gesundheit, sondern vielmehr spezifische Gesundheit*en* gibt, d.h. individuell verschiedene Formen und Wege, in bzw. auf denen sich

Gesundheit realisiert, so wie sich ja auch Krankheit jeweils in spezifischen Krankheiten manifestiert.

Das Gesundheitsverständnis des vorliegenden Programms

Das Gesundheitsverständnis, das dem vorliegenden Gesundheitsförderungsprogramm zugrundegelegt ist, weist die größte Affinität zu dem Regulationskompetenzmodell auf. Es will Gesundheit fördern, indem Kompetenzen zur instrumentellen und palliativen Bewältigung alltäglicher Belastungen gestärkt werden. Dies schließt aber durchaus auch Aspekte des Selbstaktualisierungsmodelles mit ein, z.B. wenn es darum geht, Belastungen durch eine selbstsichere Vertretung eigener Interessen und Bedürfnisse zu bewältigen. Auch Sinnfragen werden thematisiert, zumindest soweit diese den konkreten Sinn alltäglichen Handels und nicht den „letzten" Sinn menschlicher Existenz betreffen.

Zusammenfassend wird in dem vorliegenden Gesundheitsförderungsprogramm Gesundheit als umfassendes psychophysisches Wohlbefinden verstanden, das nicht als ein einmal erreichter Zustand gegeben ist, sondern in einem ständigen Prozeß der Auseinandersetzung mit unterschiedlichsten alltäglichen Lebenssituationen immer wieder neu hergestellt und aufrechterhalten wird. Um Wohlbefinden zu erlangen ist es hierbei notwendig, daß der einzelne Mensch hinreichende Kompetenzen besitzt, um verschiedenste Anforderungen zu meistern oder zu verändern, daß er eigene Wünsche und Bedürfnisse wahrnehmen und verwirklichen und sein alltägliches Leben als sinnvoll erfahren kann.

1.3 Gefahren und Irrwege der Gesundheitsförderung

Von der Gesundheitsförderung zum „Gesundheitsdespotismus"?

Niemand wird heute ernsthaft die Notwendigkeit und den Sinn von Gesundheitsförderung bestreiten. Und so ist es erfreulich, daß Gesundheit in der öffentlichen Meinung ein „In-Thema" ist. Gesundheits- und Fitneßstudios sprießen allerorten aus dem Boden, Volkshochschulen und Krankenkassen bieten ein breitgefächertes Angebot von Gesundheitskursen an. Immer mehr, vor allem größere Betriebe entdecken die Gesundheit ihrer Mitarbeiter als wichtigen Faktor für die Zufriedenheit und Produktivität. Abgesehen davon, daß der gesundheitliche Nutzen mancher der eingesetzten Maßnahmen und Methoden noch nicht unter Beweis gestellt ist (was aber in jedem Falle zu fordern ist), muß man bei einigen Bestrebungen zur Gesundheitsförderung und deren Anbietern wie Nutzern allerdings den Eindruck gewinnen, daß hier über das Ziel hinausgeschossen wird. Rohde (1992) spricht von einem „totalitären Anspruch“ und einem mit diesem verbundenen „geradezu ferventen Enthusiasmus, der bei Anhängern der Gesundheits*bewegung* (sic!) zu spüren ist“ (S. 56). Er sieht die „Gefahr, daß die humanen Absichten von Gesundheitsförderung in einen inhumanen Gesundheitsdespotismus umschlagen könnten, der es selbstverständlich mit den Menschen oder gar der Menschheit nur gut meint“ (Rohde 1992, S. 57).

Drei Varianten einer falschen „Gesundheitsideologie

Die Gefahr einer mißbräuchlichen Verwendung der Idee der Gesundheitsförderung läßt sich m.E. an einem falschen – verkürzten oder ideologisch überfrachteten – Gesundheitsbegriff festmachen. Ich möchte am Schluß dieses Einleitungskapitels auf drei mir aktuell besonders relevant erscheinende Varianten einer falschen „Gesundheitsideologie“ aufmerksam machen und damit zugleich dem eigenen Verständnis von Gesundheit und Gesundheitsförderung gewissermaßen ex negativo zusätzlich Kontur verleihen.

Das Leitbild des jungen, dynamischen und erfolgreichen Menschen

Gesundheit als Fetisch. In einer auf Leistungsfähigkeit und Funktionstüchtigkeit orientierten Gesellschaft gerät Gesundheit zur Aufgabe, zur Leistungsanforderung des einzelnen. Wer diese Gesundheitsleistung nicht erbringt, ist ein Versager. Gesund = erfolgreich lautet die simple Formel. Das Leitbild ist der körperlich fitte, dynamische, psychisch stabile und natürlich immer junge Mensch. Die Gefahren eines solchen eindimensionalen Gesundheitsbegriffes sind offensichtlich: Krankheit, Leiden, Behinderung und auch Alter, Sterben und Tod als inhärente Bestandteile menschlicher Existenz werden ausgegrenzt und in das gesellschaftliche Abseits gestellt.

Der gesunde Mensch gilt als gut, Krankheit wird zum Ausdruck des Bösen

Gesundheit als ethisch-moralische Norm. Hier wird Gesundheit zur moralischen Pflicht des einzelnen. Der gesunde Mensch ist der – im moralischen Sinne – gute Mensch. Krankheit ist Ausdruck des Bösen, der Kranke wird aufgrund einer schwachen Selbstdisziplin, eines ausschweifenden Lebenswandels, sexueller Abweichungen etc. als moralisch minderwertig geächtet. Daß eine solche mittelalterlich anmutende Auffassung auch heute noch wirksam ist, läßt sich am offen oder latent diskriminierenden Umgang z.B. mit AIDS-Kranken und Drogenabhängigen ablesen, die als „Aussätzige“ der modernen Gesellschaft gelten.

Gesundheit als Ausweg aus individuellen Sinnkrisen

Gesundheit als Sinnersatz in einer immer komplexer werdenden Gesellschaft. Wir leben in einer weniger nach Bindungen als nach Optionen strebenden Gesellschaft, in einer Gesellschaft, in der sogenannte „schwache Bindungen“ insbesondere in der Arbeitswelt an Bedeutung gewonnen und sogenannte „starke Bindungen" zu Familie und Verwandtschaft erheblich an Stabilität und Kontinuität verloren haben (Badura 1992, S. 50). Die Auflösung traditionsbestimmter Lebenszusammenhänge und gesellschaftlich vermittelter Sinn- und Wertestrukturen birgt nicht nur die Möglichkeit eines selbstbestimmten Lebens als Chance, sondern bewirkt – gewissermaßen als Schattenseite – auch zunehmende Gefühle existentieller Vereinsamung und die Konfrontation mit der Notwendigkeit eines individuell zu bestimmenden Lebenssinnes (Göpel 1992). Die Beschäftigung mit der eigenen Gesundheit kann hier als Ausweg aus individuellen Sinnkrisen erscheinen. Das Bemühen um Gesundheit läßt sich vor diesem Hintergrund als Versuch der Bewältigung von starken Bedrohungsgefühlen angesichts der Endlichkeit individuellen Lebens, als „säkulare Bewältigungsform individueller und kollektiver Todesangst" (Göpel 1992, S. 35) verstehen. Der Gesundheitsbegriff wird hier mit „Heilserwartungen" überfrachtet, die nicht einzulösen sind. Gesundheit selbst kann nicht Lebenssinn sein, sondern bedarf vielmehr selbst des Sinnes. In der Ottawa-Charta zur Gesundheitsförderung der WHO heißt es: „... ist die Gesundheit als ein wesentlicher Bestandteil des alltäglichen Lebens zu verstehen und nicht als vorrangiges Lebensziel"(zit. nach Franzkowiak & Sabo 1993, S. 96).

Dehumanisierung von Leiden, soziale Ausgrenzung umd moralische Ächtung von kranken und behinderten Menschen sowie ideologisch überhöhte Heilserwartungen an Gesundheit sind die Gefahren einer mißbräuchlichen Verwendung der Ideen der Gesundheitsförderung. Wer auf dem Feld der Gesundheitsförderung engagiert ist, darf seine Augen hiervor nicht verschließen, damit ihr ursprüngliches Anliegen nicht diskreditiert wird, das, wie es in der bereits erwähnten Ottawa-Charta der WHO heißt, darauf abzielt, „allen Menschen ein höheres Maß an Sebstbestimmung über ihre Gesundheit zu ermöglichen und sie damit zur Stärkung ihrer Gesundheit zu befähigen" (zit. nach Franzkowiak & Sabo 1993, S. 96). Hierzu möchte das Programm „Gelassen und sicher im Streß" einen Beitrag leisten.

Gesundheitspsychologische Grundlagen 2

2.1 Streß – ein populäres Konzept

Der Streßbegriff hat besonders in den letzten beiden Jahrzehnten eine Popularisierung erfahren wie kaum ein anderer Begriff aus den Humanwissenschaften. Vom Streß am Arbeitsplatz, in Schule und Kindergarten über den Leistungs-, Beziehungs- und Freizeitstreß bis hin zum Streß im Krankenhaus, im Straßenverkehr und auch im Urlaub gibt es kaum einen Bereich alltäglichen Lebens, der nicht mit diesem Begriff assoziiert wird.

Die populäre Verwendung des Streßbegriffs

„Ich bin gestreßt!" ist eine vielgehörte Antwort auf die Frage nach dem Befinden; „das macht der Streß" eine häufige Erklärung für unterschiedlichste Beeinträchtigungen des körperlichen und seelischen Wohlbefindens. Erfreulich an diesem geradezu inflationären Gebrauch des Streßbegriffs ist die darin zum Ausdruck kommende zunehmende Bereitschaft vieler Menschen, Fragen ihrer Gesundheit in einem Zusammenhang mit ihrer persönlichen Lebenssituation und -gestaltung zu betrachten. Allerdings wird Streß oft zu einseitig als ein „äußeres Übel" (miß-)verstanden, dem der einzelne Mensch gewissermaßen wie ein hilfloses Opfer ausgesetzt ist. Auch kann der Hinweis „ich bin im Streß!" dazu dienen, eigenes Fehlverhalten sich selbst und anderen gegenüber zu entschuldigen und eine kritische Auseinandersetzung mit sich und anderen aus dem Wege zu gehen. Nicht selten schließlich mischt sich in die Klage über ein Zuviel an Streß ein Unterton von Stolz mit ein. Hier wird Streß zu einem Zeichen der Wichtigkeit und Bedeutsamkeit der eigenen Person, zu einem Statussymbol, das Anerkennung von anderen verspricht.

Begriffsbestimmung: Stressor und Streßreaktion

Wenn im folgenden versucht wird, das Streßverständnis zu klären, das dem vorliegenden Gesundheitsförderungsprogramm zugrundeliegt, so geschieht dies mit dem Schwergewicht darauf zu zeigen, wie der einzelne selbst an der Entstehung von Streß beteiligt ist und welche Möglichkeiten des Streßabbaus sich daraus für den einzelnen ergeben. Zu diesem Zweck sind zunächst einige begriffliche Klärungen vorzunehmen, die für das weitere Verständnis notwendig sind. Im umgangssprachlichen Gebrauch wird der Streßbegriff sowohl auf streßauslösende Bedingungen (z.B. „Die Sitzung war 'mal wieder ein Streß heute.") angewandt als auch zur Beschreibung der Befindlichkeit der betroffenen Person (z.B. „Ich fühle mich gestreßt.") benutzt. Beide Aspekte sind jedoch klar voneinander zu unterscheiden. Im weiteren werden die streßauslösenden Bedingungen als *Stressoren,* die auf Seiten der betroffenen Person ablaufenden Prozesse als *Streßreaktion* bezeichnet. Stressor

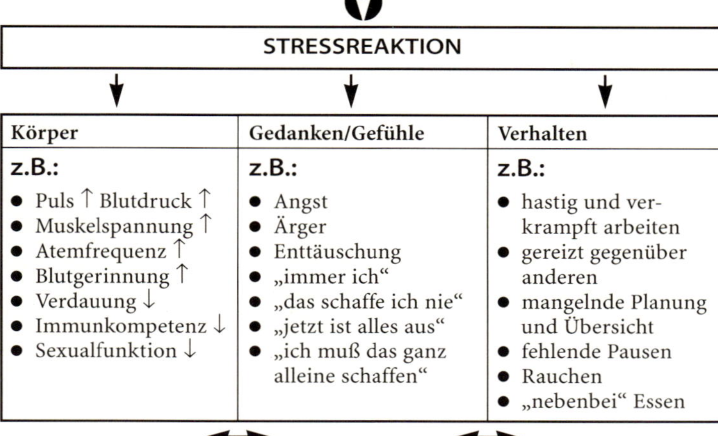

Abb. 2.1. Stressor und Streßreaktionen

und Streßreaktion zusammen konstituieren das, was wir alltagssprachlich als Streß bezeichnen (Abb. 2.1). In den folgenden Abschnitten werden diese beiden Bestandteile des Streßgeschehens näher erläutert.

2.2 Stressoren

Wodurch können Streßreaktionen ausgelöst werden?

Als Stressoren werden alle die situativen Anforderungsbedingungen bezeichnet, in deren Folge es zu einer Auslösung einer Streßreaktion kommt. Dabei kann es sich um inhaltlich so völlig verschiedene Situationen wie etwa eine Naturkatastrophe, ein U-Bahn-Unglück, eine als ungerecht empfundene Beurteilung durch einen Vorgesetzten oder einen verlegten Haustürschlüssel handeln. Weitere Beispiele für häufige Stressoren sind:

- physikalische Stressoren (Lärm, Hitze, Kälte ...),
- Leistungsstressoren (Überforderung, Unterforderung, Prüfungen ...),

- soziale Stressoren (Konkurrenz, Isolation, zwischenmenschliche Konflikte, Trennung ...),
- körperliche Stressoren (Verletzung, Schmerz, Hunger, Behinderung ...).

Wann sind Streßreaktionen wahrscheinlich?

Ob und inwieweit einer Situation Stressorqualität zukommt, ist nach obiger Definition streng genommen immer erst ex post facto anhand der aufgetretenen Reaktionen zu entscheiden. Es lassen sich jedoch einige übergreifende Merkmale identifizieren, durch die solche Situationen charakterisiert werden können, in denen Streßreaktionen wahrscheinlich sind. Diese Situationsmerkmale sind

Situationsmerkmale

- der Grad der Bekanntheit,
- die Kontrollierbarkeit,
- die Vorhersehbarkeit und
- die Mehrdeutigkeit bzw. Transparenz.

Neue, unvertraute Situationen sowie Situationen, die von dem Betroffenen objektiv nicht beeinflußt werden können oder nicht vorhersehbar oder schwer zu durchschauen sind, werden mit hoher Wahrscheinlichkeit mit Streßreaktionen beantwortet. Dabei werden die Streßreaktionen durch die genannten objektiven Situationsmerkmale jedoch nicht vollständig determiniert. Wie weiter unten näher ausgeführt wird, spielen hierbei subjektive Prozesse der Wahrnehmung und der Bewertung durch die betroffene Person eine ausschlaggebende Rolle.

Die Bedeutung kritischer Lebensereignisse

In einer Vielzahl von Untersuchungen wurde die Bedeutung von einschneidenden sogenannten *kritischen Lebensereignissen* (z.B. Tod des Partners, Geburt eines Kindes, Trennung oder Scheidung, Umzug, Arbeitsplatzwechsel usw.) als Stressoren untersucht (Dohrenwend & Dohrenwend 1974; Filipp 1981; Miller 1989). Die Ausgangshypothese ist dabei, daß die Konfrontation mit einer Vielzahl von kritischen Lebensereignissen innerhalb eines bestimmten Zeitraumes für den betroffenen Menschen starke Belastungen mit sich bringen, die sich krankheitsauslösend und/oder -verursachend auswirken können. In den Studien wurde zumeist eine statistisch bedeutsame, positive, wenn auch nicht sehr starke, korrelative Beziehung zwischen der Häufigkeit und dem Ausmaß kritischer Lebensereignisse einerseits sowie dem Auftreten unterschiedlichster körperlicher und psychischer Störungen andererseits gefunden. Zusammenfassend machen die Ergebnisse der Lebensereignisforschung deutlich, daß weniger das Auftreten eines kritischen Ereignisses an sich als vielmehr dessen Wahrnehmung,

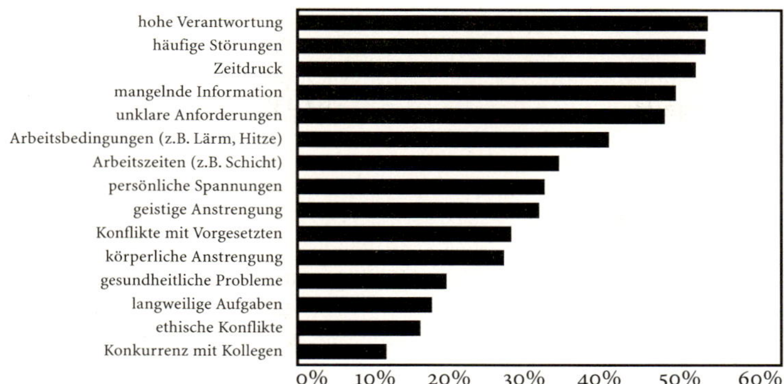

Abb. 2.2. Die Häufigkeit von beruflichen Stressoren bei 1400 Beschäftigten eines Universitätsklinikums

Bewertung und Verarbeitung durch den betroffenen Menschen ausschlaggebend dafür sind, ob es in der Folge zu gesundheitlichen Störungen kommt oder nicht.

Die Bedeutung alltäglicher Belastungen

In neuerer Zeit wird der Häufigkeit alltäglicher Belastungen (daily hassles) größere Bedeutung für die Ätiologie von Krankheiten und psychischen Störungen beigemessen als der Häufigkeit einschneidender Lebensereignisse. Diese vielen kleinen Belastungen des Alltags sind es denn auch, die vor allem im Mittelpunkt des hier vorgestellten Gesundheitsförderungsprogrammes stehen. Der Schwerpunkt des Trainings liegt auf der *Alltagsbewältigung,* nicht auf der Verarbeitung tiefgreifender, einschneidender Lebensereignisse. Einen Eindruck davon, um welche Stressoren es sich dabei im einzelnen handeln kann, vermittelt Abb. 2.2, in der die im Rahmen einer Mitarbeiterbefragung ermittelten Häufigkeiten verschiedener beruflicher Stressoren bei Beschäftigten eines Universitätsklinikums wiedergegeben sind. Es ist deutlich zu erkennen, daß der Belastungsschwerpunkt im zwischenmenschlichen und organisatorischen Bereich und weniger bei den Arbeitsaufgaben oder -bedingungen angesiedelt ist.

2.3 Streßreaktionen

Unter dem Begriff der Streßreaktion werden alle die Prozesse zusammengefaßt, die auf seiten der betroffenen Person als Antwort auf einen Stressor in Gang gesetzt werden. Die Streßreaktion kann, wie jede andere Reaktion auch, auf drei Ebenen beschrieben werden: auf der körperlichen, auf der behavioralen und auf der kognitiv-emotionalen Ebene (vgl. Abb. 2.1). Im folgenden wenden wir uns zunächst den somatischen Streßreaktionen zu.

2.3.1 Körperliche Streßreaktionen

Was geschieht bei einer körperlichen Streßreaktion?

Die körperliche Ebene der Streßreaktion umfaßt die in einer belastenden Situation ablaufenden neurohumoralen und vegetativ-physiologischen Prozesse. Hier kommt es zu einer Vielzahl von Veränderungen, die insgesamt zu einer körperlichen Aktivierung und Energiemobilisierung führen. Der österreichisch-kanadische Mediziner und Biochemiker Hans Selye, der heute als Vater der modernen Streßforschung gilt, war der erste, der die körperliche Streßreaktion systematisch untersucht hat. Er bezeichnete diese als *allgemeines Anpassungssyndrom* (Selye 1981). Damit sollte zum Ausdruck gebracht werden, daß es sich um eine *unspezifische* Reaktion eines Organismus auf jedwede Art von Belastung handelt, die der Anpassung des Organismus an diese Belastungen dient. Die körperliche Streßreaktion ist durch folgende Merkmale gekennzeichnet:

Merkmale der körperlichen Streßreaktion

- Das Herz wird besser durchblutet und leistungsfähiger. Die Herzschlagrate steigt an.
- Der Blutdruck steigt.
- Die Bronchien erweitern sich und die Atmung wird schneller.
- Die Durchblutung der Skelettmuskulatur wird verbessert und die Muskelspannung erhöht.
- Zuckerreserven aus der Leber werden vermehrt in das Blut abgegeben und zum Verbrauch bereitgestellt.
- Die Gerinnungsfähigkeit des Blutes ist erhöht.
- Die Verdauungstätigkeit von Magen und Darm wird herabgesetzt.
- Die Funktionen der Sexualorgane und die Ansprechbarkeit auf sexuelle Reize sind eingeschränkt.
- Die Immunkompetenz ist reduziert.

Zusammenspiel zwischen zentralem und vegetativem Nervensystem und Hormonsystem

Insgesamt betrachtet wird der menschliche Organismus durch die körperliche Streßreaktion innerhalb kürzester Zeit optimal darauf vorbereitet, einer drohenden Gefahr durch eine große motorische Aktion, durch eine Kampf- oder Fluchtreaktion, zu begegnen. Die körperlichen Funktionen, die für die Ausführung einer derartigen körperlichen Bewältigungsreaktion notwendig sind, werden angeregt, während die eher regenerativen Körperfunktionen (Verdauung, Fortpflanzung), die für die kurzfristige Auseinandersetzung mit einer akuten Gefahr weniger wichtig sind, gedrosselt werden. Diese umfassende körperliche Streßreaktion wird ermöglicht durch ein kompliziertes Zusammenspiel zwischen dem zentralen Nervensystem, dem vegetativen Nervensystem und dem Hormonsystem. Dabei spielt die Ausschüttung von Hormonen in der Nebennierenrinde (v.a. Cortisol) und im Nebennierenmark (v.a. Adrenalin) eine entscheidende Rolle. Aus den komplexen neuroen-

Stressor

Zentralnervensystem (spez. limbisches System)	
⇙	⇘
Hypothalamus [Corticotropin-Releasing-Hormon (CRF) ⬆]	Sympathikus
⇩	⇩ ⇩ ⇩
Hypophyse [Corticotropin (ACTH) ⬆]	
⇩	
Nebennierenrinde (Cortisol ⬆)	Nebennierenmark (Adrenalin ⬆, Noradrenalin ⬆)
⇩	⇩
Immunsystem (Thymus, Milz, Lymphknoten)	Herz-Kreislauf-System

Abb. 2.3. Zwei Achsen der körperlichen Streßreaktion. (In Anlehnung an v. Holst 1993)

dokrinen Prozessen werden hier nur wenige, vereinfachte Aspekte herausgegriffen, die für das Verständnis der wichtigsten Wirkungszusammenhänge erforderlich sind.

Die neuroendokrine Reaktionsorganisation

Die neuroendokrine Reaktionsorganisation auf Streßbelastungen spielt sich auf mehreren hierarchischen Ebenen ab: zentrales Nervensystem, v.a. limbisches System (1. Ebene), Hypothalamus (2. Ebene), Hypophyse (3. Ebene), Nebennierenrinde und -mark (4. Ebene) und die peripheren Organsysteme (5. Ebene). Diese Ebenen sind in komplexer Weise durch diverse Rückkopplungsmechanismen miteinander verzahnt. Grob lassen sich zwei Hauptachsen unterscheiden, auf denen die körperliche Streßreaktion vermittelt wird (v. Holst 1993; Tewes & Schedlowski 1994; Abb. 2.3):

Die zwei Hauptachsen der körperlichen Streßreaktion

Die Sympathikus-Nebennierenmark-Achse. Über den sympathischen Teil des vegetativen Nervensystems wird das Nebennierenmark dazu angeregt, die als Streßhormone allgemein bekannten Katecholamine (Adrenalin und Noradrenalin) vermehrt zu produzieren und ins Blut abzugeben. Beide Hormone versetzen den Organismus insbesondere über eine bessere Sauerstoff- und Nährstoffversorgung in die Lage, augenblicklich zu reagieren.

Die Hypothalamus-Hypophysen-Nebennierenrinden-Achse. Im Hypothalamus als der übergeordneten Schaltstelle kommt es zur Freisetzung des Corticotropin-Releasing-Factors *(CRF)*, eines Hormons, das über ein Gefäßsystem zur Hypophyse gelangt. Dort stimuliert es die Sekretion des adrenocorticotropen Hormons *(ACTH)*. Dieser Wirkstoff gelangt in den Kreislauf und regt in der Nebennierenrinde die Freisetzung von Cortisol an. Dieses Hormon wiederum macht eine breite Spanne von Streßanpassungen möglich, die von der vermehrten Bereitstellung des energieliefernden Blutzuckers bis zur Feinabstimmung des Immunsystems reichen (Holsboer 1993).
Die beiden Streßachsen können je nach Art der Belastungssituation und ihrer Verarbeitung in unterschiedlich starkem Ausmaß aktiviert sein, worauf noch näher eingegangen wird.

2.3.2 Behaviorale Streßreaktionen

Behaviorale Streßreaktionen können von Außenstehenden beobachtet werden

Die behaviorale Ebene der Streßreaktion umfaßt das sogenannte „offene" Verhalten, das von Außenstehenden beobachtbar ist. Also alles das, was die betreffende Person in einer belastenden Situation tut oder sagt. Häufige behaviorale Streßreaktionen sind z.B.:

- hastiges und ungeduldiges Verhalten, z.B. das Essen schnell hinunterschlingen, Pausen abkürzen oder ganz ausfallen lassen, schnell und abgehakt sprechen, andere unterbrechen.
- Betäubungsverhalten, z.B. mehr und unkontrolliert Rauchen, Essen oder Alkohol trinken, Schmerz-, Beruhigungs- oder Aufputschmedikamente einnehmen.
- unkoordiniertes Arbeitsverhalten, z.B. mehrere Dinge gleichzeitig tun, „sich in die Arbeit stürzen", mangelnde Planung, Übersicht und Ordnung, Dinge verlegen, verlieren oder vergessen.
- konfliktreicher Umgang mit anderen Menschen, z.B. aggressives, gereiztes Verhalten gegenüber Familienangehörigen, häufige Meinungsverschiedenheiten um Kleinigkeiten, anderen Vorwürfe machen, schnelles „aus der Haut fahren".

2.3.3 Kognitiv-emotionale Streßreaktionen

Die kognitiv-emotionale Ebene der Streßreaktion umfaßt das sogenannte „verdeckte" Verhalten, intrapsychische Vorgänge, die für Außenstehende nicht direkt sichtbar sind. Also alle Gedanken und Gefühle, die bei der betroffenen Person in einer belastenden Situation ausgelöst werden können. Häufige kognitiv-emotionale Streßreaktionen sind z.B.:

Gedanken und Gefühle in einer belastenden Situation

- Gefühle der inneren Unruhe, der Nervosität und des Gehetztseins,
- Gefühle der Unzufriedenheit und des Ärgers,
- Angst, z.B. zu versagen, sich zu blamieren,
- Gefühle der Hilflosigkeit,
- Selbstvorwürfe,
- kreisende, „grüblerische" Gedanken,
- Leere im Kopf (black out),
- Denkblockaden.

Die körperlichen, behavioralen und kognitiv-emotionalen Streßreaktionen laufen nur teilweise unabhängig von einander ab. Sie können sich wechselseitig beeinflussen im Sinne eines Circulus vitiosus, bei dem es zu einer Aufschaukelung und Verlängerung der Streßreaktionen kommt. Aber auch eine günstige gegenseitige Beeinflussung im Sinne einer Dämpfung von Streßreaktionen ist möglich. Beispielsweise kann durch einen Abbau körperlicher Streßreaktionen (z.B. durch eine Entspannungsübung oder durch Sport) auch eine kognitive Beruhigung eingeleitet werden, wie umgekehrt auch durch ein emotional entlastendes Gespräch körperliche Erregung reduziert werden kann.

Wechselwirkungen zwischen den verschiedenen Reaktionsebenen

2.3.4 Spezifität von Streßreaktionen

Streßreaktionen laufen nicht bei allen Menschen in allen Belastungssituationen in gleicher stereotyper Weise ab. Der eine reagiert besonders mit dem Herz-Kreislauf-System, ein zweiter bevorzugt mit Muskelanspannungen, ein dritter mit einer Stilllegung des Verdauungsapparates. Diese sogenannten *individuellen Reaktionsspezifitäten* waren Gegenstand intensiver psychosomatischer Forschungen. Ihre Ursachen liegen wahrscheinlich in einem Zusammenwirken zwischen biologisch-konstitutionellen Faktoren einerseits und biographischen Erfahrungen andererseits. So kann z.B. eine genetische Disposition zur einer kardiovaskulären Hyperreaktivität gemeinsam mit einem bestimmten erlernten Stil des

Streßreaktionen verlaufen individuell unterschiedlich

Umgangs mit Belastungen (vgl. hierzu Abschnitt 2.6.1) zu einer Aktivierung insbesondere des Herz-Kreislauf-Systems in Belastungssituationen führen.

Unterschiedliche Stressoren rufen spezifische Streßreaktionen hervor

Streßreaktionen variieren darüber hinaus auch in Abhängigkeit von der jeweiligen Belastungssituation. Man spricht dann von einer *Situationsspezifität* von Streßreaktionen. Je nach Art des wahrgenommenen Stressors werden die verschiedenen, an der körperlichen Streßreaktion beteiligten Hormonsysteme in unterschiedlich starker Weise aktiviert. Das von Selye (1981) formulierte Postulat der Unspezifität der körperlichen Streßreaktionen kann im Lichte der neueren psychobiologischen Streßforschung nicht mehr aufrecht erhalten werden.

Das psychoneuroendokrinologische Streßmodell von Henry

Ein Versuch, die vorliegenden Forschungsergebnisse zur *Situationsspezifität* körperlicher Streßreaktionen zusammenzufassen, stellt das psychoneuroendokrinologische Streßmodell von Henry (1986) dar (Abb. 2.4). Wenngleich dieses Modell die tatsächlichen komplexen Verhältnisse notwendigerweise grob vereinfachen muß, ist es zur Veranschaulichung durchaus nützlich. Henry unterscheidet in seinem Modell drei verschiedene Typen von Stressoren je nach Art der in der jeweiligen Situation vorherrschenden Emotion (Ärger, Angst oder Depression), denen jeweils ein spezifisches endokrines Streßreaktionsmuster zugeordnet ist:

Ärger. Löst die Situation primär Ärger aus, so werden vor allem Katecholamine, insbesondere Noradrenalin, freigesetzt. Auch die Ausschüttung von Testosteron, einem Hormon, das mit aggressiv-dominantem Verhalten in Zusammenhang steht, ist hoch. Der Cortisolspiegel bleibt unverändert. Es kommt zu einer starken kardiovaskulären Reaktion (Blutdruck- und Herzfrequenzanstieg). Das beobachtbare Verhalten wird gekennzeichnet als Kampf/Anstrengung.

Furcht. In Situationen, die primär mit Furcht beantwortet werden, kommt es v.a. zu einer Adrenalinausschüttung, aber auch Noradrenalin- und Cortisolkonzentrationen sind leicht erhöht. Auch hier steigen Blutdruck und Herzfrequenz an, allerdings nicht so stark wie in in der Ärgersituation. Das beobachtbare Verhalten hier wird als Flucht/Anstrengung gekennzeichnet.

Depressive Gefühlslage. In Situationen schließlich, die primär mit einer depressiven Gefühlslage, Gefühlen der Hilflosigkeit oder Resignation beantwortet werden, dominiert in der endokrinen Reaktion ein Cortisolanstieg, die Testosteronkonzentration geht

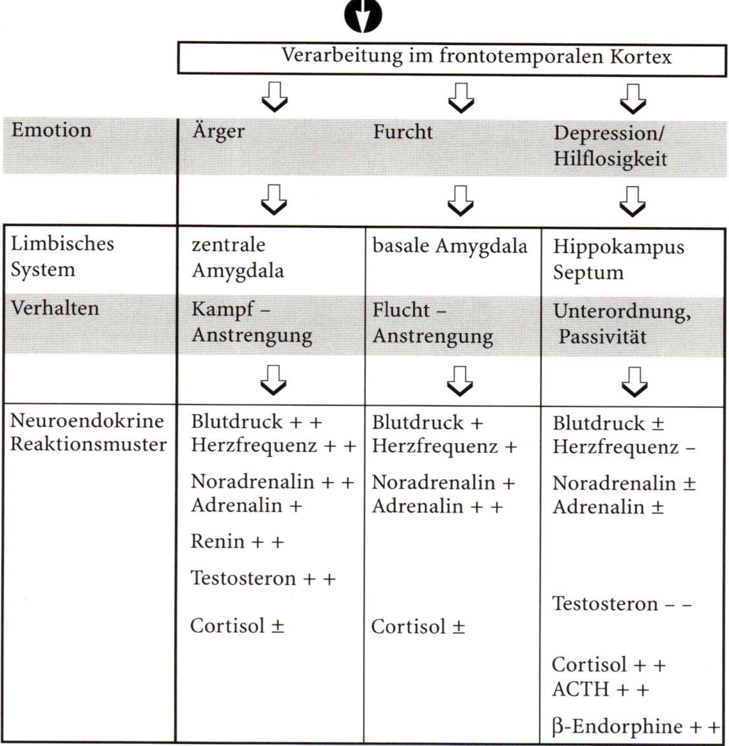

Stressor

Verarbeitung im frontotemporalen Kortex

Emotion	Ärger	Furcht	Depression/ Hilflosigkeit
Limbisches System	zentrale Amygdala	basale Amygdala	Hippokampus Septum
Verhalten	Kampf – Anstrengung	Flucht – Anstrengung	Unterordnung, Passivität
Neuroendokrine Reaktionsmuster	Blutdruck + + Herzfrequenz + + Noradrenalin + + Adrenalin + Renin + + Testosteron + + Cortisol ±	Blutdruck + Herzfrequenz + Noradrenalin + Adrenalin + + Cortisol ±	Blutdruck ± Herzfrequenz – Noradrenalin ± Adrenalin ± Testosteron – – Cortisol + + ACTH + + β-Endorphine + +

Abb. 2.4. Spezifität von neuroendokrinen Streßreaktionen. (Vereinfachte Darstellung des psychoneuroendokrinologischen Streßmodells von Henry 1986, nach Müller & Netter 1992)

stark zurück, Katecholamine bleiben unverändert. Die Herzfrequenz nimmt ab. Insgesamt läßt sich das Verhalten als hilflos/unterordnend beschreiben.

Wie gesagt, dieses Modell vereinfacht die tatsächlichen Abläufe. Für die Zukunft ist davon auszugehen, daß die psychobiologische Streßforschung unsere Kenntnisse über situationsspezifische und individualspezifische Streßreaktionen wesentlich erweitern wird.

Das Zusammenwirken situationsspezifischer und individualspezifischer Reaktionen

Welcher Art die konkreten Streßreaktionen einer bestimmten Person in einer konkreten Belastungssituation sind, ergibt sich somit aus dem Zusammenwirken von situationsspezifischen und individualspezifischen Reaktionstendenzen. Für das hier vorgestellte

Streßpräventionsprogramm bedeutet dies, daß ein wichtiger Schritt darin gesehen wird, die Wahrnehmung des einzelnen für seine je individuellen Streßreaktionen zu sensibilisieren. Die möglichst differenzierte und möglichst frühzeitige Wahrnehmung eigener Aktivierungsreaktionen wird als eine zentrale Voraussetzung effektiver Streßbewältigung angesehen.

2.4 Streßreaktionen und Gesundheit

Streß kann leistungssteigernd und motivierend wirken

Die durch einen Stressor ausgelöste körperliche Aktivierung ist per se nicht gesundheitsschädlich. Im Gegenteil: „Streß ist die Würze des Lebens", wie Hans Selye es einmal formuliert hat. Womit gesagt sein soll, daß die kurzfristige Aktivierung, die in einem ständigen Wechsel immer wieder von Phasen der Entspannung abgelöst wird, ein wesentliches positives Kennzeichen des Lebendigen ist. Dies zeigt sich nicht nur in dem natürlichen Schlaf-Wach-Rhythmus, sondern auch in so basalen physiologischen Vorgängen, wie z.B. der Herzmuskeltätigkeit mit ihrem beständigen Wechsel von Systole und Diastole wie auch im rhythmischen Wechsel von Expiration und Inspiration beim Atemvorgang. Phasische Aktivierung als Ausdruck der Lebendigkeit wird subjektiv als angenehm und lustvoll erlebt, und wirkt leistungssteigernd und -motivierend. In diesem Falle spricht man auch vom sogenannten „Eustreß". Ein Risiko für die Gesundheit aufgrund von Streßreaktionen ergibt sich nicht aus der bloßen Tatsache der kurzfristigen körperlichen Aktivierung.

Wann werden Streßreaktionen gesundheitsschädlich?

Für gesundheitsschädliche Auswirkungen der körperlichen Streßreaktion sind im wesentlichen die folgenden vier Aspekte relevant:

Körperliche Aktivierung kann motorisch nicht abgebaut werden

Nicht abgebaute Erregung. Bei den beschriebenen körperlichen Streßreaktionen handelt es sich um ein phyllogenetisch sehr altes Reaktionsmuster, durch das der Organismus optimal darauf vorbereitet wird, Gefahrensituationen durch Kampf oder Flucht zu begegnen. Für die Bewältigung vieler Belastungssituationen des modernen Menschen dürfte dieses Reaktionsmuster seinen unmittelbaren Anpassungswert jedoch verloren haben, stellen körperliche Angriffe oder Fluchtversuche doch in den seltensten Fällen eine angemessene Lösung psychosozialer Konflikte dar. Der Mensch in der modernen Gesellschaft kann so die durch die archaische Streßreaktion mobilisierte Energie in seinem Bewältigungsverhalten häufig nicht motorisch abführen. Die Erregung bleibt bestehen, die Einleitung der notwendigen Entspannungsphase wird verzögert, u.U. gänzlich verhindert, wenn neue Stressoren auftreten.

Zeit für Entspannung und Erholung fehlt

Chronische Belastungen. Für viele der für den heutigen Menschen wichtigen Stressoren z.B. im zwischenmenschlichen oder beruflichen Bereich ist kennzeichnend, daß diese über lange Zeit, oft über Jahre bestehen oder immer wieder erneut auftreten. So fehlt häufig die nötige Zeit für Erholung und Entspannung. Dies führt dazu, daß der Organismus ständig in einer erhöhten Widerstandsbereitschaft gehalten wird. Selye sprach in diesem Zusammenhang vom Widerstandsstadium, in dem der Organismus sich an ein Leben mit der chronischen Belastung anpaßt. Die Aufrechterhaltung des Widerstandsstadiums kostet allerdings Energie. Bei zu lange anhaltender Belastung schließlich bricht das Anpassungsvermögen des Organismus zusammen. In diesem sogenannten Stadium der Erschöpfung kann es dann zu ernsthaften Organerkrankungen kommen (z.B. Herzinfarkt, Magengeschwür etc). Hinzu kommt, daß der Organismus bei einem über lange Zeit aufrechterhaltenem, erhöhtem Widerstandsniveau allmählich seine natürliche Fähigkeit zur Selbstregulation verliert. Dies bedeutet, daß es auch in Phasen, in denen keine akute Belastung vorliegt, nicht mehr möglich ist, auf ein normales Ruheniveau zurückzukehren. Die Gefäßwände verlieren ihre Elastizität, die Gefäße können sich nicht mehr weiten mit der Folge, daß der Blutdruck chronisch erhöht bleibt. Angespannte, schmerzhafte Muskeln lassen sich nur noch schwer lockern und können reflektorisch sogar weitere muskuläre Anspannungsreaktionen auslösen, wodurch ein Teufelskreis aufgebaut wird, durch den die Anspannung kontinuierlich aufrecht erhalten wird. Erholung – auch im Schlaf – erfolgt, wenn überhaupt, immer langsamer. Spätestens hier tritt dann der Moment ein, in dem positive lebendige Spannung umschlägt in unangenehme Verkrampfung mit möglichen negativen Folgen für die Gesundheit.

Erhöhte Krankheitsanfälligkeit

Geschwächte Immunkompetenz. Psychoimmunologische Studien konnten zeigen, daß in psychosozialen Belastungssituationen die Immunkompetenz nachhaltig beeinflußt werden kann. Bei kurzfristigen, akuten Belastungen konnten sowohl suppressive als auch stimulierende Effekte auf unterschiedliche immunologische Variablen beobachtet werden. Längerandauernde Belastungen scheinen demgegenüber jedoch zu einer Abschwächung immunologischer Parameter zu führen. Damit einher geht eine allgemein erhöhte Krankheitsanfälligkeit, z.B. gegenüber Infektionen der oberen Luftwege und Herpes-Virus-Infektionen. Auch weisen korrelative Zusammenhänge zwischen psychischen Belastungen, verminderter Immunkompetenz und dem Wachstum von Tumorzellen auf die mögliche Rolle von Streß bei Krebserkrankungen hin. Die den immunmodulatorischen Streßeffekten zugrundeliegenden Wirkmechanismen sind bisher noch wenig bekannt, werden zur Zeit aber intensiv erforscht. Neuroanatomische Studien konnten nervale Verbindungen zwischen dem vegetativen Nervensystem und den Zellen des Immunsystems nachweisen. Diese weisen auf die Möglichkeit einer direkten Kommunikation zwischen dem Nerven- und dem Immunsystem hin, und zwar sowohl in afferenter (d.h. vom Nervensystem zum Immunsystem) als auch in efferenter (d.h. vom Immunsystem zum Nervensystem) Richtung. Streßhormone, vor allem das Cortisol, aber auch die Katecholamine (Adrenalin und Noradrenalin) können darüber hinaus immunologische Funktionen über entsprechende Rezeptoren auf immunkompetenten Zellen beeinflussen (zur Psychoimmunologie insgesamt s. Schedlowski 1994; Schulz 1994).

Die allgemeine Belastbarkeit sinkt

Gesundheitliches Risikoverhalten. Direkt gesundheitsschädliche Verhaltensweisen (z.B. Zigarettenrauchen, Alkoholkonsum, ungesundes Ernährungs- und Essverhalten) können in Belastungssituationen als Teil der behavioralen Streßreaktion verstärkt auftreten. Dadurch wird zum einen das Erkrankungsrisiko direkt erhöht. Zum anderen vermindern die genannten Risikoverhaltensweisen längerfristig die allgemeine Belastbarbarkeit und tragen zu einer rascheren Erschöpfung der Widerstandskräfte bei.

Gesundheitsschädlichen Folgen chronischer Streßreaktionen vorzubeugen, ist das Hauptanliegen des vorliegenden Programmes zur Gesundheitsförderung. Dabei wird es nicht darum gehen, ein Leben ganz ohne Streß anzustreben, sondern einen gesundheitsförderlichen Umgang mit der durch die Streßreaktion bereitgestellten Energie zu fördern sowie bei bereits chronifizierten Streßreaktionen einen lebendigen Wechsel zwischen Phasen der Spannung und Phasen der Entspannung neu zu ermöglichen.

2.5 Streß als transaktionales Geschehen

Die bisherigen Ausführungen zum Streßgeschehen lassen sich wie folgt kurz zusammenfassen: Ein Stressor z.B. in Form einer bestimmten Leistungsanforderung kann auf seiten der betroffenen Person eine Streßreaktion auf den beschriebenen drei Reaktionsebenen mit längerfristig u.U. gesundheitsschädlichen Folgen auslösen. Nun lehrt bereits die Alltagserfahrung , daß es sich hierbei nicht um ein quasi reflexhaft ablaufendes Geschehen handeln kann; denn: Verschiedene Menschen können auf ein- und dieselbe Situation (z.B. eine Prüfung) in durchaus unterschiedlicher Weise reagieren. Was den einen auf die Palme bringt, läßt den anderen kalt. Wo der eine unter Versagensängsten leidet, wittert der andere seine Chance. Vor etwas, durch das sich eine Person besonders herausgefordert fühlt, mag ein anderer sich resigniert zurückziehen.

Potentielle und aktuelle wirksame Stressoren

Wir unterscheiden deshalb zwischen *potentiellen Stressoren* in Form von bestimmten, objektiv gegebenen Anforderungsbedingungen einerseits, die erst aufgrund zusätzlicher vermittelnder Prozesse auf seiten der Person zu *aktuell wirksamen Stressoren* andererseits werden. Welcher Art diese Vermittlungsprozesse sind, steht im Zentrum psychologischer Streßmodelle, von denen das transaktionale Streßmodell des amerikanischen Emotionsforschers Richard Lazarus im folgenden näher beschrieben wird.

Das transaktionale Streßmodell von Lazarus

Nach Lazarus ist von Streß immer dann zu sprechen, wenn Umgebungsanforderungen oder innere Anforderungen (oder beide) die adaptiven Mittel einer Person beanspruchen oder übersteigen. Unter Umgebungsanforderungen sind äußere Ereignisse zu verstehen, die adaptive Prozesse notwendig machen und bei Versagen geeigneter Aktionen zu negativen Konsequenzen führen. Interne Anforderungen beziehen sich demgegenüber auf erwünschte Ziele, Werte, Verpflichtungen und Aufgaben der Person, deren Nichterfüllung oder Aufschiebung negative Konsequenzen hervorruft. Adaptive Mittel schließlich werden als die Gesamtheit aller Eigenschaften der Person beschrieben, die sie befähigen, den Anforderungen gerecht zu werden und die negativen Konsequenzen bei Versagen geeigneter Aktionen zu verhindern (s. hierzu und für das Folgende die Darstellungen bei Lazarus & Launier 1981 sowie Laux 1983).

Das Person-Umwelt-Verhältnis als reziproke Interaktion

Entscheidend an dieser Auffassung ist, daß Streß hier definiert wird als ein bestimmtes Verhältnis zwischen Anforderungen (Stressoren) einerseits und Reaktionskapazitäten der Person andererseits. Dies ist der Kern des transaktionalen Streßmodells. Mit dem Begriff der Transaktion wird das Person-Umwelt-Verhältnis als eine reziproke Interaktion näher gekennzeichnet, in der nicht nur die Umwelt auf das Verhalten von Personen einwirkt, sondern auch die Umwelt durch die aktiv handelnden Personen beeinflußt und verändert wird, d.h., daß die Person selbst die jeweilige Transaktion (als ihr aktuelles Verhältnis zu einer gegebenen Anforderung) aktiv herstellt. Dabei spielen kognitive Prozesse in Form von bewertenden Wahrnehmungen, Gedanken und Schlußfolgerungen die entscheidende Rolle. Erst durch entsprechende Bewertungsprozesse auf seiten der betroffenen Person werden aus potentiellen Stressoren aktuell wirksame Stressoren. Das Konzept der Bewertung oder Einschätzung (appraisal) steht im Mittelpunkt der Streßtheorie von Lazarus. Er unterscheidet drei Kategorien von Bewertungsprozessen: primäre Bewertungen, sekundäre Bewertungen und Neubewertungen.

2.5.1 Primäre Bewertungen

Diese beziehen sich auf die Einschätzung der Situation (des potentiellen Stressors) als entweder irrelevant, angenehm-positiv oder streßbezogen. Die streßbezogenen Bewertungen werden weiter unterteilt in Bedrohung (threat), Schaden-Verlust (harm-loss) und Herausforderung (challenge). Um von Streß in psychologischer Bedeutung sprechen zu können, muß eine dieser Bewertungen in der aktuellen Person-Umwelt-Transaktion vorliegen.

Die Schädigung ist bereits eingetreten

Schaden-Verlust. Diese Bewertung bezieht sich auf eine bereits eingetretene Schädigung, z.B. eine beeinträchtigende Verletzung, den Verlust einer nahestehenden Person, eine Störung des Selbstwertgefühls oder der sozialen Anerkennung oder ein erschüttertes Selbst- und Weltbild.

Die Schädigung wird antizipiert

Bedrohung. Dieser Fall betrifft demgegenüber eine Schädigung, die noch nicht eingetreten ist, sondern antizipiert wird. Die Person kann z.B. durch die Konfrontation mit dem Stressor eine physische Verletzung (z.B. bei chirugischen Eingriffen) antizipieren, oder das Nichterreichen von persönlichen Zielen oder die Beeinträchtigung des Selbstwertes (z.B. durch Prüfungen) erwarten. Bedrohungsbewertungen können mit Bewertungen der Kategorie Schaden-Verlust vermischt sein. Im Trauerfall beispielsweise muß die Person, die einen geliebten Menschen verloren hat, nicht nur den bereits vorliegenden Verlust hinnehmen, sondern sie wird sich in der Folge des Verlustes auch mit einer Vielfalt zukünftiger Anforderungen auseinandersetzen müssen, die bedrohlich wirken können.

Die Chance einer erfolgreichen Bewältigung wird gesehen

Herausforderung. Die dritte streßbezogene Kategorie primärer Bewertung unterscheidet sich von den beiden vorgenannten vor allem darin, daß in der Bewertung nicht die tatsächliche oder potentielle Schädigung bei einer Transaktion hervorgehoben wird, sondern die zwar schwer erreichbare, vielleicht risikoreiche, aber

mit positiven Folgen verbundene Bewältigung der Anforderung bzw. deren Nutzen. In der Herausforderung wird die Chance der erfolgreichen Bewältigung einer schwierigen oder riskanten Situation gesehen. Damit verbunden ist die Möglichkeit, eigene Kompetenz zu bestätigen und zu entwickeln. Während Bedrohung und Schaden-Verlust mit unlustbetonten, negativen Emotionen (Angst, Ärger, Depression) einhergehen, ist die Herausforderung durch ein eher positives emotionales Befinden gekennzeichnet. Damit bleibt im Unterschied zu früheren Auffassungen (übrigens auch im Unterschied zum populären Verständnis) der Streßbegriff für Lazarus nicht länger auf unlustbetonte Emotionen beschränkt. Mit Bezug auf das oben beschriebene psychoneuroendokrinologische Streßmodell von Henry (vgl. Abb 2.4) kann davon ausgegangen werden, daß die drei verschiedenen streßbezogenen Transaktionen wahrscheinlich mit jeweils unterschiedlichen neuroendokrinen Reaktionsmustern einhergehen.
Wir fassen bis hierhin zusammen: Personen setzen sich selbst durch entsprechende Bewertungsprozesse zu einer gegebenen Anforderungsbedingung ins Verhältnis. Ein streßbezogenes Verhältnis liegt dann vor, wenn die Person die Anforderung (den potentiellen Stressor) als Bedrohung, Schaden-Verlust oder Herausforderung wertet. Die Bewältigung einer streßbezogenen Transaktion, d.h. die Verarbeitung eines eingetretenen Verlustes, die Auseinandersetzung mit einer Bedrohung, die Meisterung einer Herausforderung, erfordert unterschiedlichste, je spezifische Kompetenzen. Auch diese unterliegen der Bewertung durch die Person.

2.5.2 Sekundäre Bewertungen

Die Einschätzung eigener Bewältigungsfähigkeiten und -möglichkeiten

Der wesentliche Unterschied zwischen primärer und sekundärer Bewertung liegt in dem, was bewertet wird. Sekundäre Bewertung bezieht sich auf die Einschätzung eigener Bewältigungsfähigkeiten und -möglichkeiten. Der Begriff „sekundär“ meint nicht, daß sie notwendigerweise der primären Bewertung zeitlich folgt oder weniger wichtig ist. Die beiden Bewertungsprozesse können sich zeitlich überlappen und wechselseitig beeinflussen. Beispielsweise kann die Erwartung, eine bestimmte Anforderung bewältigen zu können, deren primäre Bewertung als bedrohlich ganz verhindern. Andererseits wirkt sich die primäre Bewertung auf die sekundäre aus, indem sie je nach Art der Situationseinschätzung zur Auswahl und Bewertung je spezifische Bewältigungsformen mobilisiert. Eine streßbezogene sekundäre Bewertung liegt

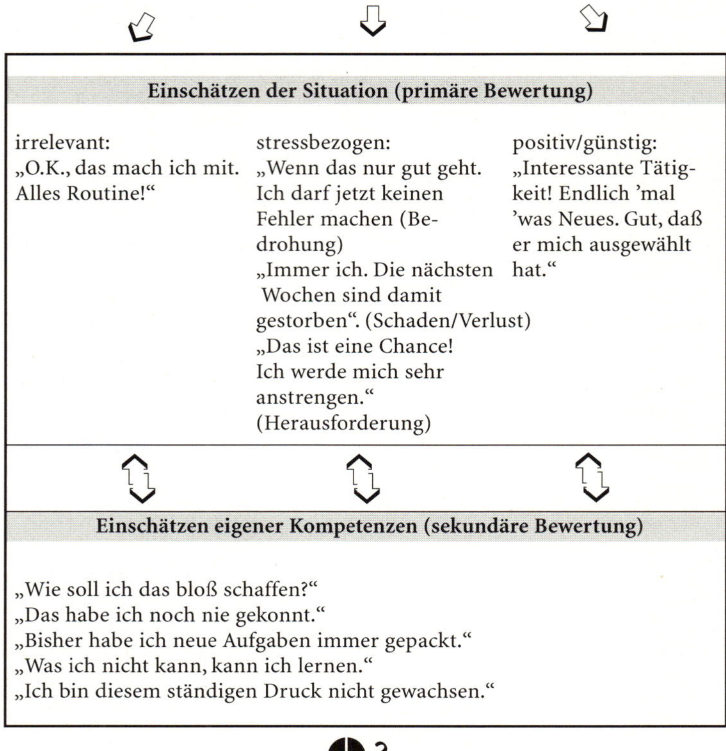

Abb. 2.5. Streß als transaktionales Geschehen (Beispiel)

dann vor, wenn die Person ihre Möglichkeiten als nicht ausreichend für eine Bewältigung der jeweiligen Anforderung einschätzt (Abb. 2.5).

2.5.3 Neubewertungen

Erfahrungen ermöglichen Neubewertungen von Situationen und Kompetenzen

Neubewertungen bewirken eine Änderung der ursprünglichen primären und sekundären Bewertung aufgrund von neuen Hinweisen aus der Umgebung, Rückmeldungen hinsichtlich der eigenen Reaktionen und deren Konsequenzen sowie neuen Überlegungen. Mit der Einführung dieses Bewertungsmechanismus als eines Rückkopplungssystems wird der dynamische Charakter der Person-Umwelt-Transaktion betont. Die Person befindet sich in einer kontinuierlichen adaptiven Auseinandersetzung mit der Umwelt; die dabei ablaufenden Bewertungen des Geschehens verändern sich ständig. So läßt sich beispielsweise gut vorstellen, daß die Bewertung einer bestimmten Arbeitsanforderung in Abhängigkeit von der Rückmeldung über den Erfolg eingesetzter Lösungsstrategien zwischen Herausforderung und Bedrohung oszilliert. Zugleich wird mit dem Konzept der Neubewertung die Möglichkeit der Erfahrungsbildung in dem Modell berücksichtigt und damit ein Moment der Stabilität in den sich beständig ändernden Bewertungsfluß gebracht.

2.5.4 Belastungsbewältigung

Wie setzt sich die Person mit der Belastung auseinander?

Ob und wie sich Belastungen in Form von kritischen Lebensereignisse und daily hassles auf die Gesundheit auswirken, hängt nicht nur davon ab, wie die Anforderungen im Vergleich zu den Reaktionskapazitäten subjektiv bewertet werden, sondern auch davon, welche Formen der Auseinandersetzung mit den Belastungen die Person einsetzt. Liegt ein subjektiv perzipiertes Ungleichgewicht zwischen situativen Anforderungen und Reaktionskapazitäten, also Streß im transaktionalen Verständnis vor, so aktiviert die Person die ihr zur Verfügung stehenden Strategien, um der antizipierten Bedrohung zu entgehen, den eingetretenen Schaden/Verlust zu überwinden bzw. die Herausforderung zu meistern. Diese Strategien werden unter dem Begriff der Bewältigung (coping) zusammengefaßt, der neben dem der Bewertung (appraisal) das zweite zentrale Konzept in der Streßtheorie von Lazarus darstellt.

Was bedeutet „Bewältigung"?

Bewältigung umfaßt nach einer gängigen Definition alle „Anstrengungen, sowohl verhaltensorientierte wie intrapsychische, mit externen oder internen Anforderungen (sowie Konflikten zwischen beiden), die die Mittel einer Person beanspruchen oder übersteigen, fertig zu werden, d.h. sie zu meistern, zu tolerieren, zu mildern, zu vermeiden" (Lazarus & Launier 1981). Der Bewältigungsbegriff umfaßt somit nicht nur solche Reaktionen, die auf eine aktive Meisterung der Belastungssituation abzielen, sondern auch alle Reaktionen, die ein Aushalten, Tolerieren und auch Vermeiden oder Verleugnen zum Ziel haben. Im Unterschied zur alltagssprachlichen Begriffsauffassung definiert sich Bewältigung im wissenschaftlichen Verständnis auch nicht über den Erfolg, sondern allein über das Bemühen und die Anstrengung, mit Anforderungen fertig zu werden. Deren Erfolg ist jeweils im Hinblick auf definierte Anforderungsbedingungen empirisch zu ermitteln und kann nicht a priori festgelegt werden.

Klassifikation von Bewältigungsmöglichkeiten

Um die vielfältigen Möglichkeiten der Bewältigung in eine gewisse Ordnung zu bringen, sind in der Literatur zur Bewältigungsforschung unterschiedliche Klassifikationssysteme vorgeschlagen worden. Ein einheitliches, allgemein akzeptiertes Klassifikationsschema existiert derzeit jedoch nicht. Zumeist werden jedoch verschiedene Bewältigungsfunktionen sowie ein Grundstock an unterschiedlichen Bewältigungsformen unterschieden.

Funktionen der Bewältigung

Problemlösung und Reaktionskontrolle

In einer gegebenen streßbezogenen Transaktion können sich die Bewältigungsbemühungen des Betroffenen prinzipiell auf eines der beiden folgenden Ziele richten (Lazarus & Launier 1981): erstens auf die Veränderung der streßbezogenen Person-Umwelt-Beziehung (problemorientierte oder instrumentelle Bewältigung) und zweitens auf die Regulierung der physiologischen, kognitiv-emotionalen und behavioralen Reaktionen, die aus dieser Beziehung resultieren (reaktionsorientierte oder palliative Bewältigung).

Die streßbezogene Transaktion wird verändert

Problemorientierte Bewältigung beinhaltet nach diesem dualen Funktionsmodell alle die Bewältigungsversuche, die darauf abzielen, eine streßbezogene Transaktion aufzuheben. Die Bewältigungsbemühungen können dabei entweder auf eine Veränderung der Umwelt, also der Stressoren (z.B. Umorganisation des Arbeitsplatzes) oder auf eine Änderung eigener Merkmale (Ziele, Überzeugungen, Gewohnheiten, z.B. zeitig aufstehen, um nicht in Hetze zu geraten; eigene Leistungsansprüche überprüfen usw.) oder auf beide Aspekte zugleich abzielen.
Lazarus und Launier (1981, S. 248) geben hierzu folgendes Beispiel: „Wenn man einen lauten Nachbarn hat, kann man sich beschweren oder drohen, um das lästige Verhalten zu ändern, oder man kann versuchen, das Ärgernis durch eine Vielfalt anderer aggresssiver Maßnahmen zu beseitigen. Andererseits kann man versuchen, sich

selbst zu ändern, um die Situation zu verbessern, indem man sich bemüht, sich durch den Lärm nicht stören zu lassen, daran Gefallen findet oder sich beteiligt oder das Feld räumt." Weitere Beispiele für problemorientierte Bewältigung sind:

Beispiele für problemorientierte Bewältigungsformen

- Arbeitsaufgaben delegieren,
- persönliche Zeitplanung verändern,
- Fortbildungsveranstaltungen besuchen,
- „Neinsagen",
- eigene Perfektionsansprüche relativieren,
- nach Unterstützung suchen,
- Klärungsgespräche führen,
- Arbeitsaufgaben gezielt strukturieren,
- persönliche/berufliche Prioritäten definieren.

Psychophysische Streßreaktionen werden reguliert

Bei der ***reaktionsorientierten Bewältigung*** steht die Regulierung und Kontrolle der aus der streßbezogenen Transaktion resultierenden physiologischen und emotionalen Reaktion im Vordergrund. Reaktionsorientierte Bewältigung beinhaltet alle Versuche, unlustbetonte Streßemotionen wie Angst, Ärger, Schuld, Neid, Kränkung und den mit diesen einhergehenden quälenden Spannungszustand positiv zu beeinflussen. Hier ist noch zu unterscheiden zwischen zum einen solchen Bewältigungsversuchen, die zur kurzfristigen Erleichterung und Entspannung auf die Dämpfung einer akuten Streßreaktion abzielen (Palliation), sowie zum anderen eher längerfristigen Bemühungen, die der regelmäßigen Erholung und Entspannung dienen (Regeneration). Beispiele für reaktionsorientierte Formen der Bewältigung sind:

Beispiele für reaktionsorientierte Bewältigungsformen

- die Einnahme von Psychopharmaka,
- die Durchführung von Entspannungsübungen,
- Ablenkungsversuche (z.B. Fernsehen),
- Bagatellisierung („Das ist doch alles halb so schlimm!"),
- joggen,
- schreien, schimpfen, weinen,
- Selbstvorwürfe („Ich verdiene es nicht besser"),
- sich auf die Lippen beißen, den Ärger hinunterschlucken,
- einem Hobby nachgehen,
- Freundschaften pflegen.

Einzelne konkrete Bewältigungsreaktionen sind dabei nicht einer der beiden beschriebenen Bewältigungsfunktionen a priori fest zugeordnet, sondern können vielmehr in einem Fall der Problemregulation und in einem anderen Fall der Reaktionskontrolle oder auch beiden Funktionen zugleich dienen. Eine Entspannungsübung z.B. kann das eine Mal zur kompensatorischen Erholung, das andere Mal zur Bewältigung einer bevorstehenden Leistungsanforderung eingesetzt werden. Ein Gespräch mit Freunden kann zur emotionalen Entlastung, zur Ablenkung oder auch mit dem Ziel einer Problemklärung geführt werden. Entscheidend ist hier die Intention, mit der die jeweilige Bewältigungsreaktion eingesetzt wird.

Formen der Bewältigung

Aktionale und intrapsychische Bewältigungsformen

Die genannten Beispiele zeigen, daß sowohl die Problemregulation als auch die Reaktionskontrolle auf sehr unterschiedlichen Wegen angestrebt werden kann. Mit Bezug auf die Reaktionsebene, auf der die Bewältigungsbemühungen primär ablaufen, lassen sich aktionale und intrapsychische Formen der Bewältigung unterscheiden.

Beispiele für aktionale Bewältigung

Aktionale Bewältigungsformen. Zu den aktionalen Bewältigungsformen, die offenes Verhalten beinhalten, zählen neben direkt problemlöseorientierten Handlungen so heterogene Verhaltensweisen wie aktives Vermeidungs- und Fluchtverhalten, Suche nach sozialer Unterstützung, Entspannung und der Konsum von Genußmitteln. Auch die verschiedenen Formen des Emotionsausdrucks („expressive" Bewältigungsformen) lassen sich hierunter fassen. Direkte Aktionen können sich sowohl auf die instrumentelle Funktion beziehen, indem z.B. im beruflichen Bereich eine Umorganisation des Arbeitsablaufes vorgenommen wird oder in sozialen Konfliktsituationen eine offene Aussprache herbeigeführt wird, als auch der Emotionsregulierung dienen, beispielsweise indem Beruhigungsmittel eingenommen oder Entspannungsübungen durchgeführt werden.

Beispiele für intrapsychische Bewältigung

Intrapsychische Bewältigungsformen. Sie beinhalten verdeckte Wahrnehmungs-, Denk-, Vorstellungs- und Interpretationsprozesse und sind, ausgehend vom psychoanalytischen Konzept der Abwehrmechanismen, breit ausdifferenziert worden. Laux und Weber (1990) unterscheiden defensive (z.B. Verdrängung, Verneinung), evasive (z.B. Bagatellisierung, Ablenkung), positiv konnotierte (z.B. positive Selbstinstruktion, Sinngebung) sowie selbstzentrierte, im besonderen selbstabwertende (z.B. Selbstbemitleidung, Selbstbeschuldigung) Formen intrapsychischer Bewältigung. Intrapsychische Bewältigungsformen können nicht nur im Sinne einer palliativen sondern auch einer instrumentellen Bewältigung eingesetzt werden, z.B. dann, wenn es durch selbstermutigende Kognitionen zu einer Veränderung der bisherigen Situationswahrnehmung kommt.

Die Beispiele machen deutlich, wie breit die Palette der Möglichkeiten ist, eine streßbezogene Transaktion zu bewältigen. Der großen Heterogenität von Anforderungssituationen, die unter dem Streßbegriff angesprochen werden, entspricht eine ebenso große Vielfalt an Bewältigungsbemühungen. Spätestens hier stellt sich die Frage, was denn gute, effektive, gar gesunde Streßbewältigung ausmacht. Lassen sich einzelne, besonders effektive Bewältigungsformen herausheben? Gibt es so etwas wie einen Typus des guten Bewältigers? In den folgenden Abschnitten werden wir uns mit diesen Fragen näher auseinandersetzen.

2.6 Streßbewältigung, Persönlichkeit und Gesundheit

Situationsübergreifende Bewertungsstile und Bewältigungsmuster

Das beschriebene transaktionale Streßmodell stellt einen Rahmen dar, in dem ein aktuelles Streßgeschehen analysiert werden kann. Lediglich kurz erwähnt wurde bisher die Möglichkeit der Erfahrungsbildung und damit die Bedeutung von habituellen Personmerkmalen auf aktuelle streßbezogene Transaktionen. Frühere Erfahrungen im Umgang mit Stressoren beeinflussen die aktuellen Bewertungsprozesse und können zur Herausbildung situationsübergreifender Bewertungsstile und Bewältigungsmuster führen. Die Bewertung und Bewältigung einer aktuellen Umgebungsanforderung wird deshalb mehr oder weniger stark von relativ stabilen Merkmalen der Person gefiltert, z.B. kann eine Person habituell dazu neigen, eigene Bewältigungsmöglichkeiten zu unter- oder auch zu überschätzen, oder jegliche Anforderung generell als Bedrohung ihres Selbstwertes zu interpretieren, oder sie versucht, unterschiedlichste Anforderungen beispielsweise durch ein immer gleiches undosiertes Leistungsverhalten oder durch bagatellisierende kognitive Manöver in den Griff zu bekommen. Die psychologische Streßforschung hat versucht, solche Persönlichkeitsmerkmale zu identifizieren, die Menschen in besonderer Weise dazu disponieren, sich zu einer Vielzahl von Anforderungssituationen in ein streßbezogenes Verhältnis zu setzen, und die dadurch für den Betroffenen ein gesundheitliches Risiko darstellen. Einfacher gesagt geht es darum, wissenschaftlich so etwas wie einen „Streßtyp" zu definieren, wie er bereits von Wilhelm Busch in treffender Weise beschrieben worden ist:

Wirklich, er war unentbehrlich!
Überall, wo was geschah
Zu dem Wohle der Gemeinde,
Er war tätig, er war da.
Schützenfest, Kasinobälle.
Pferderennen, Preisgericht,
Liedertafel, Spritzenprobe,
Ohne ihn, da ging es nicht.

Ohne ihn, war nichts zu machen,
Keine Stunde hatt' er frei.
Gestern, als sie ihn begruben,
War er richtig auch dabei.

2.6.1 Typ-A-Verhaltensmuster

Bereits in den 60er Jahren beobachteten die amerikanischen Kardiologen Friedman und Rosenman (1974) bei Herzpatienten ein als Typ-A bezeichnetes Verhaltensmuster, das durch folgende Merkmale gekennzeichnet werden kann:

Die Merkmale des Typ-A-Verhaltensmusters

- starkes Streben nach Anerkennung verbunden mit Angst vor Kritik,
- Wettbewerbshaltung, Unabhängigkeitsstreben in Leistungssituationen,
- latente Feindseligkeit gegenüber anderen,
- Genauigkeit, Perfektionsstreben, hohes Planungsbedürfnis,
- Hetze, Zeitdruck, Ungeduld,
- Verausgabungsbereitschaft, Verdrängung von Entspannungsbedürfnissen.

Typ-A-Verhaltensmuster: Risikofaktor für Herz-Kreislauf-Erkrankungen?

Das Typ-A-Verhaltensmuster soll aufgrund einer beständigen psychophysischen Aktivierung, insbesondere der Sympathikus-Nebennierenmark-Achse, langfristig zu arteriosklerotischen Gefäßveränderungen beitragen. In mehreren epidemiologischen Untersuchungen hat es sich als eigenständiger Risikofaktor für Erkrankungen des Herz-Kreislauf-Systems erwiesen. In einer der großen Längsschnittstudien zur Erfassung von Herz-Kreislauf-Krankheiten, nämlich der Western Collabarative Group Study (*WCGS,* Rosenman et al. 1975) wurden 3524 Männer über einen Zeitraum von achteinhalb Jahren hinweg beobachtet. Männer, die als Typ-A klassifiziert worden waren, trugen im Vergleich mit den anderen Studienteilnehmern ein doppelt so hohes Herzinfarktrisiko, und zwar nach Berücksichtigung anderer bekannter Risikofaktoren wie Alter, Blutdruck, Cholesterinspiegel und Rauchen. Dieser Befund wurde in der bekannten Framingham-Studie repliziert und auch für Frauen bestätigt (zusammenfassend Schwarzer 1992). Wenngleich demnach Typ-A-Verhalten als ein eigenständiger Risikofaktor zu betrachten ist, der auch nach Kontrolle der bekannten somatischen Risikofaktoren wirkt, scheint seine Bedeutung als Prädiktor für Erkrankungen des Herz-Kreislauf-Systems, wie die Ergebnisse zeigen, in dem Maße noch zu wachsen, in dem die Person zusätzlich durch weitere Risikofaktoren gefährdet wird. Die Ergebnisse waren insgesamt so überzeugend, daß die zuständige Sektion der amerikanischen Gesundheitsbehörde das Typ-A-Verhaltensmuster als einen eigenständigen Risikofaktor neben den traditionellen Faktoren (Rauchen, Bluthochdruck, zu hoher Cholesterinspiegel) anerkannt hat (nach Vögele 1993). Damit war zum ersten Mal die pathogene Bedeutung eines psychosozialen Faktors von offizieller medizinischer Seite anerkannt worden: ein wissenschafts- und gesundheitspolitisches Ereignis, das wahrscheinlich auch zu der großen populärwissenschaftlichen Verbreitung des Typ-A-Konzeptes beigetragen hat.

Feindseliges Verhalten und Verausgabungsbereitschaft gefährden die Gesundheit

Neuere Untersuchungen haben allerdings Zweifel an der generellen Gültigkeit des Typ-A-Konzeptes aufkommen lassen. So war z.B. die Überlebensrate von Typ-A-Personen nach einem Herzinfarkt höher als die von anderen Herzinfarktpatienten. Möglicherweise wirkt sich in der Postinfarktphase das Typ-A-Verhaltensmuster hilfreich bei der Bewältigung und der Einhaltung der indizierten Verhaltensänderungen aus. Auch wird in neueren Studien versucht, spezifische Aspekte des Typ-A herauszufiltern, die sich besonders gesundheitsschädigend auswirken. Demnach sind insbesondere feindselige und leicht zu verärgernde Menschen überdurchschnittlich von Koronarsklerose betroffen. Diese beiden Merkmale kristallisieren sich immer mehr ais die eigentlich krankmachenden Komponenten des Typ-A-Verhaltens heraus. Siegrist (1984) betont als Medizinsoziologe darüber hinaus, daß das feindselige Verhalten von Typ-A-Personen besonders in beruflichen Anforderungs- und Konkurrenzsituationen stimuliert wird: „Koronargefährdet sind Individuen, die eine besondere Bereitschaft zeigen, auf Bedingungen ihrer näheren, sichtbaren Umgebung, welche ihre Kontrollambitionen stimulieren oder sogar bedrohen (Anforderungs- und Konkurrenzsituationen) mit unrealistischen Anforderungsbewertungen und entsprechend undosiertem Leistungsverhalten zu reagieren. ... Mit ihrer distanzlosen Verausgabungsbereitschaft erleben sie nicht nur überdurchschnittlich häufig emotionale Enttäuschungen – die überdies die beobachtete latente Feindseligkeit erklären könnten –, sondern sie bringen sich auch selbst in vorzeitige, jedoch nicht angemessen wahrgenommene Erschöpfungskrisen" (S. 664).

2.6.2 Typ-C-Persönlichkeit

Sind Typ-C-Persönlichkeiten besonders krebsgefährdet?

So wie das Typ-A-Verhaltensmuster einen bestimmten Umgang mit Belastungssituationen beinhaltet, der langfristig zur Entstehung von Herz-Kreislauf-Erkrankungen beiträgt, vermutet man auch für die Entstehung von Krebserkrankungen die Wirksamkeit von persönlichkeitsabhängigen übergreifenden Bewältigungsstilen.

Merkmale von Typ-C-Persönlichkeiten

Krebsgefährdete Personen werden danach unter der Kurzbezeichnung Typ-C (c wie cancer) als kooperativ, ausgleichend, hilfsbereit, freundlich, wenig anspruchsvoll und geduldig beschrieben. Sie sind gegenüber autoritären Personen eher nachgiebig und geraten selten in konfrontative Auseinandersetzungen. Das Typ-C-Konzept stellt damit in etwa das Gegenstück der aggressiven, feindseligen, angespannten und kontrollierenden Typ-A-Persönlichkeit dar (Schwenkmezger 1994). Auch eine Tendenz zu Hilflosigkeit und Hoffnungslosigkeit wird mit der krebsgefährdeten Persönlichkeit in Verbindung gebracht.

Wie reagieren Typ-C-Persönlichkeiten in Belastungssituationen?

Die beschriebenen Eigenschaften des Typ-C formen einen speziellen Bewältigungsstil in Belastungssituationen, der charakterisiert ist durch die Verleugnung von Gefahren, die Vermeidung von Konflikten und das Unterdrücken von negativen Emotionen (Temoshok 1987). Dieser Umgang mit Belastungen soll spezifische neuroendokrine Streßreaktionen bedingen, vornehmlich in Form einer Aktivierung der Hypothalamus-Hypohysen-Nebennierenrinde-Achse, die langfristig insbesondere über die vermehrte Ausschüttung von Cortisol eine Schwächung der Immunkompetenz zur Folge hat. Die Immunschwäche ihrerseits begünstigt die Entstehung und Vermehrung von Krebszellen (Buske-Kirschbaum, Kirschbaum & Hellhammer 1990).

Hilflosigkeit und Hoffnungslosigkeit beeinflussen den Verlauf von Krebserkrankungen

Bisher kommen die empirischen Belege für einen möglichen Zusammenhang zwischen Typ-C-Verhalten und Krebserkrankungen aus einer Vielzahl von retrospektiven Studien, d.h. es wurden Personen, die bereits an Krebs erkrankt waren, untersucht. Solche

Untersuchungen erlauben allerdings keine Rückschlüsse auf eine eventuelle krankheits*verursachende* Wirkung des Typ-C-Verhaltens, da dieses sich auch erst als Reaktion auf die Erkrankung entwickelt haben könnte. Prospektive Untersuchungen zu dieser Frage fehlen zur Zeit noch und sind aufgrund des nötigen langen Beobachtungszeitraumes und großer Stichprobenumfänge schwierig zu realisieren. Demgegenüber wird inzwischen von mehreren Studien belegt, daß der *Verlauf* von Krebserkrankungen sehr wohl durch Personfaktoren mitbestimmt wird. Hilflose und hoffnungslose Patienten, die sich selbst frühzeitig aufgeben, sich zurückziehen und ihren Gefühlen keinen Ausdruck verleihen, weisen eher eine schlechte Prognose auf, während Patienten mit einer kämpferischen Haltung günstigere Krankheitsverläufe haben (zusammenfassend Helmkamp & Paul 1984; Verres 1991). Die Forschung über unterschiedliche Formen der Verarbeitung schwerwiegender chronischer Erkrankungen stellt mittlerweile ein eigenständiges umfangreiches Forschungsgebiet dar. Da die Auseinandersetzung mit schweren Krankheiten als einem kritischen Lebensereignis nicht Gegenstand des hier zu behandelnden Trainingsprogrammes zur Bewältigung von Alltagsbelastungen ist, soll dieses Thema hier nicht weiter vertieft werden.

In einer gesundheitspsychologischen Perspektive noch interessanter als die Kenntnis streßverschärfender und dadurch krankheitsbegünstigender Persönlichkeitsmerkmale ist das Wissen um solche streßmildernden Faktoren, die die Gesundheit des einzelnen trotz bestehender Belastungen schützen. Hierauf wird in den folgenden Abschnitten eingegangen.

2.7 Was schützt Gesundheit? – Ressourcen der Streßbewältigung

Protektive Faktoren für die Gesundheit

Wer bleibt gesund, und warum und wie, auch angesichts kritischer Lebensereignisse und zahlreicher Stressoren im Alltagsleben? Diese Frage nach der Salutogenese (Antonovsky 1987 und 1988) ist lange Zeit in der medizinischen wie psychosomatischen Forschung zugunsten der Erforschung der Ätiologie und Pathogenese von Krankheiten vernachlässigt worden. Erst in neuerer Zeit bemüht man sich auch um die Erforschung solcher protektiver Faktoren, die dem Einzelnen als Ressourcen bei der Auseinandersetzung mit Belastungen dienen, und die dazu beitragen, daß die Gesundheit trotz bestehender Belastungen aufrechterhalten oder sogar gefördert wird. Einige der wichtigsten salutogenetischen Faktoren werden im folgenden beschrieben.

2.7.1 Sozialer Rückhalt

Der Zusammenhang von sozialen und gesundheitlichen Faktoren

Daß positive zwischenmenschliche Kontakte Schmerzen vergessen lassen, die Genesung z.B. nach Operationen beschleunigen, bei der Bewältigung von alltäglichen Belastungen und kritischen Lebensereignissen unterstützen und ganz allgemein wesentlich zum Wohlbefinden beitragen können, ist Teil des gesundheitspsychologischen Alltagswissens. Auf der Suche nach gesundheitlichen Protektivfaktoren hat die gesundheitspsychologische Forschung in den beiden vergangenen Jahrzehnten in zahlreichen empirischen Studien zu erhellen versucht, wie die soziale Integration eines Individuums und die soziale Unterstützung, die es erhält, mit gesundheitlichen Faktoren zusammenhängen (Überblick in Röhrle 1994). Viele Studien konnten zeigen, daß sozialer Rückhalt negativ mit psychosozialen Störungen und körperlicher Krankheit korreliert (zusammenfassend Schwarzer & Leppin 1989). Die gefundenen Zusammenhänge waren im Mittel allerdings nicht sehr hoch, und die Korrelationskoeffizienten variieren je nach dem, welcher Aspekt von sozialem Rückhalt jeweils untersucht wurde. Dabei ist zu unterscheiden zwischen strukturellen Merkmalen des *sozialen Netzwerkes* eines Individuums (z.B. Anzahl der Netzwerkmitglieder, Häufigkeit von Kontakten untereinander, Dauerhaftigkeit, Homogenität) einerseits und dem funktionalen Aspekt der *sozialen Unterstützung*, die das Individuum durch das jeweilige Netzwerk erfährt, andererseits.

Verschiedene Möglichkeiten sozialer Unterstützung

Soziale Unterstützung ihrerseits kann auf unterschiedlichen Wegen erfolgen, z.B.:

- emotionale Unterstützung: gemeinsames Erleben von positven Gefühlen, von Nähe und Vertrauen, Akzeptieren auch von unangenehmen oder sozial unerwünschten Gefühlen, Trost spenden, Ermutigen, „zu jemandem halten", Selbstwert stärken, Körperkontakt;
- instrumentelle Unterstützung: Hilfen beim Problemlösen, Informationen geben, über ein Problem sprechen, Rückmeldung;
- praktische und materielle Unterstützung: Dinge oder Geld ausleihen, praktische Hilfen im Alltag (Blumen gießen, Besorgungen erledigen, zum Bahnhof fahren etc.);
- geistige Unterstützung: Lebensvorstellungen, Werte und Normen, politische Anschauungen teilen.

Durch wen kann Unterstützung erfolgen?

Bedeutsam ist auch, von wem die Unterstützung kommt. Zu den Quellen sozialer Unterstützung gehören insbesondere (Ehe-)Partner, Eltern und Kinder, andere Verwandte, enge Freunde, Bekannte z.B. als Freizeitpartner, Nachbarn, Arbeitskollegen, Vorgesetzte und Untergebene bis hin zu Mitgliedern politischer, religiöser und anderer Gruppierungen. Diese können für das Individuum jeweils unterschiedliche Unterstützungsfunktionen erfüllen: Ehepartner und enge Freunde können besondes wichtig sein für die emotionale Unterstützung, Nachbarn für praktische Hilfen und Arbeitskollegen für relevante Informationen bei der Lösung von Problemen.

Quantitative und qualitative Aspekte von Unterstützung

Die verschiedenen Formen sozialer Unterstützung können sowohl unter quantitativen (z.B. Häufigkeit und Dauer der Sozialkontakte) als auch unter qualitativen (Zufriedenheit mit der jeweiligen Unterstützung) Aspekten betrachtet werden. In einer Metaanalyse, in der 80 Studien mit zusammen mehr als 60 000 Personen eingingen (Schwarzer & Leppin 1989), zeigten sich für den letztgenannten Aspekt, die *Unterstützungszufriedenheit,* die höchsten korrelativen Zusammenhänge mit Gesundheits- und Krankheitsvariablen. Alltägliche Belastungen und kritische Lebensereignisse werden eher bewältigt, wenn die betroffenen Individuen ihre erlebte soziale Unterstützung als zufriedenstellend beschreiben. Nur sehr schwache Zusammenhänge ergaben sich dagegen mit objektiven Strukturmerkmalen des sozialen Netzwerkes wie Größe oder Dichte. Für die Salutogenität sozialer Unterstützung erscheint somit wesentlich, wie die jeweilige Person die entsprechenden sozialen Kontakte wahrnimmt, einschätzt und erlebt. Auch soziale Unterstützung ist als ein transaktionales Geschehen aufzufassen.

Soziale Unterstützung muß wahrgenommen und mobilisiert werden können

Soziale Unterstützung kann nur positiv wirksam werden, wenn sie als solche wahrgenommen wird. Für die Praxis der Gesundheitsförderung kommt es daher darauf an, den einzelnen darin zu unterstützen, vorhandene Unterstützungspotentiale überhaupt wahrzunehmen, sie zu mobilisieren und für sich selbst zu akzeptieren. Dies erfordert soziale Kompetenzen, die es dem einzelnen beispielsweise ermöglichen, Signale der Hilfsbedürftigkeit auszusenden oder direkt um Hilfe zu bitten.

Negative Auswirkungen sozialer Unterstützung

Es soll hierbei aber nicht übersehen werden, daß soziale Unterstützungen auch beeinträchtigen können. Es ist möglich, daß sie vorhandene Streßreaktionen etwa durch zusätzliche Emotionalisierungen oder eine Art von Überengagement direkt verstärken. Negative Wirkungen sozialer Unterstützung können auch darin bestehen, daß sie mit sozialen Kontrollen, Freiheitseinschränkung oder Verpflichtungsgefühlen verbunden werden. Ganz abgesehen davon, daß schlicht und einfach die falsche Hilfe geleistet wird, oder Hilfeversprechen nicht oder nur unzuverlässig eingelöst werden. Zu einem gesundheitsförderlichen Umgang mit sozialer Unterstützung gehört daher u.U. auch die Fähigkeit, sich von einem (Über-)Angebot an Hilfen abzugrenzen, Hilfsangebote abzulehnen und sich vor Eingriffen in die Autonomie, die mit einer erbetenen Hilfeleistung verbunden werden, zu schützen.

2.7.2 Optimismus und Selbstwirksamkeit

Die Einschätzung der eigenen Handlungsmöglichkeiten

„Die Gesunden und die Kranken haben ungleiche Gedanken", so lautet ein bekanntes deutsches Sprichwort. Generalisierte, d.h. situationsübergreifende Überzeugungen und Erwartungen über den Ausgang von Ereignissen und die eigenen Handlungsmöglichkeiten nehmen Einfluß darauf, ob und wie alltägliche Belastungssituationen bewältigt werden, und wirken sich auf körperliches und seelisches Wohlbefinden aus. Dabei sind grundsätzlich drei Arten von Kognitionen zu unterscheiden: erstens allgemeine Erwartungen darüber, welchen Ausgang bestimmte Situationen nehmen werden. „Das dicke Ende kommt bestimmt". ist ein Beispiel für eine solche sogenannte *Situationserwartung;* zweitens Überzeugungen darüber, daß es prinzipiell Handlungen gibt, durch die eine bestimmte Situation beeinflußt, eine Gefahr bewältigt, ein Problem gelöst werden kann. Hier spricht man von *Konsequenzerwartungen,* z.B. „Wenn man sich ausspricht, lassen sich Mißverständnisse klären" oder „Wenn man regelmäßig joggt, steigert man sein Wohlbefinden"; drittens schließlich die Überzeugung, daß man selbst in der Lage ist, die jeweilige Handlung durchzuführen. „Ich bin mir sicher, daß ich es schaffe, regelmäßig zu joggen" wäre Ausdruck einer solchen *Kompetenz- oder Selbstwirksamkeitserwartung* (Bandura 1977). Worin bestehen die sprichwörtlichen Gedanken der Gesunden? Gibt es gesundheitsförderliche Situations-, Konsequenz- und Kompetenzerwartungen?

Die Auswirkungen einer optimistischen Grundüberzeugung

Generalisierte Erwartungen vom Typ „Es wird schon alles gut werden" bilden das Konzept des „dispositionalen Optimismus" von Scheier und Carver (1985 und 1992). Optimisten blicken zuversichtlich in die Zukunft, wobei offengelassen wird, ob sich die Dinge von allein positiv entwickeln oder ob man selbst etwas dazu beiträgt. In mehreren Studien konnte belegt werden, daß sich eine solche optimistische Grundüberzeugung positiv bei der Bewältigung unterschiedlichster Probleme auswirkt und auch z.B. die Genesung nach Bypass-Operationen und chirugischen Eingriffen bei Brustkrebs günstig beeinflußt.

Defensiver Optimismus

Allerdings wäre es voreilig hieraus zu schlußfolgern, daß eine rosarot gefärbte Sicht der Zukunft in jedem Falle günstig für die Gesundheit ist, und auch die Empfehlung eines trivialen „Denke positiv!“ läßt sich nicht rechtfertigen. Ein Optimismus ausschließlich im Sinne von unrealistischen Erwartungen über den positiven Ausgang von Ereignissen kann nämlich dazu führen, daß reale Gefahren übersehen und bestehende Risiken ignoriert werden, und daß eine aktive, instrumentelle Bewältigung ausbleibt und notwendige präventive Handlungen unterlassen oder hinausgeschoben werden. Hier handelt es sich um einen naiven oder defensiven Optimismus (Schwarzer 1993). Man unterschätzt bestehende Risiken, hält sich selbst für nicht oder kaum verwundbar und sieht keinen Handlungsbedarf.

Funktionaler Optimismus

Ganz anders sieht es allerdings aus, wenn optimistische Situationserwartungen sich auf die Überzeugung gründen, daß es Handlungen gibt, die zu dem erwarteten positiven Ausgang führen (Konsequenzerwartung), und auf die Gewißheit, daß man selbst fähig ist, diese Handlungen auszuführen (Kompetenz- oder Selbstwirksamkeitserwartung). In diesem Falle spricht man von adaptivem oder funktionalem Optimismus. Nur wenn jemand glaubt, eine Bewältigungshandlung selbst durchführen zu können, wird er motiviert sein, ein Problem instrumentell anzugehen. Selbstwirksamkeitserwartung erweist sich als ein zentraler Motivationsfaktor, der darüber mitbestimmt, welche Handlung man auswählt, wieviel Anstrengung man investiert und wie lange man auf einer Strategie beharrt, bevor man aufgibt. Hohe Selbstwirksamkeit beflügelt die Inangriffnahme von schwierigen Aufgaben. Nachdem erst einmal eine Tätigkeit in Gang gekommen ist, investieren selbstwirksame Personen mehr Anstrengung und verharren länger an schwer lösbaren Aufgaben, bevor sie aufgeben. Von Rückschlägen erholen sie sich eher, und ihre Zielbindung halten sie länger aufrecht (vgl. Bandura 1992).

Auswirkungen hoher Selbstwirksamkeitserwartung

Zahlreiche empirische Studien haben wiederholt gezeigt, daß eine hohe Selbstwirksamkeitserwartung die Bewältigung von Alltagsstreß, das Ertragen von Schmerzen, den Umgang mit chronischen Leiden, die Entwöhnung von Abhängigkeiten und den Aufbau von Gesundheitsverhaltensweisen wie etwa einem regelmäßigen körperlichen Training erleichtert (Schwarzer 1993; O'Leary 1985). Es konnte sogar gezeigt werden, daß die experimentelle Förderung von Kompetenzerwartungen eine Steigerung der Immunkompetenz hervorruft. Einer durch Streß bedingten Schwächung des Immunsystems könnte daher auch durch den Aufbau von funktionalem Optimismus entgegengearbeitet werden (Bandura 1992).

Optimistische Kompetenzerwartungen als gesundheitlicher Schutzfaktor

Der naive Glaube daran, daß sich die Dinge des Lebens schon gut entwickeln werden, mag sich – zumindest kurzfristig – positiv auf das Befinden auswirken. Als personale Ressource bei der Alltagsbewältigung und damit als gesundheitlicher Protektivfaktor wird dieser Glaube jedoch nur dann wirksam, wenn er von einer hohen Selbstwirksamkeitserwartung gespeist wird. Dabei scheint eine optimistisch erhöhte Einschätzung eigener Handlungsmöglichkeiten durchaus günstig zu sein. „Kompetenzerwartungen dürfen nicht zu unrealistisch sein, sonst verführen sie zu riskanten Handlungen, mit denen man allzu leicht Schiffbruch erleiden kann. Eine Überschätzung der eigenen Möglichkeiten birgt das Risiko des Scheiterns. Aber andererseits muß die Selbstwahrnehmung des eigenen Handlungspotentials eine optimistische Komponente aufweisen, weil man nur so beflügelt werden kann, schwierige Herausforderungen anzugehen, die ein Maximum an Anstrengung und Ausdauer erfordern. Im Widerspruch dazu stünde die konservative Wahrnehmung von tatsächlich gemachten Erfolgserfahrungen. Würde man Erfolg nur dort erwarten, wo man ihn zuvor schon erlebt hat, würde man auf der Stelle treten, anstatt aktiv seine Kompetenzen weiterzuentwickeln. Optimismus und positive Illusion von Handlungskontrolle sind daher durchaus notwendige Ingredienzen der Kompetenzerwartung. ... Wir brauchen positve Illusionen, um ungehindert und tatkräftig unsere Alltagsprobleme bewältigen und neue Herausforderungen anpacken zu können“ (Schwarzer 1993, S. 14 ff).

Die „Kultivierung eines funktionalen Optimismus“

Für die Praxis der psychologischen Gesundheitsförderung ergibt sich als Konsequenz aus dem Gesagten, daß ein Schwerpunkt in der „Kultivierung des funktionalen Optimismus“ (Schwarzer 1993, S. 27) liegen sollte. Generelle und spezifische, auf bestimmte Verhaltensbereiche bezogene, optimistische, d.h. leicht überhöhte Erwartungen hinsichtlich des Erfolges eigener Handlungen sollen als Fundament einer insgesamt positv-optimistischen Zukunftssicht gefördert werden.

2.7.3 „Hardiness“

Welche Eigenschaften schützen vor gesundheitsschädlichen Auswirkungen von Streß?

Auf der Suche nach solchen Eigenschaften, die Personen vor den gesundheitsschädlichen Auswirkungen von Streß schützen, untersuchten Kobasa und Maddi (Kobasa 1979; Kobasa et al. 1982) bereits in den 70er Jahren leitende Angestellten des amerikanischen Telekommunikationskonzernes AT&T während einer sich über mehrere Jahre erstreckenden Umstrukturierungsphase des Unternehmens, die mit vielen einschneidenden Veränderungen, Entlassungen, Versetzungen, neuen Aufgaben etc. verbunden war. Aus zunächst 700 leitenden Angestellten suchten sie die 200 heraus, die in Befragungen besonders starke Belastungen angaben. Diese Stichprobe wurde dann gesplittet in solche Angestellte, die über ein großes Ausmaß an körperlichen Beschwerden und Krankheit klagten, und solchen, die sich trotz gleicher Belastung als relativ wenig krank beschrieben. Worin unterschieden sich diese beiden Gruppen? Im Hinblick auf Einkommen, Status, Bildung, Alter und andere soziodemographische Daten waren sie sich sehr ähnlich. Deutliche Unterschiede fanden sich hingegen bezüglich Einstellungen und Meinungen über sich selbst, über die Arbeit und über die Mitmenschen. Die Autoren bezeichneten die Einstellungen der gesunden Manager als „hardiness" (Stärke, Widerstandsfähigkeit), die im wesentlichen aus drei Komponenten besteht:

Die drei Komponenten der Hardiness

- *Engagement und Selbstverpflichtung* (commitment) ist als Gegenteil von Entfremdung zu verstehen und bedeutet, neugierig auf das Leben zu sein und sich mit dem, was man tut, innerlich zu verbinden und sein Bestes zu geben.
- *Kontrolle* (control) ist das Gegenteil von Hilflosigkeit. Personen mit hoher Control erleben sich selbst als einflußreich und kontrollierend und glauben, den Lauf der Dinge selbst bestimmen zu können.
- *Herausforderung* (challenge) schließlich meint, daß Veränderungen nicht als Bedrohung, sondern als positive Chance wahrgenommen werden, und beinhaltet auch die Bereitschaft, Ungewißheiten auszuhalten und Neues aktiv zu suchen.

Welche Einstellungen zeigen belastete und erkrankte Personen?

In diesen drei Merkmalen unterschieden sich die belasteten, aber gesunden Manager von den belasteten und häufig erkrankten Managern. Statt Engagement zeigten letztere Entfremdung und Gleichgültigkeit, statt Kontrolle das Gefühl von Machtlosigkeit und Ausgeliefertsein und statt der Suche nach Herausforderungen ängstlichen Fatalismus und Festhalten an Routine und Gewohnheit (vgl. Ernst, 1992 a, S.40 f.).

Eine Reihe weiterer Untersuchungen hat inzwischen bestätigt, daß Hardiness effektives Bewältigen begünstigt und gegen Streß weniger anfälliger macht (zusammenfassend Maddi 1990). Hardiness war ein wichtiger Meilenstein auf dem Weg zu einem positiven Verständnis von Gesundheit. Das Konzept wird heute allerdings besonders wegen seiner Breite und Schwierigkeiten, die sich bei der Messung ergeben, eher kritisch gesehen.

2.7.4 Kohärenzsinn

Antonovskys Modell der Salutogenese

In einem ganz anderen Kontext entwickelte der israelische Medizinsoziologe Aaron Antonovsky sein Modell der Salutogenese. Anfang der 70er Jahre führte er in Israel eine Untersuchung an Frauen verschiedener ethnischer Gruppen über die Auswirkungen der Menopause durch. Die untersuchten Frauen der Geburtsjahrgänge 1914–1923 waren in Zentraleuropa geboren und teilweise in einem Konzentrationslager inhaftiert gewesen. Trotz des kaum vorstellbaren Schreckens des Konzentrationslagers, trotz der sich danach anschließenden, oft jahrelangen Odyssee und der schließlichen Auswanderung nach Israel, wo sie dann drei Kriege gegen die arabischen Nachbarstaaten miterlebten, trotz all dieser extrem belastenden Erfahrungen befanden sich zum Zeitpunkt der Untersuchung 29% der untersuchten Frauen in einem guten psychischen und körperlichen Gesundheitszustand. Dieser Befund war für Antonovsky nach seinen eigenen Aussagen der Anlaß, sich mit der Salutogenese – ein Begriff, der von ihm geprägt wurde – zu befassen, d.h. mit solchen Faktoren, die dazu beitragen, daß jemand trotz auch schwerster Belastungen gesund bleibt.
Als Ergebnis seiner Forschungen stellt er als zentrale personale Ressource das „Kohärenzerleben" vor, das er wie folgt definiert:

Die Definition des „Kohärenzerlebens"

„Das Kohärenzerleben ist eine globale Orientierung, die ausdrückt, in welchem Umfang jemand ein generalisiertes, überdauerndes, jedoch dynamisches Gefühl des Vertrauens besitzt, (1) daß die Ereignisse in der eigenen inneren Welt und in der äußeren Umgebung im Lebensverlauf strukturiert, vorhersehbar und erklärbar sind; (2) daß Ressourcen verfügbar sind, um den aus diesen Ereignissen stammenden Anforderungen zu begegnen, und (3) daß diese Anforderungen Herausforderungen darstellen, für die es sich lohnt, sich zu engagieren und zu investieren" (Antonovsky 1988, S. 19; Übersetzung G. K.).

Drei Komponenten des Kohärenzerlebens

Antonovsky unterscheidet drei Komponenten, aus denen sich das Kohärenzerleben zusammensetzt:

Die Welt wird als kognitiv verstehbar und nicht als chaotisch wahrgenommen

Das „Gefühl der Verstehbarkeit". Damit ist das Ausmaß gemeint, „in dem man die aus der inneren und äußeren Umgebung kommenden Reize, mit denen man konfrontiert wird, als kognitiv sinnvoll sowie als Information wahrnimmt, die geordnet, konsistent, strukturiert und klar ist, und nicht als Rauschen, d.h. als chaotisch, ungeordnet, zufällig, unbeabsichtigt, unerklärlich. Eine Person mit einem hohen Verstehbarkeitsgefühl erwartet, daß die Reize, denen sie in der Zukunft begegnen wird, vorhersehbar sein werden, oder zumindest, wenn sie überraschend kommen, daß sie strukturierbar und erklärbar sein werden. Es ist wichtig zu betonen, daß damit nichts über die Erwünschtheit der Ereignisse ausgesagt ist. Tod, Krieg und Versagen können geschehen, aber eine solche Person kann sich diese Dinge erklären" (Antonovsky 1988, S. 16 f.; Übersetzung G. K.).

Geeignete Ressourcen für die Anforderungsbewältigung stehen zur eigenen Verfügung

***Das „Gefühl der Machbarkeit"*.** Es meint „das Ausmaß, in dem man wahrnimmt, daß die zur eigenen Verfügung stehenden Ressourcen geeignet sind, den Anforderungen durch die einstürmenden Reize zu begegnen. ‚Zur eigenen Verfügung' kann sich auf Ressourcen beziehen, die man selbst kontrolliert, oder auf Ressourcen anderer – Ehepartner, Freunde, Kollegen, Gott, den Parteivorsitzenden, einen Arzt – jemanden, auf den man zählen, dem, man vertrauen kann" (Antonovsky 1988, S. 17; Übersetzung G. K.). Hier zeigt sich ein deutlicher Unterschied zum „Hardiness-Konzept" insofern, als nach Antonovsky nicht nur internale Kontrollüberzeugungen – wie bei den von Kobassa und Maddi untersuchten Managern –, sondern auch das Vertrauen auf die Hilfe anderer, u.U. auch auf die des Schicksales gesundheitsprotektiv sind.

Anforderungen werden als sinnvolle Herausforderungen betrachtet

***Das „Gefühl der Sinnhaftigkeit"*.** Es meint „das Ausmaß, in dem man das Gefühl hat, daß das Leben einen emotionalen Sinn hat, daß wenigstens einige der Probleme und Anforderungen, die das Leben einem auferlegt, es Wert sind, Energie zu investieren, sich zu verpflichten und einzusetzen, daß sie ‚willkommene' Herausforderungen sind und weniger Lasten, ohne die man lieber auskäme. Dies bedeutet nicht, daß jemand mit einem hohen Sinnhaftigkeitsgefühl glücklich über den Tod eines geliebten Menschen, die Notwendigkeit, sich einer ernsten Operation unterziehen zu müssen oder eine Entlassung ist. Aber wenn diese unglücklichen Ereignisse eine solche Person treffen, wird sie bereitwillig die Herausforderung annehmen, wird entschlossen sein, darin einen Sinn zu suchen und wird ihr Bestes geben, um sie mit Würde zu überstehen" (Antonovsky 1988, S. 19; Übersetzung G. K.). Diese dritte Komponente des Kohärenzerlebens weist deutliche Parallelen zu Frankls Konzept des „Willens zum Sinn" auf, womit die grundlegende Fähigkeit des Menschen gemeint ist, dem eigenen Leben auch in existentiell bedrohenden, oft hoffnungslos erscheinenden Lebenssituationen einen Sinn abringen zu können (z.B. Frankl 1981).

Die Bewertung des Kohärenzkonzeptes

Das Kohärenzkonzept stellt m.E. das gegenwärtig theoretisch interessanteste und in seiner Tragweite bedeutsamste Modell der

Salutogenese dar. Es bedarf allerdings noch der weiteren empirischen Absicherung.
Zusammenfassend beschreiben soziale Unterstützung, optimistische Selbstwirksamkeitsüberzeugungen, Hardiness und Kohärenzsinn wichtige Ressourcen, auf die der einzelne zur erfolgreichen Bewältigung aktueller Belastungen zurückgreifen kann.

2.8 Was ist effektives Bewältigungsverhalten? – Zur differentiellen Effektivität einzelner Formen der Bewältigung

Wodurch ist erfolgreiches Bewältigungsverhalten gekennzeichnet?

Wir wenden uns nun der Frage zu, wodurch erfolgreiches Bewältigungsverhalten zu charakterisieren ist. Dabei definieren wir als Erfolgskriterium die Erhaltung bzw. Förderung des körperlichen und seelischen Wohlbefindens der Person, letztlich also ihre Gesundheit. Welche Bewältigungsstrategien sind es nun, die die Gesundheit fördern bzw. erhalten, und welche führen eher zu Beeinträchtigungen und Störungen des körperlichen und seelischen Wohlbefindens? Gibt es möglicherweise Bewältigungsstrategien, die kurzfristig zu einer Verbesserung, langfristig aber zu einer Verschlechterung des Gesundheitszustandes führen oder umgekehrt? Sind unter dem Gesichtspunkt der Gesundheit palliative Formen der Bewältigung positiver zu beurteilen als instrumentelle? Kurz: Auf welche Weise sollte man sich im Interesse seiner Gesundheit mit Belastungen auseinandersetzen?
Die Antwort auf diese Frage ist natürlich von großer Bedeutung für die Konzeption eines Gesundheitsförderungsprogrammes, das die Verbesserung des Umgangs mit alltäglichen Belastungen zum Ziel hat. Die gesundheitspsychologische Forschung in diesem Bereich steckt noch in den Anfängen. Sie versucht die Frage nach der differentiellen Effektivität einzelner Bewältigungsstrategien auf empirischem Wege zu beantworten und bedient sich dabei unterschiedlicher Forschungsansätze:

Vier Forschungsansätze, die die Effektivität einzelner Bewältigungsstrategien untersuchen

- Das Bewältigungsverhalten Gesunder wird mit dem von bereits erkrankten Personen verglichen. Hierbei muß allerdings offenbleiben, ob festgestellte Unterschiede bereits prämorbid vorhanden waren oder sich erst reaktiv als Folge der Erkrankung entwickelt haben.
- In Querschnittstudien an Personen, die vergleichbaren Belastungen ausgesetzt sind, werden Indikatoren des körperlichen und psychischen Wohlbefindens zum Bewältigungsverhalten in Beziehung gesetzt. Dabei gefundene korrelative Zusammenhänge

zwischen einzelnen Bewältigungsformen und Gesundheitsparametern lassen sich jedoch nicht eindeutig im Sinne einer unidirektionalen Ursache (= Bewältigung)-Wirkung (= Gesundheit)-Beziehung interpretieren, da nicht ausgeschlossen werden kann, daß umgekehrt bei einer beeinträchtigten Gesundheit bestimmte Bewältigungsformen bevorzugt eingesetzt werden.

- Daher werden vermehrt prospektive Studien angelegt, in denen versucht wird, den aktuellen Gesundheitszustand aufgrund des zu einem früheren Zeitpunkt erhobenen Bewältigungsverhaltens vorherzusagen. Diese erlauben zwar prinzipiell kausale Aussagen, sind in der Praxis aber enorm schwierig durchzuführen.
- Schließlich kann im Laborexperiment das Bewältigungsverhalten unter standardisierten Belastungsbedingungen untersucht werden, wobei psychophysiologische und biochemische Streßreaktionen kontinuierlich registriert werden.

Es gibt keine Standardstrategie zur Streßbewältigung

Die bisherigen Forschungsergebnisse zeigen, daß sich die Hoffnung, es ließe sich eine generell erfolgreiche Standardstrategie der Streßbewältigung definieren, nicht erfüllen wird. Zu unterschiedlich sind die Anforderungsbedingungen, zu vielfältig die Möglichkeiten der Bewältigung und zu verschieden die Personen mit ihren je individuellen Zielen, Werten und Normen, als daß die Bestimmung eines allgemein gesunden Bewältigungsverhaltens gelingen könnte. Dennoch lassen sich aus den bisher vorliegenden Forschungsergebnissen einige allgemeinere Feststellungen ableiten, die Hinweise für eine gezielte Streßprävention liefern (vgl. für das Folgende Becker 1985; Florin 1985; Kaluza 1993; Laux & Weber 1990; Weber 1992).

Ineffektive Strategien

Als durchgängig ineffektiv erwiesen sich die sogenannten „eskapistischen Strategien" in Form von realitätsfliehenden Wunschphantasien verbunden mit Alkohol- und Medikamentenkonsum. Ebenfalls ineffektiv ist es den Studienergebnissen nach, die emotionale Belastung und Spannung an anderen in aggressiver Weise auszulassen oder „Dampf abzulassen". Bei den intrapsychischen Bewältigungsformen sind vor allem Selbstabwertung, Selbstbeschuldigung und Selbstbemitleidung, die häufig mit grüblerischer gedanklicher Weiterbeschäftigung und Resignation verbunden sind, als ungünstig zu betrachten.

Effektive Strategien

Als durchgängig effektiv erwiesen sich dagegen positive Neubewertungen der Situation sowohl im temporalen (z.B. „Wie geht es mir im Vergleich zum letzten Jahr?") als auch sozialen Vergleich (z.B. „Wie geht es mir im Vergleich mit anderen?") sowie aktives, problemlösungszentriertes Handeln. Letzeres gilt allerdings nur für solche Situationen, in denen objektiv eine Kontrollmöglichkeit für den Betroffenen gegeben ist. Ein durchgängig forciertes Streben nach effektiver Problembewältigung, wie es für das sogenannte „Typ-A-Verhalten" charakteristisch ist, bewirkt eine anhaltende Überaktivierung und erhöht das Risiko speziell an koronaren Herzkrankheiten.

Das Abfinden mit dem Unabänderlichen

So erweist sich auch die Möglichkeit, sich mit Unabänderlichem abfinden zu können, als ein Merkmal des Bewältigungsverhaltens Gesunder in den Situationen, in denen tatsächlich keine eigenen Kontrollmöglichkeiten gegeben sind. Dies ist jedoch nicht mit einer verallgemeinerten passiv-resignativen Haltung zu verwechseln. Martin Seligman (1979) hat in seinen Arbeiten zur „gelernten Hilflosigkeit" gezeigt, wie frühe und wiederholte Erfahrungen der Nichtkontrollierbarkeit von Ereignissen eine kognitive Erwartungshaltung prägen, daß das eigene Handeln auch in späteren Situationen zwecklos sein wird. Tatsächlich vorhandene Möglichkeiten der Situationskontrolle können dadurch nicht mehr adäquat erkannt und genutzt werden. Seelisch beeinträchtigte, besonders depressive Menschen sind durch derartige generalisierte „Hilflosigkeitserwartungen" gekennzeichnet. Positiv formuliert ist erfolgreiches Bewältigungsverhalten mit der Fähigkeit verbunden, eigene Kontrollmöglichkeiten der jeweiligen Situation entsprechend realistisch einschätzen zu können.

Die Problematik defensiver Strategien

Differenziert ist die Effektivität „defensiver Strategien" zu betrachten, die ein Ausweichen vor oder eine Vermeidung und Verleugnung von belastenden Situationen beinhalten. Für unterschiedlichste Diagnosegruppen konnte gezeigt werden, daß erkrankte Personen stärkere Vermeidungstendenzen zeigen als Gesunde. Dadurch gelingt es ihnen wahrscheinlich seltener, Quellen der Belastung letztlich aufzuheben oder Kontrolle über sie zu erlangen. Dies aber birgt die Gefahr einer chronischen Erhöhung des Belastungsniveaus und entsprechender langfristiger physiologischer Überaktivierung mit ihren gesundheitsschädigenden Konsequenzen. Andererseits zeigen Studien zur Bewältigung so gravierender Ereignisse wie dem Verlust des Lebenspartners oder einer schweren körperlichen Erkrankung, daß vermeidende und verleugnende Strategien durchaus zumindest kurzfristig effektiv sind, indem sie den Betroffenen vor einem Zusammenbruch angesichts überwältigender Gefühle von Schmerz oder Trauer bewahren. Im Prozeß der Bewältigung derartiger Ereignisse stellen defensive Strategien im Wechsel mit Realitätszuwendung und aktiven Bewältigungsversuchen notwendige Schritte hin zur vollen Wiederanpassung dar. Besonders bei der Bewältigung von intensiver Trauer nach einem erlittenen Verlust handelt es sich um einen sich über einen längeren Zeitraum erstreckenden allmählichlichen Prozeß von der Leugnung hin zur Realisierung des Verlustes.

Die Bewältigung von Streß-emotionen

Bezüglich der Effektivität „expressiver Strategien“ (Unterdrücken vs. Ausdrücken von belastenden Gefühlen) findet sich in vielen Krankheitsbereichen übereinstimmend, daß erkrankte Personen in frustrierenden oder ärgererregenden zwischenmenschlichen Situationen eine verringerte Tendenz zur Äußerung von Ärger oder Aggression oder auch ganz allgemein einen Mangel an emotionaler Ausdrucksbereitschaft zeigen. Mangelnde emotionale Abreaktion, so eine gängige Erklärung, führe zu anhaltender, langfristig pathogener physiologischer Aktivierung. Allerdings sind die empirischen Belege für diese „Katharsis-Hypothese“ bisher wenig überzeugend. Florin (1985) betont demgegenüber den sozialkommunikativen Charakter von Gefühlsäußerungen. Mangelnder Gefühlsausdruck könne einerseits der Vermeidung antizipierter zwischenmenschlicher Konflikte dienen, etwa weil die Person sich selbst zu unsicher ist, um eine solche Auseinandersetzung zu wagen, oder weil sie Gegenangriffe des anderen befürchtet, die sie zusätzlich belasten würden, oder weil sie der mit dem Gefühlsausdruck einhergehenden kurzfristigen, vielleicht als unangenehm erlebten Erregungssteigerung ausweichen möchte. Dadurch werden diese Konflikte jedoch nicht gelöst, sondern bleiben als erregungssteigernde Belastungsquellen weiter bestehen. Wer Ärger, Unmut oder Verletzung nicht zeigt, geht damit Streit und möglichem weiterem Ärger aus dem Weg. Bestehende Konflikte schwelen so jedoch weiter, immer mehr Lebens-und Erlebnisbereiche erscheinen „wie vermint“, und Situationen drohender Gefahr führen immer häufiger zu körperlicher Überaktivierung. Positiv formuliert heißt dies, daß die erfolgreiche Bewältigung (sozialer Belastungssituationen) soziale Kompetenzen voraussetzt, die die Person in die Lage versetzen, eigene Gefühle realitätsangepaßt auszudrücken, eigene Interessen angemessen zu vertreten, Konflikte aktiv zu lösen.

Der Ausdruck von Gefühlen unterstützt den Aufbau von Vertrauens-beziehungen

Andererseits trägt der Ausdruck von Gefühlen wesentlich dazu bei, vertrauensvolle soziale Beziehungen aufzubauen, die im Falle von Belastungen dem einzelnen Rückhalt und Unterstützung geben können, die somit ein soziales Unterstützungssystem bilden, das die Widerstandskraft auch angesichts starker und langandauernder Belastungen erhöht. Insofern kann mangelnde emotionale

Äußerungsbereitschaft als ein Mangel an präventivem Bewältigungsverhalten betrachtet werden (Florin 1985). Hierbei scheint auch von Bedeutung, wie kontrolliert die Emotionsäußerung jeweils ausfällt.

Die Bewältigung von Ärger

So erwies sich in mehreren Studien, wie oben bereits erwähnt, das unkontrollierte, gereizt-aggressive Ausagieren an anderen als ineffektiv. Weber (1993 und 1994) kommt nach umfangreichen Untersuchungen zur Ärgerbewältigung zu folgendem Ergebnis: „Antagonistische" Reaktionen, die gegen etwas – den ärgerauslösenden Menschen, die eigene Person, Dritte oder Objekte – gerichtet sind, konservieren den Ärger und beeinträchtigen das Wohlbefinden. Dies gilt z.B. für die Reaktionsform „Ärger herauslassen" ebenso wie für „den Ärger in sich hineinfressen". Positiv dagegen wirken sich alle die Bewältigungsformen aus, die dazu beitragen, daß der Ärger ein Ende findet. Dies kann durch Ablenkung, Umdeutung, Humor ebenso geschehen wie durch ein offenes, klärungsorientiertes Gespräch. Diese Sicht wird auch durch Ergebnisse psychophysiologischer Studien zum Zusammenhang von Ärgerbewältigung und kardiovaskulärer Reaktivität unterstützt: Emotionale Hemmung und Ärgerunterdrückung waren in experimentellen Belastungssituationen mit einem akuten Anstieg des Blutdruckes verbunden. Hierdurch können langfristig strukturelle Veränderungen im Gefäßsystem verursacht werden, die dann einen chronisch erhöhten Blutdruck aufrechterhalten. Dagegen führte Ärgerausdruck in Form von feindseligem Verhalten zu einem akuten Anstieg der Herzfrequenz. Dadurch kann vorübergehend die Sauerstoffversorgung des Herzens gestört werden, die Innenwände der Gefäße können geschädigt und eine Arteriosklerose begünstigt werden (Vögele & Steptoe 1993). So ergibt sich das scheinbare Paradoxon, daß sowohl das Herunterschlucken als auch das feindselige Ausagieren von Ärger krankmachen können. Beide Strategien tragen, wenn sie rigide und stereotyp eingesetzt werden, weder dazu bei, den Ärger selbst noch den zugrundeliegenden Konflikt zu lösen. Diese Befunde beziehen sich auf den Emotionsausdruck in ärgerauslösenden Situationen. Für andere Belastungssituationen, die eher mit Verlust- oder Bedrohungsgefühlen verbunden sind, ist die differentielle Wirksamkeit unterschiedlicher expressiver Bewältigungsformen bisher – zumindest im Kontext der Streßforschung – kaum untersucht worden.

Erfolgreiches Bewältigungsverhalten muß flexibel sein

Als wichtigstes Kennzeichen erfolgreichen Bewältigungsverhaltens kann zusammenfassend dessen *Flexibilität* angesehen werden. Weder generalisierte Vermeidungshaltungen noch ein generalisiertes Kontrollbedürfnis sind der Gesundheit zuträglich. Auf der

Basis einer realistischen Einschätzung eigener Kontrollmöglichkeiten und eines breiten Repertoires an verfügbaren Bewältigungsstrategien zeichnen sich gesunde Personen durch die Fähigkeit aus, in belastenden Situationen eine große Anzahl von Lösungsalternativen generieren zu können und die – im Hinblick auf die jeweilige Situation – jeweils optimale Alternative auszuwählen. Das mag in dem einen Fall eine direkte Aktion zur Beseitigung eines äußeren Stressors sein, während in einem anderen Fall die optimale Bewältigung in der Selbstberuhigung durch Bagatellisierung oder im Umbewerten oder Akzeptieren der Situation bestehen mag. Neuere Studien (z.B. Perrez & Reicherts 1992; Perrez & Matathia 1993) belegen die differentielle Wirksamkeit einzelner Formen des Bewältigungsverhaltens je nach Art der zu bewältigenden Anforderungsbedingungen. Flexibilität in der Wahl der Bewältigungsstrategien ermöglicht es dem einzelnen, eine ausgewogene Balance zwischen instrumentellen und palliativen Bewältigungsformen herzustellen, so daß Phasen der Aktivierung während direkter Problemlösung immer wieder von Phasen der Erholung, Entspannung und Ablenkung abgelöst werden. Einen solchen flexiblen, situationsangepaßten Umgang mit Belastungen zu erreichen, ist das übergeordnete Ziel des vorliegenden Gesundheitsförderungsprogrammes, dessen Grundkonzeption im folgenden Kapitel dargelegt wird.

Konzeption des Gesundheitsförderungsprogrammes 3

3.1 Ansatzpunkte und Interventionsebenen der Streßprävention

Interventionen sind auf verschiedenen Ebenen möglich

Aus dem vorgestellten transaktionalen Streßmodell ergeben sich mehrere Ansatzpunkte für gezielte Interventionen zur Streßreduktion und zur Streßprävention. Es erscheint sinnvoll, sich über die unterschiedlichen Interventionsebenen Klarheit zu verschaffen, um die Möglichkeiten, aber auch Begrenzungen des eigenen Interventionsansatzes zu erkennen. Folgende mögliche Ansatzpunkte können unterschieden werden:

Belastende Strukturen abbauen

Stressoren. Potentielle Stressoren in der materiellen (z.B. Lärm, Staub, räumliche Enge) und sozialen Umwelt (z.B. undurchsichtige Informations-, Kommunikations- und Entscheidungsstrukturen, unklare Hierarchie- und Gratifikationssysteme) zu reduzieren oder ganz auszuschalten, ist das Ziel von verhältnis- oder strukturzentrierten Ansätzen in der Gesundheitsförderung. Über die bloße Beseitigung von Belastungen hinaus wird eine gesundheitsförderliche Gestaltung von z.B. Arbeitsstrukturen angestrebt. So wird Arbeit beispielsweise nicht mehr allein als ein potentiell krankmachender Belastungsfaktor, sondern vielmehr als eine mögliche Quelle für Gesundheit betrachtet, die durch eine entsprechende Gestaltung der Arbeitsaufgaben, der Arbeitsorganisation und der sozialen Beziehungen am Arbeitsplatz ausgeschöpft werden kann. Über den traditionellen technischen und medizinischen Arbeitsschutz hinaus kommen hierbei Strategien der Organisationsentwicklung *(OE)* (z.B. Pelikan, Demmer & Hurrelmann 1993) zum Einsatz, bei denen die Betroffenen selbst aktiv in den Prozeß der Gestaltung gesundheitsförderlicher Strukturen einbezogen werden. Ein spezifisches, inzwischen vielfach bewährtes Instrument stellt dabei der sogenannte Gesundheitszirkel (z.B. Westermeyer & Bähr 1994) dar. Im Rahmen des hier vorgestellten verhaltensorientierten Programmes zur Gesundheitsförderung sind Veränderungen von äußeren Stressoren nur beschränkt und insoweit möglich, als diese durch entsprechende Verhaltensänderungen der Person zu initiieren sind.

Streßerzeugende Bewertungs- und Bewältigungsstile verändern

Habituelle Persönlichkeitsmerkmale. Transsituativ stabile Bewertungs- und Bewältigungsstile beeinflussen negativ oder positiv – wie oben ausgeführt – ein aktuelles Streßgeschehen. Diese stellen eine zweite mögliche Interventionsebene für Maßnahmen der psychologischen Gesundheitsförderung durch Streßprävention dar. Inhaltlich kann es dabei z.B. darum gehen, latente Feindseligkeit und übersteigerte Kontrollbedürfnisse, wie sie für das Typ-A-Verhalten charakteristisch sind, oder generalisierte Einstellungen der Hilflosigkeit abzubauen, aber auch in einem salutogenetischen Sinne, personale Schutzfaktoren, wie etwa Hardiness oder Kohärenzsinn zu entwickeln. Beide Zielsetzungen weisen über den Rahmen des hier vorgestellten Gesundheitsförderungsprogrammes hinaus und berühren den Bereich von Erziehung und Persönlichkeitsbildung im allgemeinen sowie den von gezielten psychotherapeutischen Interventionen im engeren Sinne. Veränderungen habitueller Merkmale können im Rahmen dieses Programmes in dem Maße in Gang gesetzt werden, als es gelingt, durch verändertes Bewältigungsverhalten in *aktuellen* Belastungssituationen neue Erfahrungen zu ermöglichen.

Vorhandene Kompetenzen stärken, neue Kompetenzen aufbauen

Bewältigungskompetenzen. Grundlegende Fähigkeiten zur Problem- und Emotionsregulation sowie spezifische Kompetenzen zur Bewältigung spezieller Anforderungssituationen beispielsweise im beruflichen Bereich sind Voraussetzung für einen erfolgreichen Umgang mit Belastungen. Vorhandene Kompetenzen zu stärken und neue Kompetenzen aufzubauen, ist ein wesentliches Anliegen unseres Gesundheitsförderungsprogrammes.

In aktuellen Situationen neue Bewertungen und neues Verhalten entwicklen

Aktuelle Bewertungs- und Bewältigungsprozesse. Diese bilden den zweiten wesentlichen Ansatzpunkt des vorliegenden Gesundheitsförderungsprogrammes. Generalisierte Einstellungen und habitualisierte Bewältigungsstile markieren Grenzen für das konkrete Bewältigungsverhalten in aktuellen Belastungssituationen, determinieren dieses jedoch nicht vollständig. Es bleibt ein individuell unterschiedlich großer Spielraum, der neue Erfahrungen ermöglicht. Hier geht es darum, dazu zu motivieren, diesen Spielraum bis an die Grenzen auszuschöpfen, bestehende Freiheitsgrade für verändertes Verhalten und Erleben zu nutzen und schließlich durch neue konkrete Erfahrungen Grenzen hinauszuschieben und allmählich zu transzendieren.

3.2 Ziele des Gesundheitsförderungsprogrammes

Förderung des körperlichen und seelischen Wohlbefindens

Das generelle Ziel des Programmes besteht in der Förderung des körperlichen und seelischen Wohlbefindens der Teilnehmer durch eine Reduktion alltäglicher Belastungserfahrungen. Unter dieser generellen Zielperspektive werden auf der theoretischen Grundlage des transaktionalen Streßmodells Veränderungen auf der Personseite aktueller streßbezogener Transaktionen angestrebt. Im einzelnen werden die beiden folgenden Zielsetzungen verfolgt:

Flexibilität im Umgang mit Belastungen

Erweiterung des Repertoires problemorientierter wie reaktionsorientierter Bewältigungsstrategien. Da es nicht möglich ist, generelle, d.h. situations- und personübergreifende Aussagen über die Effektivität einer bestimmten Bewältigungsstrategie zu machen, geht es hier nicht darum, die Teilnehmer in einer bestimmten Standardstrategie der Belastungsbewältigung zu trainieren. Das Ziel besteht vielmehr darin, auf der Basis einer breiten Palette sowohl intrapsychischer Bewältigungsarten als auch solcher Strategien, die direkte Handlungen zur Bewältigung beinhalten, Flexibilität im Umgang mit Belastungen und in der Auswahl von Bewältigungsstrategien zu erreichen. Welche konkreten Strategien im Kurs behandelt werden, ob z.B. Verhaltensübungen zur sozialen Kompetenz im Vordergrund stehen, eher kognitive Formen der Bewältigung gewählt oder v. a. Möglichkeiten der Regeneration erarbeitet werden, hängt ab von der Art der individuellen Belastungssituationen sowie von den bereits vorhandenen Bewältigungskompetenzen des jeweiligen Teilnehmers.

Streßreduzierende Neubewertung von Anforderungen und Kompetenzen

Veränderung streßinduzierender Bewertungen situativer Anforderungen und eigener Bewältigungsmöglichkeiten (primäre und sekundäre Bewertungen). Die Teilnehmer sollen Bedeutung und Folgen dieser Bewertungsprozesse erkennen und soweit zu verändern lernen, daß eine belastungsreduzierende Neubewertung von Anforderungen und eigenen Kompetenzen möglich wird. Je nach Art der individuellen Belastungssituation und ihrer Bewertung geht es inhaltlich dabei um den Abbau von z.B. Kognitionen der Hilflosigkeit und Hoffnungslosigkeit, unrealistischen Einschätzungen situativer Anforderungen oder Bedrohungsbewertungen ebenso wie um die Entwicklung von Selbstwirksamkeitsüberzeugungen, optimistischen Kontrollerwartungen, relativierenden oder sinnstiftenden Kognitionen.

3.3 Bausteine des Gesundheitsförderungsprogrammes

Um die genannten Ziele – Erweiterung des Bewältigungsrepertoires und Veränderung streßbezogener Bewertungsprozesse – zu erreichen, sind zwei methodisch prinzipiell unterschiedliche konzeptionelle Wege möglich.

Erster Weg: technik- oder themenorientiert

Eine Möglichkeit besteht darin, die Teilnehmer in einer möglichst großen Vielfalt von potentiell belastungsreduzierenden Bewältigungstechniken zu unterweisen. Viele der zur Zeit praktizierten Anti-Streß-Trainings wählen diesen Weg. Meist in Kombination mit einem Entspannungsverfahren werden dabei unterschiedlichste Methoden eingesetzt: von themenzentrierten Gruppengesprächen, über Kommunikationstechniken und Übungen zur sozialen Kompetenz, Methoden der Einstellungsänderung und positiven Selbstinstruktion, Zeitmanagementsystemen, autosuggestiven und imaginativen Verfahren bis hin zu Gymnastik, Jogging und Aerobic reicht die Palette. Ein Gemischtwarenladen, aus dessen Angebot sich der jeweilige Teilnehmer selbst – und hierin liegt die Schwierigkeit eines solchen technikorientierten Vorgehens – das Passende heraussuchen und auf seine je individuelle Streßproblematik adaptieren muß.

Zweiter Weg: problem- oder personenorientiert

Der zweite konzeptionelle Weg, der u.E. dem angestrebten Flexibilitätsziel angemessener ist, wählt ein stärker person- oder problemorientiertes Vorgehen. Hier wird weder eine Standardstrategie zur Streßbewältigung gelehrt, noch wird ein möglichst buntes Potpourri von Bewältigungstechniken curricular vermittelt. Ausgangspunkt sind vielmehr aktuelle Belastungssituationen der Teilnehmer, für die konkrete Bewältigungsstrategien erarbeitet werden. Vorhandene Bewältigungskompetenzen des jeweiligen Teilnehmers werden gestärkt und ggf. neue, individuelle Möglichkeiten der problem- und reaktionsorientierten Streßbewältigung entwickelt. Ein solches Vorgehen dürfte auch eher den Erwartungen der Teilnehmer entsprechen, die mit konkreten, sie belastenden Problemen in den Kurs kommen und daran arbeiten wollen bzw. sich Hilfe erhoffen, und die vermutlich weniger an einer allgemeinen Information über Streß und einer Unterweisung in einer Vielzahl von potentiell relevanten, möglicherweise für sie aber auch irrelevanten Bewältigungsstrategien interessiert sind. Andererseits ist nicht zu erwarten, daß im Rahmen eines zeitlich eng begrenzten Programmes für alle relevanten Belastungssituationen jedes Teilnehmers geeignete Bewältigungsstrategien entwickelt werden können. Die Beschäftigung mit konkreten Belastungen einzelner Teilnehmer kann daher immer nur exemplarischen Charakter haben und muß dann von den Teilnehmern auf andere Belastungssituationen selbständig übertragen werden können.

Exemplarisches Vorgehen und Transfer

Voraussetzung für eine solche angestrebte Generalisierung ist, daß das Vorgehen in der Gruppe einer methodischen Strategie folgt, die den Teilnehmern transparent gemacht werden und von ihnen nachvollzogen werden kann. Die Strategie des „Problemlösens" (Goldfried & Goldfried 1976; Grawe, Dziewas & Wedel 1980; Kämmerer 1983) erscheint hier in dreierlei Hinsicht von Vorteil:

Vorteile der Strategie des „Problemlösens"

- Sie stellt eine systematische Abfolge einzelner Problemlöseschritte dar, die den Teilnehmern aus anderen Bereichen durchaus bekannt sein dürfte und als elaborierte Anleitung für die eigene Auseinandersetzung mit Belastungen dienen kann.
- Sie kann gewissermaßen als Metastrategie für die Auseinandersetzung mit Belastungen angesehen werden, die nicht ein bestimmtes, konkretes Bewältigungsverhalten favorisiert, sondern zu den unterschiedlichsten Formen problem- oder emotionsbezogener Bewältigung führen kann.
- Ein Vorgehen nach dieser Strategie ermöglicht in der Gruppe die kreative Beteiligung aller Gruppenteilnehmer an einem konkreten Problemlösungsprozeß.

Das Problemlösetraining

Im Rahmen des ersten Bausteines des Gesundheitsförderungsprogrammes, dem *„Problemlösetraining"*, lernen die Teilnehmer entlang der Problemlösestrategie, ihre zunächst allgemein formulierten Probleme als Verhalten-in-Situationen zu konkretisieren, in einem kreativen Prozeß verschiedenartigste Möglichkeiten der Bewältung der Situation zu entwickeln, einzelne Schritte zur Umsetzung ausgewählter Bewältigungsstratregien konkret zu planen und dann im Alltag anzuwenden.

Das Genußtraining

Neben die problembezogene Auseinandersetzung mit konkreten Belastungen einzelner Teilnehmer tritt mit dem zweiten Baustein des Gesundheitsförderungsprogrammes, dem *„Genußtraining"*, die Beschäftigung mit Möglichkeiten der reaktionsorientierten Bewältigung, und zwar sowohl in einem kurzfristig-palliativen als auch in einem längerfristig-regenerativen Sinne. Auch bei diesem Programmbaustein werden nicht einzelne Bewältigungstechniken curricular vorgegeben. Die Teilnehmer werden vielmehr dazu angeregt, individuelle Möglichkeiten positiven Erlebens und Verhaltens in ihrem Alltag neu bzw. wieder zu entdecken und gezielt auszubauen.

Das Entspannungstraining

Der dritte Programmbaustein schließlich, das *„Entspannungstraining"*, zielt darauf ab, die Fähigkeit der Teilnehmer zu fördern, sich körperlich zu entspannen und gedanklich abzuschalten. Auch hier geht es nicht um eine rein seminaristische Unterweisung in einer Standardtechnik, sondern darum, daß die Teilnehmer sich die Technik ihrem individuellen Körpererleben gemäß aneignen und in ihrem persönlichen Alltag konkret anzuwenden lernen. Der Einsatz der Entspannungsmethode hat v.a. eine palliative und regenerative Funktion, kann aber darüber hinaus – z.B. wenn sie in akuten Belastungssituationen eingesetzt wird – auch zur problembezogenen Bewältigung beitragen bzw. diese erst ermöglichen.

Die drei Programmbausteine, „Problemlösetraining", „Genußtraining" und „Entspannungstraining" bilden die inhaltliche Grundstruktur des Gesundheitsförderungsprogrammes. Jeder der drei Bausteine zielt implizit oder explizit auf beide der oben formulierten Programmziele, nämlich die Restrukturierung streßbezogener kognitiver Bewertungsprozesse und die Erweiterung des Bewältigungsrepertoires des einzelnen Teilnehmers. Die Kombination der drei Bausteine soll den Teilnehmern eine flexible Bewältigung alltäglicher Belastungen durch eine ausgewogene Balance problemorientierter wie reaktionsorientierter Bewältigungsstrategien ermöglichen.

3.4 Konzeptionelle Merkmale des Gesundheitsförderungsprogrammes

Die allgemeine methodische Konzeption des vorliegenden Gesundheitsförderungsprogrammes wird von der Überlegung geleitet, daß es sich selbst in seiner praktischen Durchführung an zentralen Prinzipien eines gesundheitsförderlichen Umganges mit Belastungen orientieren sollte. Jede Kursstunde sollte dem Teilnehmer durch ihre Struktur und durch ihren Ablauf eine exemplarische Erfahrung davon vermitteln, wie ein streßfreier Umgang mit sich selbst, mit anderen und mit gestellten Anforderungen gestaltet werden kann. Im einzelnen sind folgende konzeptionelle Merkmale des Gesundheitsförderungsprogrammes zu nennen, die vom Kursleiter bei der inhaltlichen Kursgestaltung und bei der Gruppenleitung gewissermaßen modellhaft zu realisieren sind:

Die klare Struktur des Programmes

- Das erste Merkmal des Gesundheitsförderungsprogrammes besteht in seiner klaren Struktur, die durch die drei Programmbausteine gegeben ist und sich auch bei den einzelnen Schritten innerhalb eines Bausteines findet. Struktur schafft Transparenz, reduziert Unsicherheit und macht den Kursverlauf für den einzelnen Teilnehmer vorhersehbar und kontrollierbar. Struktur darf hier jedoch nicht mit Rigidität verwechselt werden.

flexible, nichtrigide Kursgestaltung

- Flexibilität ist vielmehr als ein weiteres zentrales Programmerkmal zu nennen. Für die einzelnen Kursstunden werden keine genauen inhaltlichen und zeitlichen Strukturierungen vorgegeben. Einzelne Programmschritte werden nicht rigide „durchgezogen". Vielmehr wird eine variable, an der aktuellen Gruppensituation orientierte Kursgestaltung dem Kursleiter nicht nur ermöglicht, sondern von ihm verlangt. Der angestrebten Flexibilität des Bewältigungshandelns auf seiten der Teilnehmer entspricht somit eine Flexibilität in der Kursgestaltung seitens des Kursleiters. Struktur und Flexibilität stehen dabei nicht im Widerspruch zueinander. Im Gegenteil: Eine flexible Kursgestaltung setzt eine transparente Struktur voraus, ohne die beim Teilnehmer der Eindruck von Willkür und Unvorhersehbarkeit erzeugt würde. So wird letztlich durch eine flexible Handhabung die Struktur nicht in Frage gestellt, sondern gefestigt.

Die Betonung von Ressourcen und Kompetenzen der Teilnehmer

- Kennzeichnend für das Gesundheitsförderungsprogramm ist ferner die starke *Betonung* von Ressourcen und Kompetenzen der Teilnehmer. Der Teilnehmer wird nicht als hilfloses Opfer äußerer Belastungen, sondern als aktiv handelnde, mit Kompetenzen ausgestattete Person angesprochen. Bildhaft ausgedrückt: Nicht so sehr der Schlamm, der den Karren festhält, wird analysiert, sondern es werden die Kräfte angesprochen, ermutigt und verstärkt, die den Karren – auch bei zukünftigen schwierigen Wegstrecken – herauszuziehen vermögen. Indem der Kursleiter auch kleinste Erfolge positiv verstärkt, lernt der Teilnehmer, eigene Kompetenzen wahrzunehmen und zu schätzen.

Der Bezug zu Alltag und Gegenwart

- Konkretheit sowie Alltags- und Gegenwartsbezug sind weitere charakteristische Merkmale des vorliegenden Gesundheitsförderungsprogrammes. Das subjektive Belastungserleben ist oft diffus, unspezifisch, wenig greifbar und verbunden mit Übergeneralisierungen (z.B. „Alle wollen immer nur etwas von mir", „Ich mache immer alles falsch"), Hilflosigkeitsgefühlen und unrealistischen Wunsch- oder Fluchtphantasien. Hier versucht das Programm in allen drei Bausteinen, wieder und wieder den Bezug zu aktuellen Situationen, zu konkreten Erfahrungen und zu konkreten Möglichkeiten der Bewältigung herzustellen. Eine solche Konkretisierung von diffusen Gefühlen der Belastung schafft Distanz, wirkt entlastend und eröffnet den Blick für neue Handlungsmöglichkeiten.

Die soziale Unterstützung der Teilnehmer untereinander

- Ein letztes wichtiges Charakteristikum des Gesundheitsförderungsprogrammes ist darin zu sehen, daß es als Gruppenprogramm in starkem Maße die soziale Unterstützung der Teilnehmer untereinander aktiviert. Indem der Kursleiter die gegenseitige Unterstützung der Teilnehmer gezielt anregt, Bewältigungsmöglichkeiten für Belastungssituation einzelner Teilnehmer nicht selbst vorgibt, sondern von allen Gruppenmitgliedern gemeinsam erarbeiten läßt und nicht zuletzt für eine gegenseitige Atmosphäre der Akzeptanz und des Vertrauens Sorge trägt, wird für die Teilnehmer soziale Unterstützung als wichtige Ressource der Streßbewältigung zu einer lebendigen Erfahrung. Welche Funktion die Gruppe im einzelnen für die Teilnehmer erfüllen kann, soll im nachfolgenden Abschnitt – wegen der zentralen Bedeutung, die ihr für den Erfolg des Programmes zukommt – noch gesondert betrachtet werden.

Zusammenfassend stellen Struktur und Flexibilität, Betonen von Kompetenzen, Konkretheit und Alltagsbezug sowie soziale Unterstützung in der Gruppe die wichtigsten allgemeinen konzeptionellen Charakteristika des Gesundheitsförderungsprogrammes dar, die zugleich auch fundamentale Prinzipien eines gesundheitsförderlichen Umganges mit Alltagsbelastungen widerspiegeln.

3.5 Bedeutung der Gruppe im Rahmen des Gesundheitsförderungsprogrammes

Die Bedeutung der Gruppe für den Erfolg des Gesundheitsförderungsprogrammes ergibt sich aus folgenden fünf Aspekten:

Entlastung und Relativierung durch sozialen Vergleich

Die Gruppe bietet für viele Teilnehmer eine Möglichkeit der Entlastung und *Relativierung* der eigenen Probleme durch sozialen Vergleich. „Ich habe gesehen, daß es anderen genauso schlecht (noch schlechter) geht", „Mir geht's ja noch relativ gut." „Probleme gibt es bei jedem" etc. sind typische Teilnehmeräußerungen, in denen dies zum Ausdruck kommt. „Geteiltes Leid ist halbes Leid", weiß auch der Volksmund. Doch ist hier nicht allein die zweifellos wichtige Entlastung durch das Sprechen über eigene Sorgen und Nöte gemeint. Von ebensolcher Wichtigkeit scheint mir die Konfrontation und Beschäftigung mit den Problemen anderer Gruppenmitglieder. Dies kann eine größere innere Distanz zu den eigenen Problemen schaffen, aus der heraus eigene Handlungsmöglichkeiten leichter (wieder-)erkannt werden können.

Motivierung und Aktivierung zur Verhaltensänderung

Der Gruppe kommt eine wesentliche Bedeutung bei der *Motivierung* und *Aktivierung* des einzelnen zur Verhaltensänderung zu. Das Beispiel anderer Gruppenmitglieder, die gegenseitige Ermunterung, Solidarität und oft auch konkret-praktische Unterstützung bei der Realisierung neuen Verhaltens, die positive Verstärkung in

Form von Lob und Anerkennung für bereits erzielte auch noch so kleine Erfolge und nicht zuletzt schließlich ein Gefühl gegenseitiger Verpflichtung – alle diese Faktoren, die in und durch die Gruppe wirksam werden, können den Boden bilden, auf dem für den einzelnen die Motivation zur Verhaltensänderung wachsen und gedeihen und ggf. auch immer wieder neu aufgerichtet werden kann.

Aufbau von Kontakten, Verringerung von Einsamkeit

Die Gruppe erfüllt eine *kommunikative Funktion.* Sie entspricht einem menschlichem Urbedürfnis, nämlich dem Bedürfnis nach Kontakt. Dies erscheint gerade in einer Zeit zunehmender Vereinzelung und sozialer Isolation von besonderer Bedeutung. Wo soziale Bindungen fehlen oder in ritualisierter Form erstarrt sind, kann die Gruppe eine konkrete Alternative bieten, Gefühle der Einsamkeit – zumindest partiell – aufheben und Kontakt ermöglichen. Unter diesem Aspekt stellt die Gruppe nicht nur ein Instrument dar, das zur Förderung eines gesundheitsgerechten Verhaltens eingesetzt wird, vielmehr gewinnt das Gruppenerlebnis einen Wert in sich. Aus den Nachbefragungen von Teilnehmern unterschiedlicher Präventionskurse ist bekannt, daß viele gerade das Zusammensein mit anderen in der Gruppe als besonders hilfreich erlebt haben.

Der „Teamvorteil der Gruppe"

Die Gruppe zeichnet sich durch eine – im Vergleich mit der Einzelberatung – größere *Effektivität in der Problemlösung* aus. Dies zeigt sich im Gruppengeschehen insbesondere immer dann, wenn es darum geht, mögliche Lösungen für konkrete Probleme einzelner Teilnehmer zu finden, konkrete Schritte zu deren Realisierung zu entwickeln und ihre wahrscheinlichen Konsequenzen zu überdenken. Hier sind es häufig andere Teilnehmer, die – aufgrund eigener Erfahrungen – den entscheidenen Vorschlag zur Lösung eines Problems eines anderen Gruppenmitglieds einbringen oder wichtige Hinweise auf mögliche erwünschte oder unerwünschte Konsequenzen geben, die weder vom Gruppenleiter noch vom betroffenen Teilnehmer selbst hätten gesehen werden können. Man könnte hier vom „Teamvorteil der Gruppe" (Möller 1981) sprechen, der schlicht darin besteht, daß viele Augen mehr sehen als zwei.

Möglichkeit für neue soziale Erfahrungen

Schließlich und nicht zuletzt stellt die Gruppe selbst ein *soziales Lernfeld* dar, das dem einzelnen Gelegenheit bietet, sich selbst im Kontakt mit anderen bewußt zu erleben und ggf. neues Verhalten auszuprobieren. Im Laufe der Gruppenarbeit lernt der Teilnehmer beispielsweise, frei über sich vor der Gruppe zu sprechen; er erfährt Akzeptanz und Anteilnahme; er lernt, anderen zuzuhören ebenso wie eigene Interessen und Meinungen zu vertreten; er kann neue Erfahrungen gewinnen über die Wirkungen seines Verhaltens auf andere und umgekehrt. Diese sozialen Lernprozesse laufen hier zwar meistens implizit ab, d.h. sie werden selten direkt thematisiert, ihr Effekt ist dennoch nicht zu unterschätzen. Häufige Folgen sind ein gestärktes Selbstbewußtsein, eine direktere Bedürfnisäußerung und eine klarere Selbst- und Fremdwahrnehmung, die sich dann auch im Alltag des Teilnehmer auswirken. Für einige Teilnehmer beginnt ein derartiger sozialer Lernprozeß bereits mit der Entscheidung zur Teilnahme an der Gruppe, die eine Entscheidung dafür bedeutet, etwas nur für sich zu tun, und einen ersten Schritt in Richtung auf ein Mehr an Selbstbehauptung darstellen kann.

Instrumentelle Gruppenbedingungen: Kohäsion, Vertrauen, Kooperation

Ort der Entlastung, Quelle der Motivierung, Möglichkeit der Kommunikation, Hilfe bei der Problemlösung und soziales Lernfeld – dies sind m.E. die wichtigsten Funktionen der Teilnehmergruppe. Ihre Realisierung wird wesentlich davon bestimmt, ob und inwieweit aus der zunächst losen Ansammlung von Einzelpersonen tatsächlich eine Gruppe zusammenwächst; ob und inwieweit die einzelnen Teilnehmer emotionale Beziehungen aufbauen, die die Grundlage bilden für das Gefühl der Gruppenzugehörigkeit und den Gruppenzusammenhalt (Kohäsion); ob und inwieweit sich ein Klima des Vertrauens entwickelt, in dem der einzelne sich akzeptiert fühlt und offen über persönliche Belange sprechen kann; schließlich ob und inwieweit die Teilnehmer – im Bewußtsein gemeinsamer Ziele – eine kooperative Arbeitshaltung aufbauen, womit die Bereitschaft gemeint ist, sowohl anderen Gruppenmitgliedern bei der Bewältigung ihrer Probleme zu helfen als auch für sich selbst eine solche Unterstützung der Gruppe anzunehmen.

Die Merkmale einer erfolgreichen Teilnehmergruppe – Aufgaben des Kursleiters

Kohäsion, Vertrauen/Offenheit und Kooperation können als die wichtigsten Merkmale einer erfolgreichen Teilnehmergruppe betrachtet werden (Dziewas 1980). Die Entwicklung von Beziehungen der Teilnehmer untereinander zu ermöglichen und dadurch den Gruppenzusammenhalt zu stärken, Vertrauen und Offenheit zu fördern und kooperatives Verhalten zu unterstützen und zu verstärken, können entsprechend als die wichtigsten Aufgaben angesehen werden, die sich dem Kursleiter neben der sachkompetenten Vermittlung der jeweils programmspezifischen Informationen und Methoden stellen.

Praxis des Gesundheitsförderungsprogrammes

TEIL B

Allgemeine Hinweise zur Durchführung und Organisation 4

4.1 Zielgruppe

4.1.1 Teilnahmekriterien

An wen richtet sich dieses Gesundheitsförderungsprogramm?

Grundsätzlich richtet sich das Programm „Gelassen und sicher im Streß" als ein Angebot der Gesundheitsförderung an (noch) gesunde Personen, an Menschen, die lernen wollen, alltägliche Anforderungen besser zu bewältigen. Dies bedeutet jedoch nicht, daß Personen, die unter bestimmten, v.a. chronischen Krankheiten (z.B. Diabetes, chronische Schmerzen, Polyarthritis, Neurodermitis, Glaukom, koronare Herzerkrankung etc.) leiden, von vornherein ausgeschlossen werden müssen. Auch für diese kann selbstverständlich eine Verbesserung von Bewältigungskompetenzen ein wichtiger und sinnvoller Beitrag zur Gesundheitsförderung darstellen. In den Fällen allerdings, in denen die körperliche Störung das wesentliche oder gar einzige Problem des Betreffenden und deren Bewältigung das Hauptmotiv für die Teilnahme darstellt, ist die Teilnahme an spezielleren, krankheitsbezogenen Angeboten (z.B. Diabetikerschulung, Kurse zur Schmerzbewältigung, Selbsthilfegruppen etc.) ratsamer.

Personen mit psychischen Störungen

Gleiches gilt in verschärftem Maße für Personen mit psychischen Störungen. Erfahrungsgemäß stellt das Kursangebot für viele Menschen eine allererste Möglichkeit dar, sich überhaupt um psychosoziale Beratung zu bemühen. Die Schwellenangst dürfte hier geringer sein als beispielsweise gegenüber Beratungsstellen, psychotherapeutischen Polikliniken oder Praxen. Unter den Kursinteressenten finden sich deshalb auch immer wieder Personen mit z.T. erheblichen psychischen und psychosomatischen Problemen, die einer psychotherapeutischen Behandlung bedürfen. In der Praxis handelt es sich dabei insbesondere um unterschiedliche Angststörungen (Phobien, Panikstörungen) und somatoforme Störungen (besonders Herzneurosen), die in der Regel so sehr im Vordergrund des Lebens und Erlebens des Betreffenden stehen, daß eine Teilnahme an dem Gesundheitsförderungsprogamm kaum erfolgversprechend ist. Bei Personen, die aktuell in einer existentiell bedrohenden Belastungssituation („kritisches Lebensereignis", z.B. Scheidung, Tod des Partners, schwere medizinische Diagnose oder Eingriffe bei sich selbst oder nahen Angehörigen etc.) stehen, ist auch im Hinblick auf mögliche Konsequenzen für den Gruppenprozeß abzuwägen, ob eine Teilnahme für den Betreffenden schon jetzt möglich und sinnvoll ist, oder zunächst eher supportive Einzelgespräche angezeigt sind.

Zusammenfassend lassen sich folgende Ausschlußkriterien für die Teilnahme an dem Gesundheitsförderungsprogramm formulieren:

Ausschlußkriterien

- psychiatrische Erkrankungen,
- stark beeinträchtigende somatische Erkrankungen,
- ausgeprägte neurotische oder psychosomatische Symptomatik (Angststörungen, somatoforme Störungen),
- Suchtproblematik (besonders auch Medikamentenabusus),
- akute existentielle Belastung (z.B. akute Scheidungssituation),
- laufende psychotherapeutische Behandlung (evtl. in Absprache mit dem behandelnden Therapeuten).

4.1.2 Teilnehmerauswahl

Eine Vorauswahl der Teilnehmer entlang der genannten Kriterien ist im Hinblick auf eine Vermeidung von späteren Abbrüchen, die immer auch eine Störung des Gruppenprozesses bedeuten, sinnvoll. Die Art und Weise, wie die Auswahl organisiert wird, und wie fein sie durchgeführt werden kann, wird in der Praxis im wesentlichen bestimmt durch den institutionellen Kontext, in dem der Kurs angeboten wird.

Informationsveranstaltung vor dem Kursbeginn

Kurze Vorgespräche mit den einzelnen Interessenten, in denen die jeweilige Teilnahmemotivation geklärt wird, stellen eine gute, aber leider auch relativ zeitaufwendige und daher nur selten realisierte Möglichkeit der Teilnehmerauswahl dar. In den Fällen, wo es – aus welchen Gründen auch immer – nicht möglich ist, mit den einzelnen Kursinteressenten ein Vorgespräch zu führen, sollte in jedem Falle vor Kursbeginn zumindest eine Informationsveranstaltung („Schnupperstunde") durchgeführt werden. Für alle Kursinteressenten sollte der Besuch dieser Veranstaltung vor einer endgültigen Anmeldung verbindlich sein. Diese Veranstaltung gibt Gelegenheit,

Die Ziele der Informationsveranstaltung

- einen ersten Eindruck vom Kursleiter und den anderen möglichen Kursteilnehmern zu gewinnen,
- sich über Inhalte und Ablauf des Gesundheitsförderungsprogrammes zu informieren,
- einen ersten erlebnismäßigen Eindruck von der praktischen Arbeitsweise (z.B. durch eine kurze Entspannungsübung) zu bekommen.

Am Ende dieser Veranstaltung wird der Kursleiter dann deutlich machen, für wen eine Kursteilnahme sinnvoll und erfolgversprechend ist und für wen nicht (s. oben: Ausschlußkriterien), Gesprächsbereitschaft signalisieren und die anwesenden Kursinteressenten dazu einladen, Unsicherheiten bezüglich ihrer Kursteilnahme anschließend im persönlichen Gespräch zu klären.

4.1.3 Gruppenzusammensetzung

Wie sollte die Gruppe zusammengesetzt sein?

An einer Gruppe nehmen sechs bis maximal 12 Personen teil. Bei der Zusammensetzung einer Gruppe ist darauf zu achten, daß krasse Minderheiten bezüglich des Geschlechts, des Bildungsstandes und des Alters möglichst vermieden werden. (Ehe-)Paare sollten möglichst nicht gemeinsam an einer Gruppe teilnehmen, da dies in den meisten Fällen deren Offenheit in der Gruppe hemmt.

4.2 Kursleiter

Welche Voraussetzungen muß der Kursleiter erfüllen?

Das Trainingsprogramm sollte von Diplom-Psychologen (ggf. auch von Ärzten mit verhaltenstherapeutischer Basisqualifikation) mit folgenden Voraussetzungen durchgeführt werden:

- Erfahrungen in der Vermittlung von Entspannungsmethoden,
- theoretische Kenntnisse in und praktische Erfahrungen mit verhaltenstherapeutischen Standardmethoden (v.a. Verhaltensanalyse, Rollenspiel),
- Erfahrungen in der Gruppenarbeit mit Erwachsenen.

Darüber hinaus gilt die vorherige Teilnahme an einer Fortbildungsveranstaltung zur Einführung in das Programm als obligate Voraussetzung für die Kursdurchführung.

4.3 Organisatorischer Rahmen

4.3.1 Zeitliche Struktur

Wie viele Sitzungen finden statt?

Das Gesundheitsförderungsprogramm umfaßt 12 jeweils zweistündige Sitzungen. Eine Ausdehnung auf bis zu 16 Sitzungen kann sinnvoll sein, um den Transfer der erlernten Bewältigungsfertigkeiten in den Alltag noch mehr zu festigen. Bei der zeitlichen Planung ist auf Ferientermine und Feiertage Rücksicht zu nehmen. Größere Unterbrechungen sollten möglichst vermieden werden.

Das Gesundheitsförderungsprogramm ist konzipiert als fortlaufender Kurs mit jeweils wöchentlich stattfindenden Sitzungen. Für manche Zielgruppen, z.B. im betrieblichen Kontext, sind regelmäßige Gruppensitzungen über einen Zeitraum von drei Monaten nicht oder nur mit häufigerer Abwesenheit einzelner Teilnehmer zu realisieren. Hier empfiehlt es sich, den Kurs teilweise oder sogar ganz als Blockveranstaltung durchzuführen.

Wöchentliche Sitzungen oder Blockveranstaltung

4.3.2 Räumliche Bedingungen

Die Kurssitzungen sollten in einem größeren, lärmgeschützten, gut belüftbaren Raum stattfinden. Für die Entspannungsübungen im Liegen ist ein Teppich- oder Parkettfußboden von Vorteil. Es sollten bequeme Stühle zur Verfügung stehen, die bei Bedarf – z.B. zur Durchführung von Rollenspielen und Bewegungsübungen – beiseite gerückt werden können. Anderes Mobiliar wird nicht benötigt. Schließlich sollte es in dem Raum möglich sein, Wandzeitungen (Korkpinwand, Stelltafeln o.ä.) aufzuhängen.

4.3.3 Muster für einen Ankündigungstext

Der folgende Text kann zu Werbungszwecken in Lokalzeitungen oder in Programmen örtlicher Einrichtungen der Erwachsenenbildung (Volkshochschulen, Familienbildungsstätten etc.) und Krankenkassen veröffentlicht werden.

„GELASSEN UND SICHER IM STRESS"

Gesundheitsförderung durch Verbesserung des Umgangs mit alltäglichen Belastungen

Streß – das bedeutet für jeden etwas anderes: Belastungen am Arbeitsplatz und in der Schule, Probleme zu Hause, z.B. mit den Kindern oder kranken Angehörigen, aber auch das tägliche Einerlei, Monotonie und Einsamkeit – das alles kann Streß sein. Und jeder reagiert darauf anders: Ängstlich oder traurig, hilflos, ärgerlich oder hektisch, vielleicht auch mit vermehrtem körperlichen Unwohlsein.
Dieser Kurs wendet sich an alle, die lernen wollen, mit ihren alltäglichen Belastungen gelassener, sicherer und damit gesünder umzugehen. Sei es, daß sie bereits unter nervösen körperlichen Beschwerden, wie z.B. Schlafstörungen, Magenbeschwerden, Kopfschmerzen leiden, oder daß sie es erst gar nicht so weit kommen lassen wollen.

Im Kurs werden die Teilnehmer zunächst dazu angeleitet, ihr Verhalten in Belastungssituationen genau zu beobachten und dann schrittweise zu verändern: z.B. durch den Einsatz einer Entspannungsmethode, durch die Veränderung von solchen Gedanken und Einstellungen, die die Belastungen verschärfen, und durch ein selbstbewußtes Auftreten gegenüber anderen.

4.4. Einsatz von Bewegungsübungen

Bewegungspausen lockern, aktivieren und schaffen Kontakt

Während einer Kurssitzung sollten wegen der vorgesehenen relativ langen Dauer von zwei Stunden gelegentlich Bewegungspausen eingelegt werden, in denen kleine Bewegungsübungen gemeinsam durchgeführt werden. Diese dienen der körperlichen und geistigen Lockerung, der Aktivierung, bringen Spaß und fördern auf spielerischem Wege den Kontakt der Teilnehmer untereinander. Im folgenden werden einige, einfach durchzuführende Bewegungsübungen beschrieben. Weitere Anregungen finden sich bei Broich (1993 a und b) und Mittermair (1985).

„Klopfmassage"

Die Teilnehmer stehen im Kreis mit dem Gesicht zur Mitte.

(1) Mit der linken flachen Hand den ausgestreckten rechten Arm von unten nach oben, innen und außen beklopfen.
(2) Mit der rechten Hand den linken Arm in gleicher Weise beklopfen.
(3) Mit den Fingerkuppen beider Hände Kopf, Gesicht und Nacken vorsichtig beklopfen.
(4) Mit beiden flachen Händen das rechte Bein von unten nach oben innen und außen bis zum Gesäß kräftig beklopfen.
(5) Wie (4) mit dem linken Bein.
(6) Paare bilden: Ein Partner beugt sich vor, läßt dabei Kopf und Arme nach unten hängen, während der andere mit beiden flachen Händen seinen Rücken von oben nach unten beklopft. Anschließend langsam Wirbel für Wirbel wieder aufrichten mit dem Kopf zuletzt.
(7) Wie (6) mit Rollenwechsel innerhalb der Paare.

„Dehnübung“

Die Teilnehmer stehen im Kreis mit dem Gesicht zur Mitte.

(1) Beide Arme waagerecht nach vorn ausstrecken.

(2) Mit jedem Atemzug die ausgestreckten Arme langsam ein Stück höher nehmen, bis sie senkrecht über dem Kopf stehen.

(3) Mit über dem Kopf ausgestreckten Armen den Oberkörper nach rechts zur Seite strecken. Dabei bleiben die Füße auf dem Boden stehen.

(4) Wie (3) zur linken Seite.

(5) Wie (3) nach hinten (einen „Bogen machen“). Achtung: nicht überdehnen!

(6) Die ausgestreckten Arme langsam mit jedem Ausatmen wieder ein Stück heruntersinken lassen, bis sie ganz herunterhängen.

(7) Mit jedem Ausatmen auch den Oberkörper langsam vom Gewicht der herabhängenden Arme nach unten ziehen lassen. Dann mit vornübergebeugtem Oberkörper, hängendem Kopf und herunterbaumelnden Armen ausruhen und entspannen. Anschließend wieder langsam Wirbel für Wirbel aufrichten, mit dem Kopf zuletzt. Hinweis: Diese Übung kann zwei- bis dreimal wiederholt werden. Wichtig ist, auf eine tiefe Atmung zu achten. Beim Ausatmen darf auch „gestöhnt“ werden.

„Schütteln“

Die Teilnehmer stehen im Kreis mit dem Gesicht zur Mitte. Beginnend mit der rechten Hand werden möglichst viele Körperteile ausgeschüttelt, wobei nach und nach immer ein Körperteil in folgender Reihenfolge hinzugenommen wird: rechte Hand, rechter Unterarm, rechter Oberarm und Schulter, linke Hand, linker Unterarm, linker Oberarm und Schulter, Kopf, rechter Fuß, rechtes Bein, linker Fuß, linkes Bein, Gesäß. Die Teilnehmer werden aufgefordert, möglichst viele Körperteile gleichzeitig gründlich „auszuschütteln“.

„Hüpfschütteln"

Dies stellt eine Variation der obigen Übung dar. Die Teilnehmer stehen im Kreis und beginnen langsam auf beiden Beinen zu hüpfen. Dabei wird beim Hochspringen ein- und beim „Landen" ausgeatmet. Beim Hüpfen werden wieder möglichst viele Körperteile (Arme, Schultern, Beine, Kopf) aufgeschüttelt und gelockert. Das Hüpfen sollte allmählich gesteigert werden und zum Schluß langsam wieder abklingen, bis die Teilnehmer wieder ruhig im Kreis stehen.
Hinweis: Die Wirkung der Übung wird unterstützt, wenn man mit dem Ausatmen einen kräftigen Ton (z.B. „Ho" oder „Ha" o.ä.) von sich gibt.

Übungen zur Lockerung von Schultern und Nacken

Diese Übungen können im Sitzen oder Stehen durchgeführt werden:

(1) Nackenmassage: Die Hände am Hinterkopf verschränken, den Kopf nach vorne beugen. Mit den Daumen die Muskeln an der Schädelbasis fühlen und vorsichtig massieren.
(2) Kopfrollen: Kopf nach vorn fallen lassen und im Uhrzeigersinn über die rechte Schulter, nach hinten (nicht zu weit!), über die linke Schulter kreisen lassen. Dabei langsam und ruhig atmen, die Schultern möglichst locker lassen. Mindestens drei Kreise in eine Richtung, dann in die andere Richtung wechseln.
(3) Schulterzucken: Schultern langsam heben, Arme hängen dabei locker an den Seiten, und dann Schultern fallenlassen. Mehrmals wiederholen. Beim Heben der Schultern einatmen, beim Fallenlassen ausatmen.
(4) Schulterrollen: Mit seitwärts ausgestreckten Armen die Schultern hoch zu den Ohren, nach vorn und hinunter und zurückrollen. Mit der Aufwärtsbewegung einatmen. Mehrmals wiederholen, dann die Schultern in die andere Richtung rollen.
(5) Schultern strecken: Arme und Hände nach vorn ausstrecken. Dann auch die Schultern nach vorn bringen und dadurch die Streckung erweitern; dabei ausatmen. Mit dem Einatmen die Schultern wieder langsam zurücknehmen. Mehrmals wiederholen.

Übungen für den Rücken

Diese Übungen werden in Paaren durchgeführt; die Rollen sollten jeweils getauscht werden.

(1) Rückenmassage: Ein Partner steht mit leicht gebeugten Knien und hängenden Armen, läßt langsam den Kopf nach vorn fallen und beugt sich weiter Wirbel für Wirbel vornüber, bis der ganze Oberkörper (incl. Kopf) entspannt hängt. Der andere Partner beginnt dann, den Rücken mit den Fingern, Handballen oder den Händen abzuklopfen. Art, Tempo, Rhythmus und Stärke der Schläge sollten dabei variiert werden. (Vorsicht in der Nierenregion!). Zum Abschluß legt er je eine Hand auf die Kreuzbeinregion und eine zwischen die Schultern des Partners, der sich ganz langsam Wirbel für Wirbel wieder aufrichtet.

(2) Rückenschaukel: Die Partner stehen Rücken an Rücken und haken sich mit den Armen unter. Ein Partner geht leicht in die Knie, beugt sich vor und zieht dabei den anderen hoch. Das Gesäß des oberen Partners sollte auf dem unteren Rücken des unteren Partners liegen, um eine Überdehnung zu verhindern. Der untere Partner schüttelt den oberen, der dabei kräftig ausatmen und entspannen kann.

(3) Rückenreiben: Die Partner stehen Rücken an Rücken und beginnen, zunächst mit vorsichtigen Bewegungen ihre Rücken gegeneinander zu reiben („wie ein Tier auf dem Boden“). Die Bewegungen können mit der Zeit heftiger werden und variiert werden. Der Kontakt sollte nicht nur den oberen, sondern den ganzen Rücken einbeziehen.
Hinweis: Diese Übung kann sehr angenehm sein und viel Spaß bereiten, ist aber für manche Teilnehmer zu intim.

„Knoten“

Die Teilnehmer bilden stehend einen engen Kreis, schließen die Augen und strecken beide Arme nach vorn, so daß sich die Arme in der Kreismitte kreuzen. Mit geschlossenen Augen fassen die Teilnehmer sich gegenseitig an den Händen. Wenn jeder Teilnehmer mit jeder seiner beiden Hände eine andere Hand gefaßt hat, werden die Augen geöffnet. Die Arme bilden nun einen vielfach verwickelten Knoten.

Aufgabe der Gruppe ist es, diesen Knoten zu lösen, ohne daß auch nur ein Teilnehmer eine Hand losläßt. Am Schluß sollten die Teilnehmer in einem geschlossenen Kreis stehen, wobei jeder Teilnehmer jeweils die Hände seines linken und rechten Nachbarn hält.

Einstieg in das Gesundheitsförderungsprogramm

5

5.1 Ankommen und Kennenlernen

Die Erwartungsspannung in der Anfangsphase

Meist schon Tage vor dem ersten Gruppenabend beginnt für viele Teilnehmer – und auch für den Kursleiter – der Gruppenprozeß. Eine innere Erwartungsspannung baut sich auf; Hoffnungen und Befürchtungen werden wach; Skepsis und Zweifel vermischen sich in einem individuell unterschiedlichen Verhältnis mit Zuversicht und Optimismus. „Wer wird noch da sein?", „Ob das wirklich etwas bringt?", „Wird man mich akzeptieren?" – mit solchen und ähnlichen Fragen treffen die Teilnehmer dann zur ersten Gruppensitzung zusammen.

In dieser Anfangsphase sind die Teilnehmer in aller Regel nicht zur Aufnahme umfassenderer inhaltlicher Informationen über die bevorstehende Gruppenarbeit fähig. Zu sehr sind sie innerlich damit beschäftigt, Spannung und Unsicherheit zu kontrollieren und eine „Psychologie des ersten Eindrucks" zu betreiben; d.h. sie versuchen eine vorläufige Einschätzung der anderen Gruppenmitglieder zu gewinnen und eine erste eigene Position zu finden.

Der Kursleiter muß zunächst Sicherheit vermitteln

Der Kursleiter sollte der Initialspannung in der Phase des Gruppenanfangs Rechnung tragen und dem Wunsch der Teilnehmer nach einer ersten Kontaktaufnahme ausreichend Raum geben. Seine Hauptaufgabe in dieser Phase besteht darin, Sicherheit zu vermitteln. Er sollte sich zunächst auf eine kurze einleitende Begrüßung beschränken, in der er sich selbst vorstellt, Freude über die Teilnahme der einzelnen Teilnehmer ausdrückt, ihr gemeinsames Anliegen hervorhebt und Zuversicht hinsichtlich des Erfolges – etwa mit dem Verweis auf vorangegangene Gruppen – äußert. Zur Spannungsreduktion trägt auch bei, wenn der Kursleiter die anfängliche Unsicherheit und Spannung als „etwas bei jedem Gruppenbeginn ganz Normales" anspricht:

Wie können sich die Teilnehmer gegenseitig kennenlernen? – Das Paargespräch

Dann sollte der Leiter möglichst bald den Teilnehmern Gelegenheit geben, zu sprechen und sich kennenzulernen. Eine gute Möglichkeit hierzu bietet das *Paarinterview*, bei dem die Teilnehmer sich zunächst in Paaren gegenseitig interviewen und dann anschließend einander der übrigen Gruppe vorstellen. Der Kursleiter bittet die Teilnehmer hierzu, sich zunächst in Paaren zusammenzufinden. Dies kann entweder spontan durch die Teilnehmer selbst oder mit Unterstützung des Kursleiter geschehen, der einen bestimmten Modus zur Paarbildung vorschlägt (z.B. jeweils zwei direkt nebeneinander oder sich gegenübersitzende Teilnehmer, jeweils ein Teilnehmer mit einem geraden und einem ungeraden

Geburtsjahrgang, jeweils zwei Teilnehmer mit gleicher Schuhfarbe etc.; weitere Ideen finden sich bei Knoll 1993). Der Kursleiter gibt einen zeitlichen Rahmen für das anschließende Paargespräch vor (10 bis 15 Minuten). Inhaltlich geht es weniger darum, umfangreiche biographische Informationen zu erheben, vielmehr sollte auf die aktuelle Situation Bezug genommen werden. Es empfiehlt sich, daß der Kursleiter durch einige (wenige) Fragen eine inhaltliche Struktur für das Paargespräch schriftlich vorgibt:

Fragestellungen für das Paargespräch

- *„Was haben Sie heute zurückgelassen, als Sie hierher gekommen sind?“*
- *„Was reizt Sie an diesem Kurs?“*
- *„Wie war Ihre Situation, als Sie sich zur Kursteilnahme entschlossen haben? Hat sich seitdem schon etwas verändert?“*
- *„Was müßte hier passieren, damit Sie nicht wiederkommen?“*
- *„Was würden Sie tun, wenn Sie heute nicht hier wären?“*

Die gegenseitige Vorstellung nach dem Paargespräch

Für das Paargespräch verteilen sich die Kursteilnehmer im Gruppenraum. Nach Ablauf der vorgegebenen Zeit fordert der Kursteilnehmer dazu auf, sich wieder in der Gruppenrunde zu versammeln. Bei der anschließenden gegenseitigen Vorstellung sollte sich der Kursleiter um eine „lockere“, entspannte Atmosphäre bemühen. Er lädt zu Ergänzungen (durch den jeweils vorgestellten Teilnehmer) und Nachfragen (durch die übrigen Kursteilnehmer) ein, achtet darauf, daß die Runde nach Möglichkeit nicht in einer starren Reihenfolge erfolgt und kann auch – um einen etwaig aufkommenden Leistungsdruck zu entlasten – darauf hinweisen, daß es sich hierbei nicht um einen „Gedächtnistest“ handelt. Wichtige Stichworte zu Erwartungen und Befürchtungen der Teilnehmer können vom Kursleiter ggf. während der Vorstellungsrunde auf einer Wandzeitung festgehalten werden.

Der Kursleiter stellt Ziele und Ablauf der Gruppenarbeit dar

Erst in einem zweiten Schritt wird der Gruppenleiter dann die Ziele, die zentralen Inhalte und Methoden sowie den Ablauf der geplanten Gruppenarbeit darstellen. Dabei sollte er möglichst oft Bezug nehmen auf die während der Vorstellungsrunde geäußerten Motive, Erwartungen und ggf. auch Befürchtungen der Teilnehmer. Wichtig ist auch, daß der Leiter die Gemeinsamkeit der Teilnehmer im Hinblick auf die Ziele und die Bedeutung der Gruppe für den Erfolg herausstreicht. Fragen und Diskussionen sollten zwar angeregt werden, sie sind jedoch in dieser Phase (noch) relativ selten und beschränken sich meist auf organisatorische Dinge.

Die Klärung organisatorischer Fragen

Es sollte dann Gelegenheit zur Klärung organisatorischer Fragen gegeben werden (Zeitpunkt, Ort, evt. Mitfahrgelegenheiten etc.). Der Kursleiter weist seinerseits auf die Notwendigkeit einer regelmäßigen Teilnahme hin. Sollte jemand doch einmal verhindert sein, so soll er einen anderen Kursteilnehmer darüber benachrichtigen. Zu diesem Zweck wird eine *Telephonliste* erstellt, die von einem Teilnehmer zur nächsten Kursstunde für alle kopiert werden sollte.

Die Schweigepflicht

Ein besonderes Wort ist dem Problem der *Schweigepflicht* zu widmen. Besonders in ländlichen Regionen kann die Angst, über in der Gruppe angesprochene persönliche Belange werde mit Außenstehenden „getratscht", die Offenheit der Teilnehmer einschränken. Diese Befürchtung sollte vom Gruppenleiter angesprochen werden. Als Regel, die im gemeinsamen Interesse aller Teilnehmer liegt, sollte herausgestellt werden, daß alle *persönlichen* Informationen über einzelne Kursteilnehmer in der Gruppe bleiben und nicht nach außen getragen werden. In der Praxis hat sich gezeigt, daß sich Probleme hier letztlich kaum aus der Verletzung der Schweigepflicht durch einzelne Teilnehmer, sondern vielmehr aus der Angst der Teilnehmer vor einer solchen Verletzung ergeben haben, die – wenn sie nicht thematisiert worden ist – den Gruppenprozeß lähmen kann. Allerdings sollte das Gespräch hierüber auch nicht dramatisiert werden, da sonst einzelne Teilnehmer dieses als – ebenfalls ängstigende – Aufforderung (miß-)verstehen könnten, in der Gruppe über sehr intime Dinge sprechen zu müssen.

5.2 Gruppenarbeit: meine Kompetenzen zur Streßbewältigung

Welche positiven Erfahrungen mit Streßbewältigung haben die Kursteilnehmer bereits gemacht?

Bevor in der Kursgruppe auf konkrete Belastungserfahrungen einzelner Teilnehmer eingegangen wird, wird zunächst an die bereits vorhandenen Kompetenzen zur Streßbewältigung angeknüpft. Der Kursleiter bittet hierzu die Teilnehmer, sich an die verschiedenen Möglichkeiten des Umgangs mit alltäglichen Belastungen zu erinnern, mit denen der einzelne in der Vergangenheit bereits gute Erfahrungen gemacht hat. Hierzu werden Kleingruppen gebildet. Um einen Übergang vom vorangegangenen Paarinterview zu schaffen, bilden jeweils zwei Paare eine Kleingruppe. Die Teilnehmer tragen möglichst viele unterschiedliche Formen der Streßbewältigung zusammen und halten diese stichwortartig auf Karteikärtchen (jeweils eine Strategie pro Karte, eine Kartenfarbe pro

Kleingruppe) schriftlich fest. Der Kursleiter erläutert dann die prinzipielle Unterscheidung zwischen der instrumentellen, problemorientierten Streßbewältigung einerseits und der palliativ-reaktionsorientierten Streßbewältigung andererseits. (Gegebenenfalls kann in beiden Bereichen zusätzlich noch zwischen kurz- und längerfristigen Strategien differenziert werden.) Er bittet die Teilnehmer, die von ihnen zusammengetragenen Möglichkeiten der Streßbewältigung jeweils einer dieser beiden Kategorien zuzuordnen und die jeweiligen Karteikärtchen auf einer Pinwand entsprechend anzuheften.

Die Wahrnehmung eigener Kompetenzen soll gestärkt werden

So entsteht an der Pinwand ein möglichst vielfältiges Bild der in der Gruppe bereits vorhandenen Bewältigungskompetenzen. Im sich anschließenden Gruppengespräch sollten zunächst Unsicherheiten in bezug auf die Zuordnung einzelner Kärtchen angesprochen und dabei das Verständnis der Teilnehmer für die beiden grundsätzlich unterschiedenen Funktionen der Streßbewältigung gefördert werden. Gegebenenfalls kann aufgrund der Kartenfarbe auch auf unterschiedliche Präferenzen im Umgang mit Belastungen in den verschiedenen Kleingruppen eingegangen werden. Hauptsächlich aber dient das Gespräch dazu, den Teilnehmern Gelegenheit zu geben, ausführlich über ihre positiven Erfahrungen mit einzelnen Möglichkeiten der Streßbewältigung zu berichten. Hierfür sollte viel Zeit eingeräumt werden. Der Kursleiter sollte den betreffenden Teilnehmer zu einer möglichst genauen und lebendigen Schilderung seiner Erfahrungen ermuntern. Auf diese Weise kann die Wahrnehmung eigener Kompetenzen beim jeweiligen Teilnehmer gestärkt werden, und die übrigen Kursteilnehmer können Anregungen und Ideen für ihr eigenes Bewältigungsverhalten erhalten.

Wichtig ist die Anwendung sowohl problem- als auch reaktionsorientierter Strategien

Der Kursleiter weist abschließend darauf hin, daß erfolgreiche – und damit „gesunde“ – Streßbewältigung ein ausgewogenes Verhältnis von problemorientierten und reaktionsorientierten Strategien voraussetzt: Derjenige, der beständig und „verbissen“ um die instrumentelle Bewältigung von Anforderungen bemüht ist, sollte lernen, auch einmal abzuschalten und sich zu entspannen. Während umgekehrt derjenige, der Belastungen ausschließlich durch Ablenkung, Entspannung u.ä., also palliativ, zu bewältigen sucht, lernen sollte, sich auch mit den Faktoren in seiner Umgebung und in sich selbst auseinanderzusetzen, die die Belastung hervorrufen oder verstärken. Im Laufe des Gesundheitsförderungsprogrammes „Gelassen und sicher im Streß“ werden daher beide Wege der Streßbewältigung gegangen.

5.3 Streß – was ist das eigentlich? – Informationen für Kursteilnehmer

Die Teilnehmer lernen, Streß als transaktionales Geschehen zu verstehen

Zur Einführung in das Gesundheitsförderungsprogramm gehört auch eine Klärung des Streßverständnisses, das dem Programm zugrundeliegt. Viele Teilnehmer verstehen Streß zunächst ausschließlich als ein von außen auf sie einwirkendes Übel, dem sie selbst mehr oder weniger passiv ausgeliefert sind. Es geht hier vor allem darum, die Bedeutung von eigenen Bewertungs- und Bewältigungsprozessen für die Streßentstehung im Sinne der transaktionalen Streßauffassung hervorzuheben. Allerdings kann nicht erwartet werden, daß die Kursteilnehmer durch eine einmalige sachliche Information ein solches transaktionales Streßverständnis bereits für sich persönlich akzeptieren. Hier soll nur ein erster Anstoß gegeben werden. Letztlich stellt die Einsicht in den persönlichen „eigenen Streßanteil" ein Ziel dar, das sich erst im Laufe des gesamten Programmes nach und nach wird erreichen lassen.

Für den eigenen Streßanteil sensibilisieren

Zur Einstimmung knüpft der Kursleiter an die Erfahrungen der Kursteilnehmer an. Eine Möglichkeit hierzu besteht darin, im Gruppenraum Wandzeitungen aufzuhängen, auf denen die folgenden Halbsätze stehen:

- *„Ich gerate in Stress, wenn ..."*
- *„Wenn ich im Stress bin, dann ..."*
- *„Ich setze mich selbst unter Stress, indem ..."*

Die Teilnehmer gehen im Gruppenraum von Wandzeitung zu Wandzeitung und komplettieren die Sätze.

Eine weitere, stärker interaktive Möglichkeit stellt folgendes „Ballspiel" dar: Die Teilnehmer stehen im Kreis. Der Kursleiter wirft einem Teilnehmer einen Ball zu, formuliert dabei einen der genannten Halbsätze und fordert den betreffenden Teilnehmer auf, diesen zu vervollständigen. Anschließend wirft dieser Teilnehmer den Ball einem zweiten Gruppenmitglied zu, das den jeweiligen Satz für sich ergänzt usw., bis alle Kursteilnehmer mindestens einmal an der Reihe waren.

Informationen auf das Niveau der Kursgruppe abstimmen

Das so gesammelte Material dient dann als Ausgangspunkt für die nachfolgenden Informationen durch den Kursleiter. Diese müssen auf das Niveau und die Zusammensetzung der jeweiligen Kursgruppe abgestimmt werden. Nach meiner Erfahrung überschätzen Kursleiter das Informationsbedürfnis der Teilnehmer eher, als daß sie es unterschätzen. Der Kursleiter sollte diese inhaltliche Einführung in das Streßkonzept auch nicht zu sehr auf rationale Aufklärung und sachliche Information über das dem Programm zugrundegelegte Streßmodell abstellen und sich beispielsweise nicht in der Darstellung komplizierterer physiologischer Abläufe oder in komplexe Begriffsdefinitionen verlieren. Wichtiger als theoretische Stringenz und begriffliche Klarheit ist hier vielmehr, daß sich die Teilnehmer durch die Einführung innerlich angesprochen fühlen, daß durch die geschilderten, möglichst anschaulichen Beispiele eigenes Verhalten und Erleben in belastenden Situationen erinnert und lebendig wird.

Die zentralen Botschaften

Die zentralen Botschaften, die vom Kursleiter an dieser Stelle übermittelt werden sollten, sind:

- die Unterscheidung zwischen Stressor und Streßreaktion,
- die drei Ebenen der Streßreaktion,
- die zentralen Merkmale der körperlichen Streßreaktion,
- die möglichen gesundheitsschädlichen Auswirkungen von chronischem Streß sowie
- die Bewertung von Situationen und eigenen Kompetenzen als zentrale Vermittler der Streßreaktion.

Zur Veranschaulichung wichtiger Sachverhalte finden sich im Anhang einige Abbildungen (M 1 bis M 6), die als Overheadfolien genutzt und/oder den Teilnehmern in Kopie ausgehändigt werden können. Teilnehmern, die ausführlichere Informationen wünschen, können die Bücher von Cooper (1987), Fontana (1991) und Vester (1991) zur Lektüre empfohlen werden (s.a. die „Hinweise zum Schmökern" im Anhang).

Im Anhang findet sich auch je ein Exemplar eines Fragebogens zur Erfassung des Typ-A-Verhaltens (Bortner 1969) sowie eines Kurzfragebogens zum Kohärenzsinn (nach Antonovsky 1979, in deutscher Übersetzung nach Ernst 1992 a), die den Teilnehmern zur Bearbeitung mit nach Hause gegeben werden können. Diese Fragebögen dienen hier allerdings nicht einer normativen Diagnostik, sondern nur dazu, für eigene streßrelevante Einstellungen und Verhaltensweisen zu sensibilisieren.

5.4 Gedanken und Streß: „Wie man sich selbst verrückt macht"

Wie können eigene Gedanken streßverstärkend wirken?

Angesichts der zentralen Rolle, die kognitiven Bewertungsprozessen in dem dem vorliegenden Gesundheitsförderungsprogramm zugrundegelegten transaktionalen Streßmodell zukommt, ist es erfahrungsgemäß sinnnvoll und nötig, dieses Thema über die bloße sachliche Information hinausgehend gleich zu Beginn noch einmal gesondert aufzugreifen und zu vertiefen. Durch die nachfolgenden Übungen soll den Teilnehmern eine lebendige Erfahrung davon vermittelt werden, wie sich Gedanken, Vorstellungen, Einstellungen etc. auf körperliche und emotionale Reaktionen auswirken können. Diese Erfahrungen sollen auf gedankliche Bewertungsprozesse in belastenden Situationen übertragen und ein erstes Nachdenken über eigene streßverschärfende Gedanken angeregt werden.

Zur Einstimmung in das Thema eignet sich die folgende Geschichte mit dem Hammer:

Ein Beispiel für eine streßerzeugende „Gedankenlawine"

Ein Mann will ein Bild aufhängen. Den Nagel hat er, nicht aber den Hammer. Der Nachbar hat einen. Also beschließt unser Mann hinüberzugehen und ihn auszuborgen. Doch da kommt ihm ein Zweifel: Was, wenn der Nachbar mir den Hammer nicht leihen will? Gestern schon grüßte er mich nur so flüchtig. Vielleicht war er in Eile. Aber vielleicht war die Eile nur vorgeschützt, und er hat etwas gegen mich. Und was? Ich habe ihm nichts getan; der bildet sich da etwas ein. Wenn jemand von mir ein Werkzeug borgen wollte, ich gäbe es ihm sofort. Und warum er nicht? Wie kann man einem Mitmenschen einen so einfachen Gefallen abschlagen? Leute wie dieser Kerl vergiften einem das Leben. Und dann bildet er sich noch ein, ich sei auf ihn angewiesen. Bloß weil er einen Hammer hat. Jetzt reicht's mir wirklich. – Und so stürmt er hinüber, läutet, der Nachbar öffnet, doch noch bevor er „Guten Tag" sagen kann, schreit ihn unser Mann an: „Behalten Sie sich Ihren Hammer, Sie Rüpel!" (aus Watzlawick 1988)

Gedanken können körperliche Reaktionen hervorrufen – die Übung „Zitrone"

Die nachfolgende Vorstellungsübung „Zitrone" veranschaulicht, wie durch kognitive Prozesse (hier: das innere Vorstellungsbild einer Zitrone) körperliche Reaktionen (hier: Speichelfluß) beeinflußt werden. Im Nachgespräch zu dieser Übung berichten zumindest einige Kursteilnehmer, daß bei dem Gedanken an eine Zitrone „sich im Mund etwas zusammengezogen hat", „das Wasser im Mund zusammengelaufen ist" oder daß sie vermehrt schlucken mußten. Der Kursleiter verdeutlicht, daß diese körperlichen Reaktionen allein durch den Gedanken hervorgerufen wurden (es war real ja keine Zitrone da!) und regt die Teilnehmer dazu an, diesen Zusammenhang auf ihre Erfahrungen mit körperlichen Streßreaktionen zu übertragen (*„Kennen Sie die Erfahrung, daß durch bestimmte Gedanken auch körperliche Anspannung, Nervosität, Herzklopfen u.ä. ausgelöst oder verstärkt werden?“*).

Instruktion zur Übung „Zitrone“:

Achten Sie zunächst bitte darauf, daß Sie bequem sitzen. Die Füße stehen fest und sicher auf dem Boden, der Rücken ist angelehnt , die Hände ruhen locker auf den Oberschenkeln. Richten Sie Ihre Aufmerksamkeit nach innen, auf Ihren Körper. Schließen Sie die Augen. Beobachten Sie, wie sich Ihre Bauchdecke beim Einatmen hebt und beim Ausatmen langsam wieder senkt. Nehmen Sie einige tiefe Atemzüge und atmen Sie dann langsam wieder aus ...

Stellen Sie sich nun bitte eine Zitrone vor. Eine schöne, gelbe Zitrone ..., die vor Ihnen auf einem Tisch liegt .... Stellen Sie sich nun vor, wie Sie ein Messer in die Hand nehmen und die Zitrone langsam in der Mitte durchschneiden ..., wie der Saft der Zitrone an den Schnittflächen herausquillt ... und die Zitrone jetzt in zwei Hälften daliegt .... Nehmen Sie nun eine Zitronenhälfte in die Hand und führen Sie sie langsam zu Ihrem Mund .... Lecken Sie an der Zitrone ... ganz leicht ... und spüren Sie den Geschmack der Zitrone auf der Zunge ....

Legen Sie die Zitrone nun bitte wieder zurück ..., lassen Sie das Bild der Zitrone verblassen. Nehmen Sie wieder Ihren Körper wahr ..., ballen Sie Ihre Hände zu Fäusten und strecken und räkeln Sie sich ..., atmen Sie ein paar Mal kräftig tief durch ... und öffnen Sie dann die Augen.

Eine Übung zur Streßinduktion

Eine weitere, sehr instruktive Möglichkeit zur Demonstration des Zusammenhanges zwischen Kognitionen einerseits und körperlichen Reaktionen andererseits stellt die folgende Übung zur Streßinduktion dar (nach einer Idee von Franke 1984 sowie Schelp et al. 1990). Da hier mit einer gezielten Streßinduktion gearbeitet wird, sollte diese Übung erst dann durchgeführt werden, wenn in der Gruppe bereits ein Fundament an Sicherheit gewachsen ist. In (noch) vorsichtigen oder sehr ängstlichen Kursgruppen ist von der

Durchführung abzuraten. Gegebenenfalls kann die Übung in spätere Kurssitzungen eingebaut werden.

Der Kursleiter bittet die Teilnehmer, für einige Zeit die Augen zu schließen und sich auf ein für sie angenehmes Erlebnis der letzten Woche zu konzentrieren. Nach einigen Minuten kündigt der Kursleiter an, daß er jetzt aufstehen und einem Teilnehmer auf die Schulter tippen werde. Dieser Teilnehmer solle dann über sein Erlebnis in der Gruppe berichten. Er geht dann möglichst hörbar im Kreis herum, bleibt gelegentlich hinter einem Teilnehmer stehen, tippt aber keinem Teilnehmer auf die Schulter. Schließlich setzt sich der Kursleiter wieder hin und bittet die Teilnehmer, die Augen wieder zu öffnen und über ihre Erlebnisse während der Übung zu berichten.

- *„Was ging in Ihnen vor, als ich herumging?"*
- *„Wie haben Sie sich in der Situation gefühlt?"*
- *„Was haben Sie körperlich gespürt?"*

Unterschiedliche Reaktionen auf die gleiche Situation

In dem Auswertungsgespräch sollte deutlich werden, daß

- die äußerlich gleiche Situation von verschiedenen Teilnehmern unterschiedlich bewertet wurde,
- verschiedene Teilnehmer auch körperlich in der äußerlich gleichen Situation unterschiedlich reagiert haben,
- bestimmte Gedanken (welche?) zu einer körperlichen Anspannung führen.

Auch die Erfahrungen mit dieser Übung werden dann auf das alltägliche Streßerleben übertragen. Abschließend erhalten die Kursteilnehmer die Liste „Streßverschärfende Gedanken" (s. Anhang), die sie zu einer Auseinandersetzung mit persönlichen streßbezogenen Bewertungsprozessen anregen soll und zur Vorbereitung der Selbstbeobachtung von Gedanken in Belastungssituationen (s. Problemlösetraining) dient.

5.5 Gruppengespräch: mein persönlicher Streß

In der nun folgenden Gesprächsrunde erfolgt eine erste Annäherung an die persönliche Streßthematik der Kursteilnehmer. Zur Vorbereitung kann den Teilnehmern der Bogen „Alltägliche Belastungen" (s. Anhang), möglichst bereits in der vorhergegangenen Kurssitzung, ausgeteilt werden.

„Streß bedeutet, wie wir gesehen haben, für jeden etwas anderes. Was bedeutet Streß für Sie? Was sind das für Dinge, die Sie persönlich belasten und beunruhigen, von denen Sie sich überfordert fühlen, die Sie hilflos machen oder über die Sie sich ärgern? Bitte nehmen Sie sich etwas Zeit, um jeder für sich darüber nachzudenken! Wählen Sie einen für Sie wichtigen Bereich aus, in dem Sie häufig unter Streß geraten. Eine Streßquelle, für die Sie im weiteren Verlauf unseres Kurses neue Möglichkeiten zur Bewältigung erarbeiten wollen.“

Was bedeutet Streß für den einzelnen?

In der anschließenden Gesprächsrunde sollte jeder Teilnehmer über einen für ihn persönlich wichtigen Bereich von Streßerfahrungen berichten. Zum Beispiel: Probleme mit dem Chef, ständiger Termindruck, Ärger mit den Kindern, Schwierigkeiten, das Berufs- und Privatleben miteinander zu verbinden, Reibereien mit anderen Menschen etc. Dabei geht es noch nicht um eine umfassende und genaue Problembeschreibung, schon gar nicht um Problemlösungen. Die Runde dient einem ersten Kennenlernen der Streßprobleme der Teilnehmer und ihrem bevorzugten Umgang mit Belastungen. Implizit wird durch eine klientzentrierte, akzeptierende Gesprächsführung durch den Kursleiter und durch die Erfahrung, daß auch alle anderen Teilnehmer über Belastungen berichten, die Entwicklung einer problemorientierten Grundeinstellung auf seiten des Teilnehmers gefördert.

Gespräch über persönliche Streßerfahrungen

In bezug auf die Kursgruppe dient diese Gesprächsrunde der Entwicklung von Offenheit und Vertrauen in der Gruppe. Dabei können Unsicherheiten und Ängste auftreten, auf die der Kursleiter einfühlsam und akzeptierend reagieren sollte. Der Kursleiter sollte zwar durch Paraphrasieren und explorierendes Nachfragen den jeweiligen Teilnehmer zum Weitersprechen ermuntern, er sollte aber auch akzeptieren können, wenn dieser – jetzt – nicht mehr sagen möchte. Der Kursleiter stellt damit als „aktiver Zuhörer“ für die Teilnehmer ein Modell für einen partnerorientierten Gesprächsstil dar, wie er sich in der Gruppe insgesamt entwickeln sollte.

Partnerorientierter Gesprächsstil

Als wichtigste Grundregel dieses und aller folgenden Gruppengespräche kann der Satz gelten: *„Jeder hat das Recht auf seinen eigenen Streß.“* Der Kursleiter sollte von Beginn des Kurses an den Sinn dieser Regel transparent machen, z. B. immer dann, wenn ein Teilnehmer das Problem eines anderen nicht ernstnimmt ("wie kann man sich bloß über so etwas aufregen? ...“) oder auch sich vorschnell solidarisiert ("bei mir ist das ganz genauso ...“). Auch *vor-*

„Jeder hat das Recht auf seinen eigenen Streß“

schnelle Ratschläge sind nicht gefragt. Der Kursleiter kann hier daran erinnern, daß die meisten Teilnehmer solche Ratschläge sicher schon oft gehört haben, daß Ratschläge meistens wenig helfen und daß sie oft das Gefühl eigener Unfähigkeit zurücklassen. Das Zitat aus dem Buch „Momo“ von M. Ende (s. Kasten) illustriert gut die heilsame Wirkung des „Zuhörens“. Es kann den Kursteilnehmern ggf. vorgelesen werden.

Über das „Zuhören“:

So wie man sagt: Alles Gute! oder Gesegnete Mahlzeit! oder: Weiß der liebe Himmel, genauso sagt man also bei allen möglichen Gelegenheiten: Geh doch zu MOMO! Aber warum? War MOMO so unglaublich klug, daß sie jedem Menschen einen guten Rat geben konnte? Fand sie immer die richtigen Worte, wenn jemand Trost brauchte? Konnte sie weise und gerechte Urteile fällen? Nein, das alles konnte MOMO ebensowenig wie jedes andere Kind. Konnte MOMO dann vielleicht irgend etwas, daß die Leute in gute Laune versetzte? Konnte sie z. B. besonders schön singen? Oder konnte sie irgendein Instrument spielen? Oder konnte sie – weil sie doch in einer Art Circus wohnte – am Ende gar tanzen oder akrobatische Kunststücke vorführen? Nein, das war es auch nicht.

Konnte sie vielleicht zaubern? Wußte sie irgendeinen geheimnisvollen Spruch, mit dem man alle Sorgen und Nöte vertreiben konnte? Konnte sie aus der Hand lesen oder sonstwie die Zukunft voraussagen? Nichts von allem. Was die kleine MOMO konnte, wie kein anderer: das war zuhören. Das ist auch nichts besonderes, wird nun vielleicht mancher Leser sagen, zuhören kann doch jeder.

Aber das ist ein Irrtum. Wirklich zuhören können nur ganz wenige Menschen. Und so wie MOMO sich aufs Zuhören verstand, war es ganz und gar einmalig.

MOMO konnte so zuhören, daß dummen Leuten plötzlich sehr gescheite Gedanken kamen. Nicht etwa, weil sie etwas sagte oder fragte, was den anderen auf solche Gedanken brachte, nein, sie saß nur da und hörte einfach zu, mit aller Aufmerksamkeit und aller Anteilnahme.

Der Kursleiter schließt die Runde zusammenfassend ab, indem er auf Gemeinsamkeiten in den Berichten der Teilnehmer hinweist, aber auch Unterschiede in der Wahrnehmung und im Umgang mit Problemen verdeutlicht. Er erläutert, daß es im weiteren Verlauf des Kurses darum gehen wird, die geschilderten Belastungen genauer zu betrachten und geeignete Bewältigungsmöglichkeiten zu finden und auszuprobieren.

Gemeinsamkeiten, aber auch Unterschiede zwischen den Teilnehmern betonen

Die meisten Teilnehmer empfinden die Erfahrung, daß nicht sie allein Probleme haben („anderen geht es ja noch schlechter als mir ..."), bereits als Entlastung. Es gibt aber auch Teilnehmer, die die Konfrontation mit eigenen und fremden Problemen als Belastung empfinden und darauf eher ängstlich oder depressiv reagieren. Der Kursleiter sollte hierauf ein Augenmerk haben, Verständnis signalisieren und ggf. in entlastender und normalisierender Weise intervenieren.
Es empfiehlt sich, die Sitzung mit einem kurzen „Blitzlicht" *(„Wie habe ich mich gefühlt, als ich heute hierher gekommen bin? Wie fühle ich mich jetzt?")* zu beenden.

Problemlösetraining 6

6.1 Ziele

Konfrontation und Auseinandersetzung mit konkreten Belastungen

Im Rahmen des Problemlösetrainings findet eine Konfrontation und problembezogene Auseinandersetzung mit den konkreten Belastungen der Teilnehmer statt, während es bei den beiden anderen Programmbausteinen im wesentlichen darum geht, Abstand von inneren und äußeren Anforderungen zu gewinnen, negative Belastungsfolgen zu kompensieren sowie präventive Schutzfaktoren aufzubauen. Unter der Zielperspektive einer möglichst hohen Flexibilität im Umgang mit Belastungen wird eine Balance zwischen den distanzierenden palliativen Bewältigungsformen einerseits und dem konfrontierenden problembezogenen Bewältigungsverhalten andererseits angestrebt. Eine solche Balance stellt eine wichtige Bedingung für langfristig effektives Bewältigungsverhalten dar, denn: Einerseits führt das ständige Bemühen um Kontrolle über die Anforderungsbedingungen und ein durchgängig forciertes Streben nach effektiver Problembewältigung zu einer anhaltenden, auf lange Sicht gesundheitsschädlichen Überaktivierung. Andererseits wird auch eine ausschließlich auf Palliation und Kompensation gerichtete Bewältigung langfristig ineffektiv bleiben, da die Quellen der Belastung nicht aufgehoben bzw. keine Kontrolle über sie erlangt wird. Im einzelnen verfolgt das Problemlösetraining die folgenden Ziele:

Ziele des Problemlösetrainings

- Es sollen konkrete Bewältigungsmöglichkeiten für die individuellen Belastungen erarbeitet und realisiert werden, die den einzelnen Teilnehmer zum Besuch des Trainings veranlaßten. Mit anderen Worten: Die Strategie des Problemlösens wird auf die Belastungen der Teilnehmer angewendet.
- Die Teilnehmer sollen die Strategie des Problemlösens selbst erlernen, um sie zu einer problembezogenen Bewältigung auch zukünftiger Belastungen zu befähigen. Mit anderen Worten: Die Fähigkeit der Teilnehmer zur Problemlösung soll verbessert werden. Es sollen Problemlösungsdefizite, die auf den verschiedenen Stufen des Problemlösungsprozesses angesiedelt sein können, ausgeglichen werden und die Teilnehmer zu einer selbständigen Anwendung eines systematischen Problemlösungsverhaltens angeleitet werden.
- Das Problemlösetraining dient implizit dem Erwerb einer allgemeinen, problemlösenden Grundhaltung. Diese besteht aus (nach Goldfried & Goldfried 1976):
  - der Einsicht, daß Problemsituationen zum normalen Leben gehören,

- der Annahme, daß man solche Situationen aktiv meistern kann,
- der Bereitschaft, Problemsituationen im Augenblick ihres Auftretens wahrzunehmen und
- der Entschlossenheit, der Versuchung zu impulsivem Handeln zu widerstehen.

Mit anderen Worten: Die Teilnehmer sollen während der Kurssitzungen die lösungsorientierte Beschäftigung mit konkreten Streßbelastungen als einen kreativen und lustvollen Prozeß erleben. Der Aufbau einer solchen allgemeinen Einstellung und die Veränderung von damit nicht zu vereinbarenden Einstellungen der Hilflosigkeit und Hoffnungslosigkeit und irrationaler Überzeugungen (z.B. „Es ist eine Katastrophe, wenn etwas nicht so läuft wie man es gerne hätte" oder „Unglück kommt von außen, und man kann wenig oder nichts gegen seine Sorgen und Nöte tun") stellen für die gesamte Dauer des Kurses eine wichtige, immer wiederkehrende Aufgabe dar. Dabei werden die angestrebten Einstellungsänderungen implizit durch die wiederholte Anwendung des systematischen Problemlösens auf die Belastung der Teilnehmer gefördert und gefestigt.

Die Problemlösung soll als kreativer und lustvoller Prozeß erlebt werden

6.2 Methode

Es liegen in der Literatur unterschiedliche Konzeptionalisierungen des Problemlöseansatzes vor, die vor allem hinsichtlich der Anzahl der verwandten Problemlöseschritte variieren. Es werden von fünf (D'Zurilla & Goldfried 1971) bis zu 19 Schritten (Spivack, Platt & Shure 1976) unterschieden. In Anlehnung an Grawe et al. (1980) sowie Kämmerer (1983) nehme ich hier eine Gliederung in sechs Schritten vor. Dadurch wird sowohl eine ausreichende inhaltliche Strukturierung als auch die Überschaubarkeit der Problemlösesequenz für die Teilnehmer gewährleistet. Im folgenden werden die sechs Schritte der Problemlösestrategie, wie sie für das vorliegende Gesundheitsförderungsprogramm konzipiert wurde, beschrieben:

Verschiedene Problemlöseansätze

- *Schritt 1: „Dem Streß auf die Spur kommen":* Die Teilnehmer werden zu einer systematischen Selbstbeobachtung von Belastungssituationen und -reaktionen angeleitet, und sie lernen, anhand eines vereinfachten verhaltensanalytischen Schemas ihre zunächst umgangssprachlich und allgemein formulierten Streßerfahrungen als Verhalten-in-Situationen zu konkretisieren.

Sechs Schritte der Problemlösestrategie

- *Schritt 2: „Ideen zur Bewältigung sammeln":* Hier erfolgt, unter Beteiligung der gesamten Kursgruppe, eine bewertungsfreie Suche nach Möglichkeiten der Bewältigung.
- *Schritt 3: „Den eigenen Weg finden":* Unter Berücksichtigung der zu erwartenden Konsequenzen trifft der betreffende Teilnehmer eine Positivauswahl unter den vorgeschlagenen Bewältigungsmöglichkeiten und entscheidet sich für einen der (ggf. auch eine Kombination mehrerer) Vorschläge.
- *Schritt 4: „Konkrete Schritte planen":* Hier geht es darum, das konkrete Vorgehen bei der Realisierung des ausgewählten Vorschlages möglichst genau zu planen. Rollenspiele und Vorstellungsübungen werden eingesetzt, um den Teilnehmer möglichst gut auf die Durchführung der Schritte im Alltag vorzubereiten.
- *Schritt 5: „Im Alltag handeln":* Dieser zentrale Schritt des Problemlöseprozesses, auf den alle vorhergehenden Schritte hinführen, findet außerhalb der Kursstunden statt.
- *Schritt 6: „Bilanz ziehen":* In diesem letzten Schritt der Problemlösesequenz geht es darum, die Ergebnisse der Durchführung (Schritt 5) zu bewerten und nach Gründen für das Gelingen oder Mißlingen der Problemlösung zu suchen.

Soweit zur Beschreibung der Strategie des Problemlösens. Es sei noch hinzugefügt, daß die sechs Schritte der Problemlösestrategie keine starre, lineare Abfolge beschreiben. So kann es beispielsweise sinnvoll und notwendig sein, im Rahmen eines Problemlöseprozesses auf bereits absolvierte Schritte zurückzugehen, da sich neue Aspekte ergeben haben. In diesem nicht zu starren Sinne dient die Strategie dem Kursleiter als Strukturierungshilfe für das Gruppengespräch sowie zur Reflexion des aktuellen Standes der Auseinandersetzung mit dem Problem. Dem einzelnen Teilnehmer dient sie als Anleitung für die selbständige problembezogene Bewältigung von Belastungen, die ihm im Laufe des Kurses nach und nach vermittelt wird.

6.3 Praktische Durchführung im Kurs

Die praktische Durchführung des Problemlösetrainings beginnt in der dritten Kursstunde mit der Analyse streßauslösender Situationen, für die die Teilnehmer durch systematische Selbstbeobachtung sensibilisiert werden sollen. Ausgewählte Situationen einzelner Teilnehmer werden dann in den folgenden Kursstunden entlang den weiteren Schritten der Problemlösestrategie in der Gruppe bearbeitet. Im letzten Kursdrittel wird das Vorgehen reflektiert, und die Teilnehmer werden dazu angeleitet, die Problemlösestrategie zunehmend selbstständig anzuwenden.

6.3.1 „Dem Streß auf die Spur kommen" – Selbstbeobachtung von Belastungssituationen und -reaktionen

Genaue Beschreibung der streßauslösenden Situation und der Streßreaktion

Der erste Schritt zu einer problemorientierten Bewältigung von Belastungen besteht in der genauen Beschreibung der Situationen, in denen die Belastungen auftreten. Die häufig allgemeinen, diffusen, wenig greifbaren Belastungsgefühle sollen dadurch an konkrete Situationen gebunden werden. Die genaue Kenntnis der belastenden Situationen und der eigenen Reaktionen ermöglicht es dem Teilnehmer, diese frühzeitig wahrzunehmen (Sensibilisierungseffekt) und Maßnahmen zu ihrer Bewältigung zu ergreifen.

Ein Teilnehmer beschreibt eine konkrete Belastungssituation

Der Kursleiter bittet einen Teilnehmer, eine konkrete Situation zu schildern, in der die von ihm berichtete Belastung auftritt. Die Einstiegsfrage hierzu lautet: „*Wie war das beim letzten Mal?*" oder: „*Wie sieht eine typische Situation aus?*"

Ein Beispiel für das Vorgehen des Kursleiters

Beispiel: „*Frau M., Sie haben in der letzten Stunde davon berichtet, wie sehr Sie die Anwesenheit Ihrer schon etwas senilen Schwiegermutter in Ihrem Haushalt belastet, daß Sie ständig angespannt und besorgt darüber sind, es könne ihr etwas zustoßen und daß Sie sich häufig darüber ärgern, daß die Schwiegermutter sich in Ihre Haushaltsführung einmischt. Bitte versuchen Sie nun, sich einmal daran zu erinnern, wann dies das letzte Mal der Fall war, und schildern Sie uns die Situation so genau wie möglich*".

Zwischen Situation und Reaktion unterscheiden lernen

Im Sinne eines verhaltensanalytischen Interviews werden die einzelnen Bestimmungsstücke der Belastungssituation exploriert. Dabei muß der Kursleiter in seinen Wiederholungen, Zusammenfassungen und Fragen immer wieder die Unterscheidung zwischen der Situation einerseits und deren Einschätzung durch die Teilnehmer sowie seinen Reaktionen andererseits deutlich machen. Im Rahmen einer solchen konkreten und präzisen Problembeschreibung ist diese Unterscheidung von zentraler Bedeutung. So wird in die Definition der Belastung das eigene Verhalten des Teilnehmers ausdrücklich mit hineingenommen. Erst dadurch wird es möglich, in den nächsten Schritten solche Wege der Bewältigung zu planen, die eine Veränderung eigenen Verhaltens (und Denkens) beinhalten.

Situation			
Wann tritt der Streß auf?	Wo geschieht das?	Wer ist daran beteiligt?	Was wird gesagt oder getan?
Reaktion			
Wie reagiere ich? Was tue oder sage ich?	Was denke und fühle ich?	Was spüre ich körperlich?	

Abb. 6.1. Schema zur Analyse von belastenden Situationen

Die Schwierigkeit, die Gedanken zu verbalisieren

Schwierig gestaltet sich anfangs die Exploration der in der Situation auftauchenden Gedanken. Statt den Teilnehmer direkt nach seinen Gedanken zu fragen *(„Was haben Sie da gedacht?")*, kann man auch zunächst indirekt danach fragen, wie der Teilnehmer die Situation einschätzt (*„Was halten Sie von dem Verhalten des anderen?", „Was befürchten Sie in der Situation?", „Wer ist schuld?"* etc.). Die Antworten des Teilnehmers hierauf können in direkte Selbstverbalisationen rückübersetzt werden.

Die Elemente der Situationsbeschreibung werden aufgeschrieben

Der Kursleiter reflektiert dann mit den Teilnehmern die Elemente der Situationsbeschreibung und hält die einzelnen Bestimmungsstücke auf einer Wandzeitung anhand von W-Fragen fest (Abb. 6.1).

Aufgabe bis zur nächsten Kurssitzung: Selbstbeobachtung in konkreten Belastungssituationen

Je nach zur Verfügung stehender Zeit können entlang dieser Fragen anschließend noch weitere Situationsbeschreibungen in der Gruppe exemplarisch erarbeitet werden. Dann bereitet der Kursleiter die Teilnehmer auf die Aufgabe der nächsten Woche vor: Bisher wurden die Situationen aus der Erinnerung heraus geschildert. Um die belastenden Momente der Situation und das eigene Verhalten in diesen Situationen noch genauer kennenzulernen, sollen die Teilnehmer sich nun in diesen Situationen direkt systematisch selbst beobachten und ihre Beobachtungen protokollieren. Sie erhalten dazu einen Protokollbogen mit dem vereinfachten verhaltensanalytischen Schema („W-Fragen"), wie es in der Kursstunde erarbeitet wurde (s. Anhang). Der Kursleiter sollte sicherstellen, daß die Teilnehmer die Aufgabe verstanden und deren Bedeutung akzeptiert haben. Er sollte versuchen, die Teilnehmer zu motivie-

Tabelle 6.1. Selbstbeobachtung in belastenden Situationen (Beispiele)

Situation			Reaktion		
Wo?	**Wann?**	**Was geschieht?**	**Was spüre ich körperlich?**	**Was denke und fühle ich?**	**Was tue oder sage ich?**
im Büro	*Montag, kurz vor Feierabend*	*Mein Chef ruft mich zumDiktat. Es ist ein langerBrief, der heute noch 'raus soll.*	*Nackenverspannungen, leichte Magen-schmerzen, kalte Hände*	*Ich bin sauer. Kann er da nicht früher mit ankommen? Immer alles auf den letztenDrücker. Mit mir kann manes ja machen.*	*Ich tippe den Brief in aller Eile und schimpfe mich bei einer Kollegin aus.*
in der Küche	*Dienstag, gegen 12.00*	*Als ich von der Arbeit nachHause komme, ist der Frühstückstisch wieder malnicht abge-räumt, obwohl das so mit den Kindern ver-einbart ist.*	*Magenschmerzen, „Wut im Bauch", Herzklopfen*	*Ich bin doch nicht Euer Putzteufel. So geht das nicht mehr weiter. Immer bleibt alles an mir hängen.*	*Ich schimpfe vor mich hin. Räume das Geschirr weg und fange dann an zu kochen.*
unter der Dusche	*morgens (fast jeden Tag)*	*Während ich unter der Dusche stehe, überfallen mich tausend Gedankenüber die Arbeit, was alles heute noch zu erledigen ist.*	*Nervosität, innere Unruhe, kein Appetit, leichtes Herzklopfen*	*„wie soll ich das bloß schaffen?" Lustlosigkeit (manchmal)*	*nichts*

ren, indem er ihre Neugier, gewissermaßen den „Detektiv" in ihnen weckt, und betonen, daß die genaue Beschreibung der Belastungen der erste Schritt zu ihrer Bewältigung darstellt.

Auswertung der Selbstbeobachtungen

Im Mittelpunkt der nächsten Stunde steht dann die Auswertung der Ergebnisse der Selbstbeobachtung (s. Beispiele in Tabelle 6.1). Auf Anregung des Kursleiters tauschen die Teilnehmer zunächst ihre Erfahrungen mit der Selbstbeobachtung aus („*Wie bin ich mit dem Bogen zurecht gekommen?*", „*Wo gab es Schwierigkeiten?*", „*Welche Erkenntnisse habe ich über mich gewonnen?*" etc.) untereinander aus.

Die Selbstbeobachtung kann innere Distanz schaffen

Erfahrungsgemäß gehen die Teilnehmer ganz unterschiedlich mit dem Selbstbeobachtungsbogen um. Während einige überhaupt nichts oder nur wenige Stichworte notieren, haben andere sich den Bogen mehrfach kopiert, um genügend Platz für ausführliche Schilderungen zu haben. Der Umfang des schriftlichen Protokolls hat aber letztlich keine Bedeutung. Entscheidend ist, inwieweit der Zweck der Aufgabe, nämlich die Selbstbeobachtung in belastenden Situationen, erreicht wurde. Der Effekt der Selbstbeobachtung ist nicht darauf beschränkt, neue, konkrete Informationen über belastende Situationen zu gewinnen. Mit der Selbstbeobachtung wird darüber hinaus eine innere Distanzierung vom aktuellen Streßgeschehen angestrebt. Der Teilnehmer beobachtet sein Streßverhalten von einem inneren, quasi neutralen Beobachterposten aus, der in die aktuellen Streßereignisse nicht involviert ist. Ein solcher reaktiver Distanzierungseffekt der Selbstbeobachtung kann sich bisweilen in einem leisen Schmunzeln oder auch in einem befreienden Lachen über sich selbst zeigen, oder er kommt einfach darin zum Ausdruck, daß der Teilnehmer in sachlicher und quasi neutraler Weise über die jeweilige Situation berichtet („Ja, so läuft das bei mir ab!"). Bei der Reflektion der Erfahrungen der Teilnehmer mit der Selbstbeobachtungsaufgabe sollte der Kursleiter derartige Anzeichen einer gewonnenen inneren Distanz aufmerksam registrieren und hervorheben.

Die konkrete Schilderung eigener Probleme kann Angst und Peinlichkeit erzeugen

Für viele Teilnehmer ist es ungewohnt und angsterzeugend, in einer derart konkreten und verbindlichen Form über ihre Probleme zu sprechen. Einige wehren sich dagegen, indem sie darauf hinweisen, daß ihr Problem allgemeiner Natur sei und sich nicht an einzelnen Situationen festmachen lasse, oder aber daß sie keine entsprechende Situation erlebt hätten. Der Kursleiter sollte bedenken, daß die detailgenaue Schilderung eigener Probleme, wie sie hier von den Teilnehmern verlangt wird, ein hohes Maß an Offenheit und Vertrauen voraussetzt und wahrscheinlich mehr Angst erzeugt als ein im allgemeinen verbleibendes Gespräch. Die konkrete Schilderung von Belastungssituationen kann leicht auch den Eindruck von alltäglicher Banalität vermitteln. Bildlich gesprochen legt der Teilnehmer Hemd und Kragen ab und zeigt sich im Schlafanzug. Hier sind Sensibilität und Ermunterung nötig, um aufkommende Peinlichkeitsgefühle aufzufangen.

Vorgefaßte Meinungen werden unterlaufen

Schließlich kann die konkrete Betrachtung von Belastungssituationen und -reaktionen auch zu einer Konfrontation mit vorgefaßten Problemdefinitionen, persönlichen Ideologien und Schuldzuschreibungen führen, vor der der Teilnehmer möglicherweise zurückschreckt. Der Kursleiter sollte beharrlich, aber mit viel Geduld und Fingerspitzengefühl auf das Ziel einer möglichst konkreten Situationsbeschreibung hinarbeiten. Manchmal allerdings ist auch lediglich das Mißverständnis auszuräumen, daß es sich bei den Belastungssituationen um besonders herausragende, dramatische Begebenheiten handeln müsse. Gemeint sind vielmehr die kleinen alltäglichen Anlässe für Ärger, Enttäuschungen, Hast etc. Gerade belastende Gedanken treten bevorzugt in solchen Situationen auf, in denen äußerlich „eigentlich nichts los ist".

Keine vorschnellen Ratschläge!

Das größte Hindernis für die Durchführung dieses ersten Schrittes stellen die Erwartungen der Teilnehmer nach schnellen, rezeptartigen Lösungen dar, die mehr oder weniger direkt („Sagen Sie doch mal als Psychologe,was man da machen soll!") an den Kursleiter gerichtet werden, oder sich darin ausdrücken, daß die Teilnehmer sich gegenseitig Ratschläge erteilen. Hier ist es die Aufgabe des Kursleiters, das Gespräch immer wieder auf die Analyse der Situation zurückzuführen, und den Teilnehmern zu vermitteln, daß das genaue Verständnis der belastenden Situation den ersten ganz wichtigen Schritt zu ihrer Bewältigung darstellt.

Die Problemanalyse ist bereits Teil der Bewältigung

Dies darf jedoch nicht in der Form geschehen, daß die Teilnehmer auf spätere Sitzungen vertröstet werden, in denen man sich dann endlich dem „Eigentlichen", nämlich den Lösungen zuwenden wird; vielmehr soll deutlich werden, daß die Problemanalyse selbst bereits ein Teil der Problembewältigung ist. Gerade noch unerfahrene Kursleiter laufen an dieser Stelle Gefahr, sich dem Erwartungsdruck der Teilnehmer zu beugen und selbst konkrete Lösungsvorschläge zu machen, etwa um damit ihre psychologische Kompetenz zu unterstreichen und ihre Leiterposition zu festigen. Der Kursleiter sollte sich jedoch beständig vor Augen halten, daß es nicht seine Aufgabe ist, die Probleme der Teilnehmer zu lösen, sondern daß es seine Verantwortung ist, Bedingungen zu schaffen, die es dem einzelnen Teilnehmer ermöglichen – mit Unterstützung der Gruppe – eigene Bewältigungsmöglichkeiten selbst zu erarbeiten.

Das Spezifizieren der Belastungen erleichtert die Problemlösung

Für viele Teilnehmer wird das Spezifizieren ihrer zuvor abstrakt definierten Belastungen selbst schon einen bedeutsamen Lernschritt darstellen, der sie für die Zukunft fähiger macht, ihre Probleme allein leichter zu lösen. Gerade der erste Schritt des Problemlösungsvorgehens kann dazu dienen, ein für effektives Problemlösen ungünstiges Verhalten, nämlich eine ungenügende Spezifizierung von Problemen aufzudecken und hierdurch neue Lösungsmöglichkeiten zu erschließen.

Die Selbstbeobachtung wird vervollständigt

Die Selbstbeobachtung wird in der nächsten Woche fortgesetzt. Die Teilnehmer sollen besonders auf solche Aspekte von Belastungssituationen und -reaktionen achten, die bisher erst unvollständig oder gar nicht beschrieben sind. Für einige Teilnehmer sind dies die genauen körperlichen Streßreaktionen, für andere die in der Belastungssituation auftauchenden Gedanken und Gefühle und für wieder andere beispielsweise das spezifische Verhalten eines Dritten, das eine Belastungsreaktion ausgelöst hat.

6.3.2 „Ideen zur Bewältigung sammeln" – Brainstorming

Sammlung von Bewältigungsmöglichkeiten ohne Bewertung

In diesem zweiten Schritt der Problemlösestrategie geht es nun um die Sammlung von Möglichkeiten der Bewältigung. Diese erfolgt zunächst ohne eine Bewertung der einzelnen Vorschläge. Im Sinne eines Brainstorming steht die Generierung von möglichst vielen unterschiedlichen Ideen im Vordergrund. Die Quantität ist der Qualität vorgeordnet. Die Vorschläge zur Bewältigung können sich auf die Veränderung situativer Aspekte beziehen (z.B. Arbeitsplatz- oder Wohnungswechsel, Umorganisation des Tagesablaufs, Aufgabe ehrenamtlicher Posten usw.), auf ein verändertes Verhalten gegenüber anderen abzielen (z.B. deutlicher eigene Gefühle ausdrücken, eigene Interessen vertreten usw.) und auch Umbewertungen der belastenden Situation und damit verbundene Einstellungsänderungen beinhalten (z.B. eigene Leistungsansprüche überprüfen). Auch zunächst unsinnig erscheinende oder sozial unangepaßte Vorschläge sind erlaubt; der Phantasie wird freien Lauf gelassen. Kombinationen und Verbesserungen der einzelnen Vorschläge werden angeregt. Die Instruktion, so viele Ideen wie möglich zu produzieren, erhöht die Wahrscheinlichkeit einer

erfolgreichen Lösung. Die strikte Trennung von Ideengenerierung und Ideenbewertung verhindert eine Einengung des Lösungsspektrums aufgrund vorschneller und unreflektierter Bewertungen (z.B. „Das schaffe ich nie!" oder „Das würde mein Mann/meine Frau niemals mitmachen!").
Nach Abschluß der Selbstbeobachtungsphase wird der Kursleiter diesen Schritt etwa in der fünften Kursstunde einführen.

Für welche Belastungssituationen sollten Bewältigungsmöglichkeiten gesucht werden?

Bei den Belastungssituationen, für die Bewältigungsideen in der Gruppe gesammelt werden, sollte es sich möglichst um solche Situationen handeln,

- für die eine vollständige und konkrete Beschreibung vorliegt,
- die für den betreffenden Teilnehmer zentral und aktuell sind,
- die auch bei den übrigen Teilnehmern auf Resonanz stoßen und
- die nach Möglichkeit aus verschiedenen Belastungsbereichen (Familie Beruf, Freizeit) stammen.

Die Auswahl einer konkreten Situation

Zur Auswahl einer konkreten Situation kann der Kursleiter entweder einen Teilnehmer direkt ansprechen oder dazu einladen, daß die Teilnehmer von sich aus eigene Belastungssituationen einbringen. Sofern mehrere Situationen zur Auswahl stehen, kann die Gruppe darüber entscheiden, welche Situation zuerst bearbeitet werden soll. Die ausgewählte Situation wird vom betreffenden Teilnehmer ausführlich beschrieben, so daß sie für alle Mitglieder der Gruppe klar ist. Der Kursleiter eröffnet dann das brain-strorming: *„Wir wollen jetzt Ideen sammeln, wie die geschilderte Situation bewältigt werden kann, so daß kein Streß oder zumindest weniger Streß entsteht. Denken Sie dabei in verschiedene Richtungen und scheuen Sie sich nicht, auch ungewöhnliche Ideen zu äußern. Jeder Vorschlag ist willkommen."*

Das „Brainstorming"

Dieser Schritt steht und fällt damit, daß es gelingt, in der Gruppe einen kreativen Prozeß in Gang zu setzen, der Spaß macht. Voraussetzung dafür ist, daß alle – auch heimliche – Bewertungen sowohl negativer als auch positiver Art der einzelnen Vorschläge unterbleiben. Der Kursleiter notiert jeden(!) Vorschlag für alle sichtbar auf einer Wandzeitung, und zwar möglichst wörtlich so, wie der Vorschlag vom jeweiligen Teilnehmer formuliert worden ist. Dadurch wird es ihm erleichtert, seine persönliche Bewertung einzelner Vorschläge zurückzuhalten.

Bewertungen müssen unterbleiben

Der Teilnehmer, dessen Belastungssituation bearbeitet wird, darf sich nun zurücklehnen. Auch er muß sich bewertender Kommentare zu einzelnen Vorschlägen enthalten. Dies kann ihm unter

Umständen schwer fallen und ihn unter Druck bringen, etwa weil er sich durch einen bestimmten Vorschlag mißverstanden, nicht ernst genommen oder sogar angegriffen fühlt. Der Kursleiter sollte hierauf ein genaues Augenmerk haben, während des Brainstormings immer wieder kurz Kontakt zu diesem Teilnehmer herstellen und ihm ggf. schützend und unterstützend zur Seite stehen (z.B. *„Das sind ja alles Vorschläge. Nachher dürfen Sie auswählen.“*, *„Auch wenn es schwerfällt, lehnen Sie sich zurück und hören Sie erst mal nur zu.“*) Im Interesse des kreativen Suchprozesses in der Gruppe müssen Bewertungen einzelner Vorschläge in dieser Phase unterbleiben.

Der Kursleiter sollte mit eigenen Vorschlägen zurückhaltend sein

Für den Kursleiter stellt sich hier die Frage, inwieweit er sich mit eigenen Vorschlägen an dem kreativen Suchprozeß beteiligen kann, darf oder sollte. Hierfür läßt sich schwer eine allgemein verbindliche Regel formulieren. Aufgrund meiner Erfahrung plädiere ich eher für eine Zurückhaltung des Kursleiters in dieser Frage. Besonders zu Beginn eines Brainstormings ist die Gefahr nicht zu unterschätzen, daß das besondere Gewicht eines Vorschlages des Kursleiters die Kreativität der Kursteilnehmer einengt, u.U. sogar entmutigt. Letzteres wird dann der Fall sein, wenn der Kursleiter vorschnell aus der „Angst vor der leeren Tafel“ handelt. Der Kursleiter braucht Vertrauen in das kreative Potential der Gruppe und sollte dieses Vertrauen auch ausstrahlen.

Die bewertungsfreie Suche nach möglichen Problemlösungen wird für viele Teilnehmer eine wichtige Lernerfahrung darstellen, die sie für die Zukunft zu einem kreativeren und flexibleren Umgang mit Belastungen befähigt.

6.3.3 „Den eigenen Weg finden“ – auswählen und entscheiden

Welcher Vorschlag verspricht am ehesten eine Streßreduzierung?

Beim dritten Schritt der Problemlösestrategie steht jetzt der Teilnehmer, dessen Belastungssituation bearbeitet wird, wieder im Mittelpunkt. Er hat die Aufgabe, aus den Ideen zur Belastungsbewältigung diejenigen auszuwählen, von denen er sich am ehesten eine Streßreduzierung verspricht. *„Gibt es Vorschläge, von denen Sie sich spontan angesprochen fühlen? Mit welchen Vorschlägen läßt sich der Streß am ehesten abbauen?“*

Der Bewertungs- und Auswahlprozeß

Nach einer ersten spontanen Auswahl werden dann auch alle anderen Vorschläge systematisch durchgegangen. Kein Vorschlag darf unerwähnt unter den Tisch fallen. Bei diesem Bewertungs- und Auswahlprozeß ist folgendes zu beachten:

Die Auswahl liegt beim Teilnehmer

Grundsätzlich gilt: Es ist der Teilnehmer selbst, der entscheidet! Manchmal allerdings kann es sinnvoll sein, die Gruppe in den Prozeß miteinzubeziehen, z. B. um dem Teilnehmer Mut zu machen oder Alternativen aufzuzeigen. Eine gute spielerische Möglichkeit besteht darin, die übrigen Gruppenmitglieder aufzufordern, die aus ihrer Sicht jeweils drei besten Vorschläge auszuwählen. Sie erhalten hierfür farbige Klebepunkte, die sie auf die Wandzeitung bei dem entsprechenden Vorschlag anheften. Die Punkte können sowohl auf drei Vorschläge verteilt als auch alle drei für einen Vorschlag vergeben werden.

Die Realisierbarkeit ist (noch) keine Auswahlkriterium

Die Auswahl sollte sich allein an den vom betreffenden Teilnehmer antizipierten Konsequenzen des jeweiligen Vorschlages im Hinblick auf die Reduzierung von Belastungserfahrungen orientieren. Daneben wird verschiedentlich die subjektive Einschätzung der Durchführbarkeit des jeweiligen Vorschlages als weiteres Entscheidungskriterium genannt. Wir halten es jedoch nicht für günstig, diesen Gesichtspunkt der Realisierbarkeit bereits in dieser Phase zu sehr zu betonen. Denn die Einschätzung des Teilnehmers darüber, ob er einen bestimmten Vorschlag durchführen kann oder nicht, ist möglicherweise selbst Bestandteil des Problems. Erfolgversprechende Lösungen würden vorschnell verworfen, die Problemlösung würde sich letztlich im Kreise drehen. Hierauf sollte der Teilnehmer zu Beginn explizit hingewiesen werden.

Nicht ausgewählte Vorschläge verbleiben für den Fall einer späteren Neubewertung

Es soll sich um eine Positivauswahl handeln, d.h. positiv bewertete Vorschläge werden auf der Wandzeitung angekreuzt, während solche Vorschläge, die vom betreffenden Teilnehmer gegenwärtig negativ beurteilt werden, nicht etwa durchgestrichen werden, sondern als Ideen zur Bewältigung stehen bleiben. Dies geschieht zum einen aus Gründen der Wertschätzung gegenüber dem Teilnehmer, von dem der entsprechende Vorschlag während des Brainstormings kam. Für diesen macht es einen großen Unterschied, ob sein Vorschlag lediglich von einem Gruppenmitglied nicht ausgewählt wurde, oder aber – möglicherweise sogar vom Kursleiter selbst – endgültig aus der Liste der Bewältigungsideen gestrichen wird. Zum anderen soll der auswählende Teilnehmer nicht auf sein aktuelles „Nein" zu einem bestimmten Vorschlag festgenagelt werden. Die Möglichkeit für evtl. spätere Neubewertungen einzelner Vorschläge soll offen gehalten werden. Dem Teilnehmer muß es ohne „Gesichtsverlust" möglich sein, in späteren Sitzungen auf solche Vorschläge zurückzukommen, die jetzt noch abgelehnt werden (müssen). Mit dem expliziten Hinweis auf die Vorläufigkeit der aktuellen Auswahl wird dem Teilnehmer daher die Wandzeitung mit allen Vorschlägen zur Belastungsbewältigung mit nach Hause gegeben.

Wenn kein Vorschlag ausgewählt wird ...

Der Auswahlprozeß soll ohne Erfolgsdruck erfolgen. Es ist verständlich, wenn die Kursteilnehmer die Bewertung ihrer Vorschläge erwartungsvoll und mit der Hoffnung begleiten, daß ihr Vorschlag ausgewählt wird. Der Kursleiter sollte sich und den auswählenden Kursteilnehmer jedoch von diesem Erwartungsdruck befreien. Er muß sich innerlich mit der – allerdings äußerst seltenen – Situation konfrontieren, daß am Ende dieser Kurssitzung kein Vorschlag positiv beurteilt wurde. (In einem solchen Falle bleiben die vielfältigen Wege der reaktionsorientierten Bewältigung sowie die Möglichkeit, daß sich die Bewertungen einzelner Vorschläge zu einem späteren Zeitpunkt verändern.) Erst dann wird eine offene und freie Auswahl einzelner Vorschläge möglich. Der Kursleiter muß der Versuchung widerstehen, den betreffenden Teilnehmer zur Annahme von – aus seiner Sicht guten – Vorschlägen zu überreden. Er sollte vielmehr bei positiv bewerteten Vorschlägen kritisch nach den erwarteten streßreduzierenden Effekten fragen, um zu vermeiden, daß der Teilnehmer sich letztlich unter einem wahrgenommenen Erfolgsdruck den anderen Teilnehmern oder dem Kursleiter zuliebe nur halbherzig für einen Vorschlag entscheidet.

Kombinationen einzelner Vorschläge anregen

Bei der Bewertung und Auswahl der einzelnen Vorschläge können Entscheidungsschwierigkeiten dadurch auftreten, daß bei keinem der Vorschläge ausschließlich positive Konsequenzen bzw. bei jedem Vorschlag auch negative Konsequenzen antizipiert werden. In einem solchen Fall kann es sinnvoll sein, Kombinationen einzelner Vorschläge anzuregen oder die Vorschläge in eine Rangreihe zu bringen und zu einer evtl. vorläufigen Entscheidung für eine suboptimale Lösung zu motivieren. Bisweilen fallen dem betreffenden Teilnehmer hierbei selbst neue Bewältigungsmöglichkeiten ein, die dann mit aufgenommen werden können. Entscheidungsschwierigkeiten können aber auch auf eine brüchige Veränderungsmotivation hinweisen und dem Vermeiden notwendiger Veränderungen dienen. Hier ist danach zu fragen, inwieweit die gegenwärtige Form des Umgangs mit der Belastung für den Teilnehmer positive Konsequenzen bereithält, die er bisher noch nicht genannt, möglicherweise auch noch nicht erkannt hat, und die er im Falle eines veränderten Bewältigungsverhaltens verlieren würde. Es müßte also auf dem ersten Schritt der Problemlösung die Problembeschreibung ergänzt werden.

Nicht selten und besonders problematisch sind solche Entscheidungsschwierigkeiten, die auf einer eher habituellen Entscheidungsschwäche und allgemeinen Zielunsicherheit (der Teilnehmer „weiß nicht, was er will") beruhen. In solchen Fällen kann dem Teilnehmer die Entscheidung dadurch erleichtert werden, daß vom Kursleiter ihre Vorläufigkeit und ihr experimenteller Charakter betont werden. Überhaupt sollte dieser Problemlöseschritt nicht allzu stark ausgeweitet und der nächste Schritt zur Planung und Durchführung konkreter Veränderungen nicht zu weit hinausgezögert werden. Denn auch wenig erfolgreiche erste Bewältigungsversuche bringen wichtige neue Informationen, die das Problemverständnis erweitern und die Problemlösung in einem weiteren Durchgang optimieren können.

Entscheidungsschwierigkeiten

6.3.4 „Konkrete Schritte planen"

Ist im vorangegangenen Schritt eine Entscheidung für eine (oder mehrere) generelle Möglichkeit der Bewältigung gefallen, geht es nun darum, das konkrete Vorgehen zu ihrer Realisierung zu planen. *„Welche der ausgewählten Ideen wollen Sie in der nächsten Woche angehen ?" „Welche konkreten Schritte wollen und können Sie in der kommenden Woche durchführen?"*

Die Realisierung der Bewältigungsvorschläge

Dabei ist zu überlegen, welche einzelnen Teilschritte nötig sind, und in welcher Reihenfolge, an welchem Ort und zu welchem Zeitpunkt sie durchgeführt werden sollen. Auch mögliche Hindernisse müssen (selbst-)kritisch antizipiert und Möglichkeiten zu deren Überwindung gefunden werden. Der Handlungsplan ist so realitätsnah wie möglich zu erarbeiten, so daß der entscheidende nächste Schritt, nämlich dessen selbständige Durchführung durch den jeweiligen Teilnehmer, so klein wie möglich gehalten wird.

Realitätsnähe ist besonders wichtig

Der Teilnehmer muß genau wissen, welche konkreten Schritte er in der kommenden Woche durchführen will und sich dazu verpflichten. Auf eine solche ausdrückliche Selbstverpflichtung sollte nicht verzichtet werden, gibt sie doch insbesondere solchen Teilnehmern, deren Veränderungsmotivation gespalten ist, noch einmal Gelegenheit, Bedenken, Zweifel und Unsicherheiten zu äußern und zu bearbeiten. Es ist auch möglich, daß motivationale Schwierigkeiten erst jetzt zutage treten, während alle vorherigen Problemlöseschritte reibungslos durchlaufen wurden. Darüber hinaus wird auf diese Weise deutlich gemacht, daß die nun zu erfolgende Durchführung der geplanten Veränderungen Aufgabe des jeweili-

Selbstverpflichtung der Teilnehmer

gen Teilnehmers ist. Die Problembewältigung tritt damit gewissermaßen in ihre „heiße Phase".

Exkurs 1: Einsatz von Rollenspielen

Ängste und Unsicherheiten können abgebaut werden

In vielen Fällen ist es möglich und sinnvoll, das angestrebte Bewältigungsverhalten zunächst im Rollenspiel zu erproben. Besonders immer dann, wenn es um eine selbstsichere Vertretung eigener Interessen (s. Übersicht) geht, sollte von dieser Möglichkeit ausgiebig Gebrauch gemacht werden, gibt sie doch Gelegenheit, evtl. vorhandene Verhaltensdefizite und/oder Hemmungen, die einer Realisierung des geplanten Verhaltens entgegenstehen, zu bearbeiten und Ängste und Unsicherheiten auf seiten des Teilnehmers abzubauen. Im folgenden werden einige praktische Hinweise zur Rollenspieltechnik gegeben.

Übersicht über Bereiche selbstsicheren Verhaltens

I. Berechtigte Wünsche äußern und berechtigte Forderungen stellen

Zum Beispiel: Auskünfte erfragen,
sich beschweren,
auf etwas bestehen,
jemanden um einen Gefallen bitten,
etwas für sich oder andere verlangen,
gegen Unrecht protestieren,
Recht verlangen.

II. Unberechtigte Forderungen oder Bitten abschlagen

Zum Beispiel: „nein" sagen,
etwas ablehnen,
etwas zurückgeben,
aufdringliche Leute wegschicken,
eine Bitte abschlagen,
einen Vorschlag zurückweisen.

III. Umgang mit Kritik – Bewerten und bewertet werden

Zum Beispiel: Kritik offen äußern,
berechtigte Kritik ertragen,
Komplimente machen,
Schwächen eingestehen,
Lob annehmen,
sich entschuldigen.

IV. Kontaktverhalten

Zum Beispiel: ein Gespräch beginnen
und aufrechterhalten,
ein Gespräch beenden,
auf Kontaktangebote reagieren.

Anfängliche Hemmungen und Unsicherheiten bei den Teilnehmern sollte der Kursleiter gleichsam zu unterlaufen versuchen, indem er das Rollenspiel – ohne den Begriff selbst zu verwenden – möglichst organisch, wie selbstverständlich aus dem Gruppengespräch heraus entwickelt. Er greift dazu einen bestimmten Vorschlag auf, bittet den betreffenden Teilnehmer einmal vorzumachen, wie er sich dessen Realisierung vorstellt, und beginnt gleichzeitig, die Szenerie des Rollenspiels im Gruppenraum zu arrangieren (z.B. *„Dies ist der Schreibtisch Ihres Chefs, hier ist die Türe, durch die Sie jetzt hereinkommen. Was sagen Sie ?"*).

Das Rollenspiel entwickelt sich zunächst aus dem Gruppengespräch

Der Kursleiter sollte sich nicht scheuen, einzelne Gruppenmitglieder zum Mitspielen aufzufordern (*„Frau H, Sie sind jetzt einmal die Schwiegermutter. Setzen Sie sich bitte hier auf den Stuhl in der Küche und verhalten Sie sich möglichst genau so, wie Frau G uns ihre Schwiegermutter beschrieben hat."*). Auf keinen Fall sollte der Kursleiter selbst Rollen übernehmen, das schafft eher größere Hemmungen. Langwierige Diskussions- und Entscheidungsprozesse darüber, wer welche Rolle in welcher Situation übernimmt, sollten vermieden werden. Erfahrungsgemäß werden auch dadurch Hemmungen vor dem Rollenspiel eher gefördert, denn abgebaut.

Aufforderung zum Mitspielen

Auch sollten anfangs die Rollenspielübungen ganz kurz gehalten und bei Wiederholungen kurze, klare Instruktionen gegeben werden. Auch dadurch können anfängliche Hemmungen überwunden werden. Außerdem wird durch eine klar definierte, kurze Spielsequenz eine konkrete, verhaltensorientierte, auf Beobachtung, nicht auf Interpretation basierende Rückmeldung (s. unten) erleichtert.

Mit kurzen Rollenspielübungen beginnen

Nicht zuletzt schließlich sollte der Leiter den spielerischen und experimentellen Charakter der Rollenspiele unterstreichen, z.B. indem er zu Überzeichnungen eines bestimmten Verhaltens einlädt oder indem er einen Teilnehmer auffordert, sich im Rollenspiel einmal so zu verhalten, wie er es „im wirklichen Leben" niemals tun würde (Gegenrolle).

Der experimentelle Charakter des Rollenspiels sollte betont werden

Sind einige erste Rollenspiele durch einen solchermaßen aktiven und direktiven Einsatz des Kursleiters durchgeführt worden, so entwickeln sich in der Folge häufig gerade die Rollenspiele zu einem lebendigen und fruchtbaren Bestandteil der Gruppenarbeit. Nicht vergessen werden sollten auch die Möglichkeiten des Modellrollenspiels. Hierbei übernimmt ein anderes Gruppenmitglied, das sich die erarbeitete Problemlösung zutraut, die Rolle des Protagonisten und spielt die Szene durch.

Das Modellrollenspiel

Die positiven Verhaltensweisen des Hauptspielers sollten hervorgehoben werden

Von besonderer Bedeutung für den Lernerfolg ist die Art der Rückmeldung, die der Hauptspieler erhält, wenn er das Rollenspiel beendet hat. Negative Kritik und Tadel wirken sich sehr ungünstig auf die weitere Bereitschaft zur Mitarbeit aus. Die Teilnehmer sollten daher aufgefordert werden, nur über das Rückmeldung zu geben, was positiv zu beurteilen ist. Zumindest für die Anfangsphase ist es günstiger, solche Verhaltensweisen, wie z. B. sich versprechen, Erröten, häufiges Entschuldigen, Anklagen und unangebrachte Aggressionen nicht zu beachten. Alle Ansätze in Richtung selbstsicheren Verhaltens sollten dagegen lobend hervorgehoben werden (Tabelle 6.2), z. B. wenn die Sprache laut, deutlich und klar war, wenn Mimik und Gestik mit dem Gesagten übereinstimmten, wenn eigene Gefühle zum Ausdruck gebracht wurden, wenn von „ich" statt „man" gesprochen wurde usw. Auch wenn der Hauptspieler sich unmittelbar nach seinem Rollenspiel selbst beurteilt, sollte er zunächst nur das Positive aufzeigen *(„Was haben Sie gut gemacht?")*.

Worauf der Kursleiter bei der Rückmeldung achten sollte

Die Aufgaben des Kursleiters bestehen darin, darauf zu achten,

- daß nach dem Spiel der Hauptspieler als erster zu Wort kommt, um sein Verhalten zu beurteilen. Dann erst reden die Mitspieler, die anderen Teilnehmer und zum Schluß – häufig in Form einer Zusammenfassung – der Gruppenleiter;

Tabelle 6.2. Merkmale selbstsicheren Verhaltens

Merkmale selbstsicheren Verhalten			
Merkmal	**Sicher**	**Schüchtern**	**Aggressiv**
Körperhaltung	aufrecht, entspannt, zugewandt	unterwürfig, verspannt, abgewandt	verkrampft, unkontrolliert, distanzlos
Mimik/Gestik	unterstreichend, lebhaft, zum Inhalt passend	kaum vorhanden oder verkrampft	unkontrolliert, drohend, wild gestikulierend
Blickkontakt	häufig und andauernd, den Inhalt unterstreichend	flüchtig und selten, wegschauen, wenn man selbst redet	kein Blickkontakt oder „Anstarren"
Stimme	laut, klar, deutlich, ausdrucksreich	zu leise, unruhig, zittrig, stotternd	zu laut, brüllend, Stimme überschlägt sich

- daß der Hauptspieler im Mittelpunkt der Rückmeldung durch die anderen Teilnehmer steht. Die Mitspieler sollen zur Verstärkung ihrer Mitarbeit zwar auch Rückmeldung erhalten, sie spielen hierbei aber eine untergeordnete Rolle.
- daß der Hauptspieler keine negative Kritik erhält, die ihm nicht hilft, selbstsicheres Verhalten aufzubauen. Vielmehr sollen alle in Richtung Selbstsicherheit weisenden Handlungsansätze lobend hervorgehoben werden. Auch Ja-aber-Sätze sind unerwünscht („Ich fand das gut, aber ....").
- daß dem Hauptspieler Erfolgserlebnisse vermittelt und Mißerfolgserlebnisse erspart werden. Kommt ein Spieler mit seiner Aufgabe nicht zurecht, so soll der Leiter das Spiel unterbrechen und die Situation noch einmal von Teilnehmern vorspielen lassen, denen die Bewältigung leichter fällt. Unmittelbar danach soll der Hauptspieler die Szene wiederholen.

Exkurs 2: Methoden zur Veränderung von Kognitionen

Die Formulierung und Anwendung alternativer Selbstinstruktionen

Auch in den Fällen, in denen die Belastungsbewältigung eher auf der kognitiven Ebene angesiedelt ist, ist eine genaue Planung und Vorbereitung der Veränderung unerläßlich. Die veränderungsrelevanten Kognitionen in Form innerer Selbstgespräche müssen identifiziert und alternative, d.h. belastungsreduzierende, selbstberuhigende und bewältigungsorientierte Selbstinstruktionen formuliert werden. Der Teilnehmer muß darauf vorbereitet werden, in belastenden Situationen streßverschärfende Kognitionen zu bemerken, zu unterbrechen und alternative Selbstinstruktionen zu finden und einzusetzen. Die Formulierung alternativer Kognitionen kann durch folgende Fragen des Kursleiters angeregt und erleichtert werden (s. hierzu auch im Anhang das Blatt „Wie man sich selbst auf andere Gedanken bringt ...", das an die Teilnehmer ausgeteilt werden kann):

Fragen zur Formulierung alternativer Kognitionen

- *Was denkt einer, den die Situation weniger belastet als Sie?*
- *Wie werden Sie später, morgen oder in einem Monat oder in einem Jahr über die Situation denken?*
- *Was würde schlimmstenfalls geschehen? Was genau wäre daran so schlimm? Wie wahrscheinlich ist das?*
- *Was wäre schlimmer als diese Situation?*
- *Haben Sie schon einmal eine ähnlich schwierige Situation gemeistert?*
- *Was würden Sie einem Freund zur Unterstützung sagen, der sich in einer ähnlichen Situation befindet?*
- *Wie wichtig ist diese Sache wirklich für Sie?*

- *Gibt es etwas anderes, etwas, das Ihnen sehr wichtig ist, an das Sie sich in dieser Situation erinnern könnten, und das Ihnen Mut und Sicherheit geben kann?*

Besonders – aber nicht nur – in solchen Situationen, die nicht veränderbar sind, können folgende Fragen zu alternativen Bewertungen anregen:

- *Was können Sie in dieser Situation lernen?*
- *Welche Aufgabe haben Sie in dieser Situation?*
- *Welchen Sinn finden Sie in dieser Situation?*

Bei der durch solche Fragen unterstützten Suche nach alternativen Bewertungen können sich auch die übrigen Gruppenmitglieder mit Formulierungsvorschlägen einbringen.

Das Einüben positiver Selbstinstruktionen – Vorstellungsübungen

Der Einsatz der alternativen Kognition in Form von positiven Selbstinstruktionen sollte dann in praktischen Übungen erprobt werden. Dies kann in Form von *Vorstellungsübungen* (Kessler 1984, S. 69 ff.) geschehen: Der Kursleiter schildert hierzu die jeweilige belastende Situation möglichst anschaulich und instruiert den Teilnehmer, sich die Situation möglichst lebhaft vorzustellen. Er malt besonders die belastenden Momente der Situation aus und beschreibt die Belastungsreaktion des Teilnehmers. Ist eine lebhafte Vorstellung beim Teilnehmer induziert, dann wird er vom Kursleiter aufgefordert, sich zu entspannen, sich an die zuvor formulierten Selbstinstruktionen zu erinnern und diese zu verbalisieren. Der Kursleiter intensiviert daraufhin die belastende Vorstellung, beschreibt eindringlich unangenehme Belastungsgefühle, worauf der Teilnehmer erneut mit positiven Selbstinstruktionen reagieren soll. Es entwickelt sich auf diese Weise ein Dialog, in dem der Kursleiter die geschilderte Belastung nach und nach steigert und der Teilnehmer darauf mit bewältigenden Instruktionen reagiert. Die Durchführung einer solchen Übung sollte mit einigen Entspannungsinstruktionen eingeleitet werden. Um zu verhindern, daß sich der Teilnehmer zu stark beobachtet fühlt und dadurch in seiner Vorstellungs- und Konzentrationskraft beeinträchtigt wird, dürfte es in den meisten Fällen angebracht sein, die übrigen Teilnehmer zum Mitmachen aufzufordern. Das folgende Beispiel illustriert das Vorgehen:

Ein Beispiel für eine Vorstellungsübung

„Versuchen sie nun, eine lebhafte Vorstellung von der belastenden Situation zu entwickeln. Sie sitzen am Schreibtisch in Ihrem Büro. Es ist drei Uhr nachmittags. In zwei Stunden müssen Sie zum Chef, um eine Arbeit abzuliefern ... Auf dem Schreibtisch herrscht das

Chaos. Sie rauchen. In Ihnen steigt die Unruhe auf. Sie spüren ein unangenehmes Gefühl in der Magengegend. Sie können sich nicht konzentrieren, überlegen, was ist, wenn ich es nicht schaffe ... Entspannen Sie sich und erinnern Sie sich an ihre positiven Selbstgespräche. Was sagen Sie sich? ... Die Zeit verrinnt. Noch anderthalb Stunden. Sie werden immer nervöser. Sie spüren leichte Kopfschmerzen. Sie fühlen sich hilflos. Ihre Gedanken schweifen immer häufiger ab ... Versuchen Sie die Belastungsgefühle in den Griff zu bekommen. Was sagen Sie sich? ..."

Das „Kreuzfeuer"

Eine weitere Möglichkeit, streßvermindernde Bewertungsprozesse zu fördern, stellt das *„Kreuzfeuer"* dar. Hierbei stellt sich das betreffende Gruppenmitglied auf eine imaginäre Bühne vor die Gruppe und spricht so überzeugend wie möglich seine alternativen Kognitionen (z.B. „Ich habe ein Recht, auch einmal ‚Nein' zu sagen." oder „Jeder Mensch, auch ich, braucht einmal Hilfe." oder „Ich bleibe ruhig und weiß, daß ich es schaffe." etc.) aus. Die anderen Kursteilnehmern bilden ein kritisches Auditorium, übernehmen gewissermaßen die Rolle eines Advocatus diaboli. Sie äußern Zweifel, Bedenken und Einwände (z.B. „Man darf andere nicht enttäuschen." oder „Am besten ist, man kommt ganz alleine klar". oder „Und was ist, wenn Sie doch versagen?" etc.). Der jeweilige Teilnehmer versucht, ggf. mit Unterstützung des Kursleiters, seine Haltung gegenüber diesen Einwänden zu vertreten. Dies kann ein paarmal hin und her gehen. Der Kursleiter beendet die Übung dann, unmittelbar nachdem der Teilnehmer mit einer besonders starken Überzeugungskraft aufgetreten ist. Die anderen Kursteilnehmer sollten kräftig Beifall spenden. Wichtig ist, daß die Übung für den betreffenden Kursteilnehmer mit einem Erfolgserlebnis endet. Diese Übung kann zu einem bewegenden Erlebnis in der Gruppe werden, erfordert jedoch eine bereits gute Gruppenkohäsion und ein hohes Maß an Einfühlungsvermögen auf seiten der Kursteilnehmer und sollte von daher in der Regel erst in späteren Kurssitzungen durchgeführt werden.

6.3.5 „Im Alltag handeln"

Wie erweist sich die Belastungsbewältigung im Alltag?

Dieser fünfte Schritt steht im Zentrum des Problemlöseprozesses, auf den alle vorgenannten Problemlöseschritte hinführen. Entweder führt die Durchführung der geplanten Schritte im Alltag zu einer Bewältigung der Belastung mit den erwarteten positiven Konsequenzen, dann ist das Ziel des Problemlösevorgehens erreicht. Oder aber die Durchführung führt nicht zum erwarteten

Erfolg, dann liefert sie neue Informationen, die für die Planung weiterer Schritte verwertet werden können. Viele Problemaspekte werden überhaupt erst deutlich, wenn der Teilnehmer in der für ihn relevanten Situation handelt, so daß auf diese Weise die Problembeschreibung ergänzt und vertieft werden kann. Aus diesem Grunde ist es günstig (s. auch Grawe et al. 1980) schon möglichst frühzeitig, auch wenn die Problemdefinition noch unvollständig ist, den Problemlöseprozeß bis zum Durchführen von Schritten voranzutreiben. Dieser wichtige Schritt der Problemlösung geschieht außerhalb der Kursstunden. Wenngleich wünschenswert, wird es doch in dem gegebenen Rahmen des Kurses kaum möglich sein, Methoden der Fremdbeobachtung, Videofeedback usw. einzusetzen. Der betreffende Teilnehmer sollte jedoch zur Selbstbeobachtung angeleitet werden. In einzelnen Fällen mag es auch möglich sein, ein anderes Gruppenmitglied als Fremdbeobachter mit einzubeziehen. Die so gewonnenen Informationen bilden die Grundlage für den sechsten und damit letzten Schritt der Problemlösestrategie.

6.3.6 „Bilanz ziehen"

Rückmeldung und Überprüfung des Vorgehens bei der Problemlösung

Am Beginn der nächsten Stunde steht die Rückmeldung über den Erfolg der durchgeführten Schritte, die nie vergessen werden darf und für die immer ausreichend Zeit eingeräumt werden muß. Es ist möglich, daß der Teilnehmer mit dem Ergebnis seiner Handlung unzufrieden ist, obgleich die erwarteten Konsequenzen eingetreten sind. Eine solche Diskrepanz kann darauf hindeuten, daß der Teilnehmer „eigentlich" andere Ziele anstrebt und die ausgewählte Strategie (Schritt 3) letztlich nicht seinen Wünschen entspricht. Denkbar ist auch, daß der Teilnehmer sein Verhalten an zu hohen Maßstäben mißt, die selbst als problematisch anzusehen sind. Um den Transfer des Problemlösevorgehens auch auf andere, nicht im Kurs behandelte Belastungen zu fördern, sollte abschließend reflektiert werden, welche Schritte besonders hilfreich gewesen sind, bzw. im Falle einer nicht erfolgreichen Problemlösung, auf welcher Stufe der Problemlösesequenz Fehler gemacht wurden:

Fragen zu Fehlern im Ablauf der Problemlösesequenz

- *War die Problembeschreibung zu ungenau?*
- *Wurde eine Situation ausgewählt, die für das Problem nicht typisch ist?*
- *Wurden bestimmte Vorschläge vorschnell ausgeschlossen?*
- *Wurde die falsche Lösung ausgewählt, d.h. eine Lösung, die nicht zu einer befriedigenden Bewältigung der Belastung führte, oder nicht den eigentlichen Wünschen des Teilnehmers entsprach?*

- *War das konkrete Vorgehen nicht genau genug geplant, so daß nicht wirklich klar war, was zu tun ist?*
- *Stellte die Durchführung der geplanten Schritte eine Überforderung dar? Wurden mögliche Schwierigkeiten übersehen?*

Es ist darauf zu achten, daß eine solche Reflektion des Problemlösevorgehens auch dann erfolgt, wenn die Bewältigung vom betreffenden Teilnehmer als erfolgreich eingeschätzt wird. Dabei werden dann die positiven, hilfreichen Aspekte der einzelnen Problemlösungsschritte herausgestellt. Auf diese Weise werden den Teilnehmern Sinn und Zweck der einzelnen Problemlöseschritte transparent und eine selbständige Anwendung der Strategie durch die Teilnehmer nach und nach vorbereitet.

6.3.7 Selbständige Anwendung der Problemlösestrategie durch die Teilnehmer

Die Problemlösestrategie wird genau erläutert

Ist das Problemlösevorgehen auf diese Weise auf einige Teilnehmerbeispiele angewandt worden, geht es im letzten Kursdrittel darum, den Teilnehmern die einzelnen Schritte der Strategie – gewissermaßen auf einer Metaebene – zu erläutern und sie zu deren selbständiger Durchführung zu befähigen. Der Kursleiter stellt die Problemlösestrategie, Sinn und Zweck der sechs Problemlöseschritte dar. Er hält die sechs Schritte auf einer Wandzeitung fest, die in den verbleibenden Sitzungen als Leitfaden im Gruppenraum hängenbleiben sollte. Die Teilnehmer erhalten den Text „Problemlösen" (s. Anhang), an dessen Wortlaut sich der Kursleiter mit seinen Erläuterungen orientieren kann.

Die selbständige Anwendung der Strategie in Belastungssituationen

Im letzten Kursdrittel sollen die Teilnehmer dann die Strategie im zunehmenden Maße selbständig auf eigene Belastungssituationen anwenden. Während der Sitzungen kann dies in Kleingruppen von drei bis vier Teilnehmern geschehen, die jeweils für eine belastende Situation eine Problemlösung erarbeiten. Eine andere Möglichkeit besteht darin, die Leitung einem geeigneten Kursteilnehmer zu übertragen, der dann die Aufgabe hat, wie zuvor der Kursleiter, die Gesamtgruppe bei einem Problemlösungsprozeß anzuleiten. In beiden Fällen bleibt der Kursleiter mehr und mehr im Hintergrund, hält sich jedoch bereit, beratend einzugreifen, wenn der Prozeß stockt.

Das „Schema zum Problemlösen"

Als Grundlage für die selbständige Problemlösung dient das „Schema zum Problemlösen" (s. Anhang), in dem die Ergebnisse der einzelnen Problemlöseschritte protokolliert werden. Die Teilnehmer erhalten mehrere Exemplare dieses Schemas, mit dessen Hilfe sie sich auch außerhalb der Kursstunden mit auftretenden Belastungen in problemlösender Weise auseinandersetzen sollten. Jeweils zu Beginn der Kursstunde werden die Ergebnisse dieser Bemühungen und evtl. dabei aufgetretene Schwierigkeiten besprochen. Letztlich kommt es darauf an, daß die Teilnehmer in ihre alltägliche Auseinandersetzung mit Belastungen die zentralen Prinzipien der Problemlösestrategie übernehmen, nämlich:

Prinzipien der Problemlösestrategie

- die möglichst genaue Beschreibung von Streßerfahrungen als Verhalten-in Situationen,
- die strikte Trennung von Generierung und Bewertung von Ideen zur Bewältigung,
- die Positivauswahl einzelner Bewältigungsideen und
- die genaue Planung konkreter Schritte.

Die situationsangepaßte Auswahl der Bewältigungsformen

Zum Kursende wird die Frage immer wichtiger werden, in welchen Belastungssituationen eher eine problemorientierte Bewältigung und in welchen eher eine palliative Bewältigung angebracht ist. Hierfür gibt es keine verbindlichen Regeln. Der einzelne Teilnehmer muß mit der Zeit ein Gespür dafür entwickeln, wann er selbst zur Problemlösung beitragen kann bzw. will und wann nicht. Das Vertrauen in die eigene Fähigkeit, Probleme lösen zu können, sollte es ihm erlauben, sich auch bei noch nicht gelösten Problemen Ausgleich zu verschaffen und sich nicht in die Probleme zu „verbeißen", wie andererseits ein regelmäßiger Belastungsausgleich ihm die nötige innere Ausgeglichenheit für eine problembezogene Auseinandersetzung mit aktuellen Belastungen vermitteln sollte. Beides zusammengenommen eröffnet dem Teilnehmer die Möglichkeit, im konkreten Fall situationsangepaßt und flexibel zwischen den verschiedenen Bewältigungsformen zu wählen.

6.4 Überblick über das Problemlösetraining

Das Problemlösetraining beginnt in der dritten Kurssitzung mit der Konkretisierung von Streßerfahrungen als Verhalten-in-Situationen und mit der Einführung der Selbstbeobachtung von Belastungssituationen und -reaktionen. Hieran schließt sich die exemplarische Anwendung der Problemlösestrategie auf einzelne Belastungssituationen der Teilnehmer an. Anzumerken ist noch, daß die Bearbeitung einer Situation nicht unbedingt im Rahmen *einer* Kurssitzung bis zur konkreten und verbindlichen Planung von

Tabelle 6.3. Überblick über das Problemlösetraining

Sitzung	Inhalt	siehe
3	Gruppengespräch „mein persönlicher Streß"	5.5
4	konkrete Beschreibung von Streßerfahrungen als Verhalten-in-Situationen; Anleitung zur Selbstbeobachtung der Teilnehmer von Belastungssituationen und -reaktionen	6.3.1
5	Auswertung der Erfahrungen und Ergebnisse der Selbstbeobachtung, Fortsetzen einer gezielten Selbstbeobachtung, um evtl. Lücken der Belastungsanalyse zu schließen	6.3.1
6–9	exemplarische Anwendung der Problemlösestrategie auf ausgewählte Belastungssituationen einzelner Teilnehmer	6.3.2 bis 6.3.6
10–12	Reflektion der sechs Schritte der Problemlösestrategie, zunehmend selbständige Anwendung der Strategie durch die Teilnehmer unter Supervision des Kursleiters	6.3.7

Schritten erfolgen muß. Für den betreffenden Teilnehmer stellt es nicht selten eine Überforderung dar, so lange im Mittelpunkt der Gruppe zu stehen. Hier empfiehlt es sich, den Prozeß z. B. nach dem Brainstorming (Schritt 2) oder nach der Auswahl von Vorschlägen (Schritt 3) vorerst zu unterbrechen, dem Teilnehmer Zeit zum „Verdauen" zu geben, und die Problemlösung dann in der nächsten Kurssitzung fortzusetzen. Auch für die Gruppe insgesamt kommt es dadurch zu mehr Bewegung und Abwechslung, und es kann vermieden werden, daß die Bereitschaft der Teilnehmer überstrapaziert wird, sich einem einzelnen Gruppenmitglied aufmerksam zuzuwenden. Hierzu gehört dann auch, daß, nachdem die Beschäftigung mit dem Streßproblem eines Teilnehmers beendet ist, den anderen Teilnehmern Gelegenheit gegeben wird, eigene Erfahrungen und Gedanken auszutauschen („sharing"). Im letzten Kursdrittel schließlich wird die Problemlösestrategie von den Teilnehmern zunehmend selbstständig unter Supervision des Kursleiters angewandt (Tabelle 6.3).

Entspannungstraining 7

7.1 Ziele

Die Wirkung regelmäßiger Entspannung

Die Fähigkeit, sich körperlich zu entspannen und gedanklich abzuschalten, stellt eine grundlegende Bewältigungsmöglichkeit gegenüber Belastungen dar. Regelmäßige Entspannung führt nicht nur zu einem Abbau physiologischer Erregung und in der Folge zu einer Linderung funktioneller Beschwerden (zusammenfassend Lichstein 1988; Vaitl & Petermann 1993), sondern zeigt darüber hinaus positive emotionale Effekte. Entspannung ist verbunden mit dem Gefühl zunehmender psychischer Gelöstheit, dem Erlebnis von Ruhe und Gelassenheit, sowie dem Gefühl der Erholung und geistiger Frische. Sie kann ferner zu einem höheren Grad an Selbstsicherheit und zu einer Verringerung von Ängstlichkeit und Deprimiertheit führen. Über diese palliative Funktion hinaus kann Entspannung als kurzfristige Bewältigungsstrategie in aktuellen Belastungssituationen eingesetzt werden und eine stärker problembezogene Auseinandersetzung vorbereiten bzw. erst ermöglichen. Als erste Selbstkontrolltechnik kann Entspannung das Gefühl der Kontrollmöglichkeit in diesen Situationen erhöhen und damit zu einem Gefühl geringerer Verwundbarkeit und höherer Belastbarkeit führen. Es ist das Ziel dieses Programmbausteines, die Entspannungsfähigkeit der Teilnehmer systematisch zu trainieren und sie sowohl zu regelmäßigen Entspannungsübungen zum Zwecke der Erholung und des Belastungsausgleichs anzuleiten als auch zum Einsatz der Entspannung als kurzfristiger Bewältigungsstrategie in akuten Belastungssituationen zu befähigen.

Das Entspannungstraining führt auch zu Veränderungen im emotionalen und kognitiven Bereich

Dabei kann das Entspannungstraining nicht auf das bloße Erlernen einer Technik reduziert werden, deren Ziel allein in der Lösung körperlicher Verspannungen besteht. Vielmehr werden im Laufe des Trainingsprozesses implizit Veränderungen auch im emotionalen und kognitiven Bereich angestoßen, die insgesamt zu einem streßfreieren Umgang mit Belastungen beitragen können. Hierzu zählen so grundlegene Dinge wie sich Zeit für sich selbst zu nehmen, sich auf sich selbst zu zentrieren und die eigenen körperlichen und emotionalen Signale sensibel wahrzunehmen und zu (be-)achten. Im weiteren geht es um die Überwindung von überzogenem Leistungsstreben und starren Kontrollbedürfnissen zugunsten einer mehr rezeptiven Haltung des Geschehenlassens. Um nicht einem technizistisch-verkürzten Verständnis von Entspannung zu erliegen, sollte sich der Kursleiter dieser impliziten Ziele des Entspannungstrainings bei der praktischen Vermittlung im Kurs stets bewußt sein.

7.2 Methode

Die progressive Muskelrelaxation

Das Entspannungstraining erfolgt nach der Methode der *progressiven Muskelrelaxation (PMR)*. Diese Methode wurde erstmalig 1929 von dem amerikanischen Physiologen Edmund Jacobson (Jacobson 1938, 1978 und 1990) beschrieben, also zu der Zeit, in der auch der Berliner Arzt Johannes Heinrich Schultz das *autogene Training (AT)* begründete (Schultz 1979), in dessen Schatten die PMR im deutschsprachigen Raum über lange Zeit gestanden hat. Erst mit der Verbreitung der Verhaltenstherapie in den 60er Jahren, besonders der systematischen Desensibilisierung zur Behandlung phobischer Ängste (Wolpe & Lazarus 1966; Florin 1978), wurde die PMR auch bei uns bekannter und – allerdings mit deutlichen Modifikationen des ursprünglichen Vorgehens – verstärkt eingesetzt. Heute stellt die PMR eine sowohl im klinischen wie im präventiven Kontext weit verbreitete und empirisch gut untersuchte Standardmethode dar. Ihre Effektivität wurde bei einer ganzen Reihe von körperlichen und psychischen Störungen belegt, insbesondere bei Angststörungen, Spannungskopfschmerzen, Schlafstörungen und essentieller Hypertonie. Darüber hinaus hat sie sich als wirksame Methode zur Reduktion allgemeiner psychophysiologischer Aktivierung in Belastungssituationen erwiesen (zusammenfassend Lichstein 1988; Hamm 1993; Vaitl 1993; Ohm 1992).

Psychische Erregung manifestiert sich in einer Zunahme des Muskeltonus

In seinen theoretischen Grundannahmen ging Jacobson davon aus, daß sich jede psychische Erregung und Spannung in einer Zunahme des Muskeltonus manifestiert. Umgekehrt postulierte er, daß durch eine Reduktion der muskulären Verspannungen auch die Aktivität im zentralen Nervensystem herabgesetzt werden könne. Über eine systematische Kontrolle des Tonus einzelner Muskelpartien solle eine fortschreitende (= progressive) Entwicklung eines psychophysischen Entspannungszustandes erreicht werden. Psychophysiologische Untersuchungen haben den zentrifugalen Aspekt von Jacobsons Grundannahme, wonach mentale Prozesse mit efferenten peripher-physiologischen Veränderungen sowohl in der quergestreiften Skelettmuskulatur als auch in der glatten Eingeweidemuskulatur korrespondieren, gut belegen können. Die Belege für den zentripetalen Aspekt seiner Hypothese, wonach die Reduktion des afferenten Inputs durch muskuläre Entspannung auch zu einer reduzierten Aktivität des zentralen Nervensystems führt, sind demgegenüber weniger eindeutig (Hamm 1993). Während die klinische Effektivität des Verfahrens unumstritten ist, sind die zugrundeliegenden konkreten Wirkmechanismen somit bis heute unzureichend erforscht.

Die Wahrnehmung muskulärer Anspannungen soll sensibilisiert werden

Für Jacobson selbst kam es entscheidend darauf an, die Wahrnehmung für auch schwächste muskuläre Anspannungsreaktionen zu sensibilisieren. Er sprach von der „Kultivierung des Muskelsinnes", die er als Hauptziel des Trainings ansah. Praktisch trainierte er mit seinen Patienten, auch minimale Verspannungen in einzelnen Muskeln zu unterscheiden und abzubauen. In seiner Originalversion war das Verfahren daher sehr zeitaufwendig. Für das Erlernen der Methode waren mindestens 50 Einzelsitzungen vorgesehen. Inzwischen liegen aber wesentlich verkürzte Varianten der progressiven Muskelentspannung vor (Wolpe & Lazarus 1966; Bernstein & Borkovec 1990; Öst 1987), an denen sich auch der hier gewählte Trainingsaufbau orientiert.

Grundprinzip: Wechsel zwischen An- und Entspannung einzelner Muskelgruppen

Das Grundprinzip der Methode ist sehr einfach; es besteht aus dem Wechsel zwischen Anspannung und anschließender Entspannung einzelner Muskelgruppen. Hierzu werden einzelne Körperteile zunächst jeweils angespannt. Die Spannung wird kurz (5–7 s) gehalten und dann mit dem Ausatmen wieder gelöst und entspannt. Dabei ist konzentriert auf Empfindungen der Entspannung in den betreffenden Muskelpartien zu achten und die Entspannung jeweils mit dem Ausatmen zu vertiefen (ca. 45–60 s). Während der Anspannungsphasen sollte normal weitergeatmet, der Atem also nicht angehalten werden. Dadurch kann verhindert werden, daß die Anspannung auf den ganzen Körper generalisiert, und es werden differentielle, auf die jeweiligen Muskelgruppen bezogene Spannungsempfindungen unterstützt. Der Wechsel von anfänglicher Anspannung und anschließender Entspannung ist ggf. mehrmals zu wiederholen, bis ein gutes Entspannungsgefühl in dem jeweiligen Körperteil vorherrscht.

Wie verläuft das Training der progressiven Muskelentspannung?

Nach diesem Grundprinzip werden einzelne Muskelpartien der Arme und Hände, des Gesichtes, des Nackens und der Schultern, des Rückens, des Bauches und der Beine durchgegangen. Das Training beginnt mit einer sogenannten Langform der progressiven Muskelentspannung, die aus 12 Muskelgruppen besteht. Im weiteren Verlauf wird die Entspannungsübung verkürzt, indem einzelne Muskeln zu Gruppen zusammengefaßt werden, die dann gleichzeitig entspannt werden. Außerdem wird ein Ruhewort eingeführt, das die Teilnehmer beim Ausatmen und gleichzeitigen Loslassen der Anspannung innerlich mitsprechen sollen. Dieses für jeden Teilnehmer individuelle Ruhewort fördert die Konzentration auf den Entspannungsvorgang und etabliert bei fortschreitender Übung einen diskriminativen Stimulus für die Auslösung der Entspannungsreaktion. Schließlich entfällt die initiale Anspannung der Muskeln. Die Teilnehmer lernen, die Entspannung allein durch Konzentration auf Entspannungsempfindungen in den jeweiligen Muskelgruppen zu induzieren („Entspannung durch Vergegenwärtigung“). Die zunehmende Verkürzung der Übung, die Einführung des Ruhewortes und die Entspannung durch Vergegenwärtigung sollen die gezielte Anwendung der Entspannung unter Belastungsbedingungen ermöglichen.

Progressive Muskelrelaxation oder autogenes Training?

Abschließend sei kurz darauf hingewiesen, daß es grundsätzlich möglich ist, im Rahmen des Entspannungstrainings statt der PMR das AT zu vermitteln und mit den anderen Programmbausteinen zu kombinieren. Für die Wahl der PMR waren nicht prinzipielle Überlegungen, sondern praktische Erfahrungen ausschlaggebend. Diese zeigen, daß bei der PMR im Vergleich zum AT gerade zu Anfang weniger Schwierigkeiten, besonders in Form von Konzentrationsstörungen, auftreten, so daß es relativ schnell und leicht bei den meisten Teilnehmern zu ersten Erlebnissen von angenehmer Entspannung kommt, die sich positiv motivierend auf den weiteren Trainingsverlauf auswirken. Auch kommt die PMR mit ihrem Wechsel von Anspannungs- und Entspannungsphasen dem Aktivitätsbedürfnis vieler Teilnehmer von Streßbewältigungskursen entgegen. Wenngleich auch die Wege verschieden sind, so führen beide Methoden erfahrungsgemäß doch zu einem ähnlichen Ergebnis. Zumindest trifft dies auf den hier gewählten Trainingsaufbau mit seiner starken Betonung von individueller Wahrnehmung und selbstinduzierter Entspannung zu.

7.3 Praktische Durchführung im Kurs

Beginn der Entspannungsübungen in der zweiten Kursstunde

Das Entspannungstraining nimmt im Rahmen des Gesamtprogrammes einen zentralen Platz ein. Es sollte nach Möglichkeit bereits in der zweiten Kursstunde begonnen werden. Die Teilnehmer haben so ausreichend Zeit zu üben. Außerdem kann dadurch den Erwartungen mancher Teilnehmer nach einfachen technischen Hilfestellungen entgegengekommen und eine Brücke zu den komplexeren problemlösenden Formen der Bewältigung von Belastungen geschlagen werden. Schließlich wird durch das Entspannungstraining implizit vermittelt, auf welche Weise Veränderungen im Kurs angestrebt werden, nämlich durch das eigene, aktive Tun der Teilnehmer zwischen den Kursstunden. Bis zum Kursende sollte dann in jeder Kursstunde Zeit für die Besprechung der Erfahrungen mit den häuslichen Entspannungsübungen und für die Durchführung einer gemeinsamen Übung eingeplant werden.

Ist hierfür in den ersten Übungswochen noch eine gute halbe Stunde zu veranschlagen, so wird sich die benötigte Zeit im weiteren Kursverlauf mehr und mehr verkürzen.

Fester Bestandteil der Kurssitzungen: gemeinsame Entspannungsübungen

Die für den Übungserfolg notwendige Regelmäßigkeit der Übung sollte auch für die gemeinsamen Entspannungsübungen in jeder Kurssitzung gelten. Der Umgang mit der Entspannungsübung während der Sitzungen hat Modellcharakter. Dies sollte der Kursleiter bei der zeitlichen Strukturierung der einzelnen Sitzung berücksichtigen und in keinem Falle die gemeinsame Entspannungsübung zur Disposition stellen. Ob die Übung am Anfang oder am Ende oder auch in der Mitte einer Kurssitzung durchgeführt wird, kann flexibel, an den aktuellen Bedürfnissen der Teilnehmer orientiert, gehandhabt werden.

7.3.1 Einführung der Langform

Erfahrungsaustausch

Erfahrungsaustausch über Entspannungsmöglichkeiten

Auf Anregung des Kursleiters tauschen die Teilnehmer zunächst ihre Erfahrungen mit bisher von ihnen benutzten Möglichkeiten der Entspannung aus: „*Wann, wo und wie gelingt es Ihnen, sich zu entspannen? Womit, wodurch oder wobei entspannen Sie sich?*“ „*Woran merken Sie, daß Sie entspannt sind? Wie fühlt sich Entspannung bei Ihnen an?*“

Entspannungsfördernde Bedingungen betonen

Der Kursleiter sollte insbesondere auf positive Erfahrungsberichte und Beschreibungen von körperlichen und seelischen Entspannungsempfindungen der Teilnehmer eingehen. Äußerungen über Schwierigkeiten, Hindernisse, Störungen etc. sollten angenommen, jedoch nicht weiter vertieft werden. Nach Möglichkeit sollte der Leiter aus den Erfahrungsberichten der Teilnehmer bereits erste Bedingungen für eine erfolgreiche Entspannung herausarbeiten (etwa: ruhiger Raum, angenehme Körperposition, kein innerer Leistungdruck etc.). Er macht deutlich, daß jeder Mensch über die Fähigkeit zur Entspannung verfügt, und daß diese Fähigkeit durch regelmäßiges Training verbessert werden kann, so daß eine schnellere und tiefere Entspannung möglich wird.

Demonstration des Grundprinzips der progressiven Muskelrelaxation

Der Kursleiter stellt dann die PMR als eine wissenschaftlich erprobte Methode der Selbstentspannung vor, deren Vorteile darin liegen, daß

Muskeln anspannen

Spannung kurz (ca. 7 s) halten (dabei weiteratmen)

Mit dem Ausatmen Spannung lösen und entspannen (45–60 s)

Abb. 7.1. Das Grundprinzip der progressiven Muskelentspannung

Die Vorteile der progressiven Muskelrelaxation

- sie – langfristig – ohne äußere Hilfsmittel auskommt,
- universell einsetzbar ist,
- keine unerwünschten Nebenwirkungen hat und
- relativ leicht und schnell erlernbar ist (auch von Personen, die bisher mit anderen Entspannungsverfahren, wie z. B. dem autogenen Training, eher schlechte Erfahrungen gemacht haben).

Das Grundprinzip der progressiven Muskelrelaxation

Der Kursleiter erläutert dann das Grundprinzip der Methode und kann dies stichwortartig auf einer Wandzeitung festhalten (Abb. 7.1). Dieses Grundprinzip wird mit den beiden folgenden Einführungsübungen, „King Kong" und „Quasimodo", erfahrbar gemacht. Beide sind am besten im Stehen durchzuführen.

Anleitung zur Übung „King Kong":

„Halten Sie die Arme vor der Brust angewinkelt. Die Ellenbogen sind in Schulterhöhe, die Hände zur Faust geballt. Schließen Sie die Augen und atmen Sie während der ganzen Übung weiter. Nicht die Luft anhalten. Spannen Sie nun die gesamte Arm- und Oberkörpermuskulatur kräftig an. Fäuste, Unterarme, Oberarme, Schultern und Brust. Die Muskulatur sollte dabei kräftig angespannt werden, aber nicht so weit, daß es schmerzt ...
Jetzt lassen Sie die Arme sinken und ganz locker an der Seite hängen. Atmen Sie betont aus. Wenn es Ihnen angenehm ist, können Sie auch den Kopf nach vorne hängen lassen. Spüren Sie wie sich die Entspannung in Ihrem Oberkörper ausbreitet: in Händen, in Unterarmen, in Oberarmen. Auch die Schultern entspannen sich und die Brustmuskulatur. Atmen Sie ruhig und gleichmäßig .... Wiederholen Sie die Übung noch einmal."

Anleitung zur Übung „Quasimodo“:

„Stellen Sie sich aufrecht hin, der Kopf ist gerade. Ziehen Sie die Schultern ganz hoch. So, als ob Sie damit Ihre Ohrläppchen berühren wollen. Drücken Sie den Kopf jetzt zurück, ohne das Gesicht gegen die Decke zu richten. Drücken Sie den Kopf nach hinten, gegen das Polster, das sich im Nacken gebildet hat. Drücken Sie nun kräftig Hinterkopf und Nackenpolster zusammen. Atmen Sie dabei ruhig und gleichmäßig weiter. Spüren Sie die Anspannung in Schultern und Hals, bis in den Rücken ... .
Lassen Sie den Kopf und die Schultern nun locker fallen. Den Kopf auf die Brust senken lassen und ruhig und gleichmäßig atmen. Spüren Sie die Entspannung in den Schultern, im Nacken und in den Armen ... .
Wiederholen Sie die Übung nun noch einmal.“

Im Anschluß an diese Übung werden die von den Teilnehmern wahrgenommenen unterschiedlichen Empfindungen der Muskelanspannung und -entspannung exploriert.

Demonstration der Muskelanspannungen
Die Anspannungsmodi für die einzelnen Muskelpartien der Langform werden vom Kursleiter demonstriert und mit den Teilnehmern zunächst in einer „Trockenübung“ ausprobiert (Tabelle 7.1).

Die Muskeln dürfen nicht verkrampfen

Es ist bei der Übung darauf zu achten, daß die Muskeln nicht verkrampft, sondern nur soweit angespannt werden, daß ein deutliches Spannungsgefühl entsteht. Es kann vorkommen, daß Teilnehmer Schwierigkeiten bei einzelnen Muskeln – besonders im Nacken-, Schulter- und Rückenbereich – mit der demonstrierten Form der Anspannung haben. Für diese finden sich in obiger Aufstellung alternative Anspannungsmodi, die ausprobiert werden können. Weitere detaillierte Hinweise zur Anspannung spezifischer Muskelpartien finden sich bei Jacobson (1990), Peter & Gerl (1991), Wendlandt (1992) sowie Kaluza & Strempel (1994).

Übungen im Stehen, Sitzen oder Liegen

Wie die Muskeln angespannt werden, hängt auch davon ab, ob die Übung im Sitzen oder Liegen durchgeführt wird. Sofern die Räumlichkeiten dies zulassen, sollte in beiden Positionen geübt werden. In der liegenden Position werden in der Regel Entspannungsgefühle vertieft erlebt. Durch das Üben in der sitzenden Position

Tabelle 7.1. Progressive Muskelentspannung – Langform. Anspannungsmodi für die einzelnen Muskelgruppen

Arme und Hände:	
(1) Dominante Hand und Unterarm:	Hand zur Faust ballen,
(2) Dominanter Oberarm:	Ellenbogen anwinkeln (mit geöffneter Hand).
(3) Nicht-dominante Hand und Unterarm:	Hand zur Faust ballen.
(4) Nicht-dominanter Oberarm:	Ellenbogen anwinkeln (mit geöffneter Hand).
Kopf und Gesicht:	
(5) Stirn und Kopfhaut:	Augenbrauen hochziehen und dabei die Stirn in horizontale Falten legen; oder: Augenbrauen zusammenziehen, so daß auf der Stirn tiefe senkrechte Falten („Zornesfalten") entstehen.
(6) Augen und obere Wangenpartie:	Augen zusammenkneifen und die Nase nach oben ziehen („rümpfen").
(7) Untere Wangenpartie, Kiefer, Mund:	Zähne aufeinander beißen, Lippen aufeinander pressen, Zunge nach oben gegen den Gaumen drücken.
(8) Hals und Nacken:	Kopf etwas einziehen und nach hinten drücken; oder: Kopf nach vorne auf die Brust ziehen; oder: Kopf leicht geneigt nach rechts (bzw. links) drehen, das Kinn zeigt jeweils zur rechten (bzw. linken) Schulter; oder: Kopf mit dem Gesicht nach unten zur rechten (bzw. linken) Schulter neigen („das Ohr auf die Schulter legen").
Rumpf:	
(9) Schultern und obere Rückenpartie:	Schultern hochziehen (zu den Ohren); oder: Schulterblätter nach hinten unten drücken („als wollten sich die Schulterblattspitzen berühren"); oder: Schultern nach vorne vor die Brust ziehen.
(10) Untere Rückenpartie:	leichtes Hohlkreuz machen, indem das Becken nach vorne gekippt wird; oder: den Rumpf nach vorne überbeugen.

Tabelle 7.1. (Fortsetzung)

(11) Bauch:	Bauch hart machen („als wolle man einen leichten Schlag abfangen"); oder: Bauchdecke einziehen; oder: Bauchdecke nach außen wölben.
Beine:	
(12) Gesäß, Ober- und Unterschenkel, Füße:	Fersen auf den Boden drücken, Zehenspitzen nach oben richten und dabei Unterschenkel, Oberschenkel und Gesäßmuskulatur anspannen; oder: Fersen vom Boden hochheben, dabei Waden-, Oberschenkel- und Gesäßmuskulatur anspannen.

wird die angestrebte Anwendung der Entspannung in unterschiedlichsten Alltagssituationen vorbereitet. Gegen Ende des Trainings werden dann auch Übungen im Stehen durchgeführt, die einer kurzfristigen Entspannung unmittelbar vor oder in Belastungssituationen dienen.

Durchführen einer Entspannungsübung

Vorbereitungen für die erste Entspannungsübung

Ist das Grundprinzip verstanden, und auch die Art und Weise der Muskelanspannung erprobt, kann mit der ersten Entspannungsübung begonnen werden. Der Kursleiter wird dazu die Teilnehmer zunächst auffordern, eine möglichst bequeme Haltung einzunehmen, beengende Kleidungsstücke wie Gürtel und Krawatten zu lockern, Brillen abzunehmen, Kontaktlinsen ggf. zu entfernen, falls diese beim Geschlossenhalten der Augen stören etc. Er weist darauf hin, daß das Schließen der Augen die Konzentration auf die Entspannungsübung erleichtert. Einigen Teilnehmern fällt dies zu Beginn schwer. Der Kursleiter sollte dies akzeptieren und nicht auf einen Augenschluß drängen. Anstatt die Augen zu schließen, kann dem betreffenden Teilnehmer vorgeschlagen werden, einen Punkt vor seinen Füßen auf dem Boden zu fixieren.

Die Instruktion des Kursleiters

Der Kursleiter erteilt dann die Entspannungsinstruktion in ihrer Langform, für die sich im folgenden ein Formulierungsvorschlag findet. Dieser muß vom Kursleiter nicht in seinen wörtlichen Einzelheiten übernommen werden. Vielmehr sollte der Kursleiter die einzelnen Formulierungen seinem individuellen Stil anpassen. Auch sollte er während der Übung die Teilnehmer aufmerksam beobachten und flexibel genug sein, die Instruktion ggf. entsprechend zu verändern (z. B. eine bestimmte Übung wiederholen, bei Unruhe vermehrt Ruhesuggestionen einstreuen, bei äußeren Störungen wieder zur Konzentration auf die Entspannung zurückführen etc). Wichtig ist auch, von Anfang an auf eine Zurücknahme der Entspannung zu achten.

Instruktion zur progressiven Muskelentspannung:

„Nehmen Sie eine möglichst bequeme Haltung ein, und stellen Sie sich darauf ein, daß Sie sich nun entspannen werden. Achten Sie darauf, daß Sie bequem sitzen. Der Rücken ist angelehnt, die Füße stehen fest und sicher auf dem Boden, Arme und Hände ruhen locker im Schoß. Der Kopf hat eine angenehme Lage. Die Augen sind geschlossen. Gehen Sie in Gedanken durch Ihren Körper und versuchen Sie aufzuspüren, welche Muskeln angespannt und verkrampft und welche bereits ziemlich locker und entspannt sind.

Atmen Sie einige Male tief ein und dann langsam wieder aus. Beobachten Sie, wie sich Ihre Bauchdecke beim Einatmen leicht hebt und beim Ausatmen wieder langsam senkt. Vielleicht können Sie auch spüren, wie die Luft kühl durch die Nase einströmt, und – vom Körper erwärmt – warm wieder hinausfließt.

Wir beginnen nun gleich mit den Übungen. Achten Sie dabei bitte ganz aufmerksam auf Ihre Empfindungen bei der Anspannung und der anschließenden Entspannung der Muskeln. Es kommt nicht darauf an, die Muskeln stark anzuspannen, sondern nur darauf, daß Sie die Unterschiede zwischen Anspannung und Entspannung deutlich merken. Atmen Sie auch beim Anspannen der Muskeln ruhig weiter. Bitte führen Sie die Anspannung der Muskeln immer erst dann durch, wenn ich „jetzt“ sage.

Richten Sie zunächst Ihre Aufmerksamkeit auf Ihre rechte Hand und Ihren rechten Unterarm und ballen Sie Ihre rechte Hand zur Faust – jetzt. Halten Sie die Spannung einen Moment – und mit dem nächsten Ausatmen lösen Sie die Anspannung in Hand und Unterarm und lockern die Muskeln. Achten Sie auf den Unterschied zwischen der Anspannung vorher und der Entspannung jetzt. Achten Sie darauf, welches Gefühl sich entwickelt in Hand und Unter-

arm, ein leichtes Kribbeln vielleicht, ein Gefühl von Schwere oder Wärme. Folgen Sie diesem Gefühl.

Als nächstes beziehen Sie den rechten Oberarm mit ein. Beugen Sie den Ellenbogen mit geöffneter Hand nach oben – jetzt. Spüren Sie die Anspannung, – und mit dem nächsten Ausatmen, lassen Sie den Arm sinken und entspannen. Achten Sie wieder auf den Unterschied zwischen der Anspannung vorher und der Entspannung jetzt. Achten Sie darauf, wie mit dem Nachlassen der Anspannung die Entspannung ganz langsam eintreten kann. Die Finger, die rechte Hand, der rechte Unterarm und der rechte Oberarm werden mehr und mehr entspannt.

Lassen Sie den rechten Arm entspannt ruhen, und wenden Sie Ihre Aufmerksamkeit nun dem linken Arm zu. Ballen Sie die linke Hand zur Faust, – jetzt. Beobachten Sie die Empfindungen der Anspannung in Hand und Unterarm – und mit dem nächsten Ausatmen lassen Sie wieder los und entspannen. Achten Sie wieder auf den Unterschied zwischen der Anspannung und der Entspannung, die sich allmählich in der Hand und im Unterarm ausbreitet. Achten Sie darauf, welches Gefühl sich bei Ihnen entwickelt in Hand und Unterarm, ein leichtes Kribbeln, ein Gefühl von Schwere, Wärme oder auch von Kühle oder Leichtigkeit. Gehen Sie in Gedanken durch die einzelnen Finger und auch in das Handinnere. Versuchen Sie, die einzelnen Muskelfasern noch mehr fallen zu lassen, ganz los zu lassen.

Beziehen Sie jetzt den linken Oberarm mit ein. Beugen Sie den Ellenbogen – jetzt. Beobachten Sie die Anspannung der Muskeln – und mit dem nächsten Ausatmen, lockern Sie die Muskeln im Oberarm, lassen den Arm sinken und entspannen.

Wieder wird der Unterschied zwischen der Anspannung vorher und der Entspannung jetzt deutlich. Lassen Sie alle Spannung aus dem Arm herausfließen und entspannen Sie den Arm immer mehr und mehr.

Lassen Sie beide Arme ganz entspannt ruhen und gehen Sie jetzt über zum Kopf. Richten Sie ihre Aufmerksamkeit zunächst auf die Stirn und Kopfhaut und legen die Stirn in Falten – jetzt. Beobachten Sie die Anspannung in der Stirn – und mit dem nächsten Ausatmen, lassen Sie die Stirn locker und gelöst werden, wie eine glatte, leere Fläche. Achten Sie wieder auf den Unterschied zwischen der Anspannung vorher und der Entspannung jetzt. Glätten Sie die Stirn immer mehr, spüren Sie, wie die Entspannung der Stirn sich angenehm über die ganze Kopfhaut ausbreitet.

Wenden Sie sich nun den Augen zu und kneifen Sie die Augen leicht zusammen und rümpfen Sie die Nase – jetzt. Spüren Sie die Anspannung – und mit dem nächsten Ausatmen entspannen Sie die Augenmuskeln und beobachten wieder das Nachlassen der Anspannung und die aufkommende Entspannung.

Gehen Sie nun weiter zu den Kiefermuskeln. Pressen Sie die Zähne und Lippen aufeinander und drücken Sie die Zunge nach oben – jetzt. Spüren Sie die Anspannung – und mit dem nächsten Ausatmen lassen Sie wieder los, lockern den Unterkiefer und entspannen. Beobachten Sie das Gefühl von Entspannung, das sich im ganzen Gesicht ausbreitet. Achten Sie darauf, wie mit dem Nachlassen der Spannung ein Gefühl der Entspannung eintritt. Folgen Sie diesem Gefühl immer tiefer und tiefer in Ruhe und Entspannung. Lassen Sie die Entspannung mit jedem Ausatmen immer noch tiefer werden und tiefer.

Lassen Sie das Gesicht ganz entspannt und ruhig, und wandern Sie mit ihrer Aufmerksamkeit weiter zu den Muskeln in Hals und Nacken. Ziehen Sie den Kopf etwas ein und drücken Sie ihn nach hinten – jetzt. Spüren Sie die Anspannung in Nacken und Hinterkopf – und mit dem nächsten Ausatmen lösen Sie die Spannung und lockern die Muskeln. Beobachten Sie das Nachlassen der Anspannung und die aufkommende Entspannung.

Gehen Sie nun bitte weiter zu den Schultern. Drücken Sie die Schultern nach hinten zusammen – jetzt. Achten Sie auf die Anspannung in den Schultern, im gesamten oberen Rücken – und mit dem nächsten Ausatmen, lassen Sie die Schultern wieder los und entspannen. Lassen Sie die Schultern so tief wie möglich sinken. Lassen Sie alle Spannung aus den Schultern entweichen. Ein angenehmes Gefühl von Ruhe und Entspannung breitet sich aus, folgen Sie diesem Gefühl und vertiefen Sie es mit jedem Ausatmen immer mehr. Lassen Sie die Entspannung den Rücken hinunter-

fließen, mit jedem Ausatmen ein kleines Stückchen tiefer und tiefer in Ruhe und Entspannung.

Richten Sie Ihre Aufmerksamkeit nun bitte auf den unteren Rücken. Machen Sie ein leichtes Hohlkreuz – jetzt. Spüren Sie die Spannung im unteren Rückenbereich – und mit dem nächsten Ausatmen lassen Sie dann wieder los und entspannen. Mit jedem Ausatmen lösen sich die Muskeln des Rückens mehr und mehr.

Wandern Sie mit Ihrer Aufmerksamkeit nun weiter nach vorne in Ihren Bauch. Spannen Sie die Bauchmuskeln etwas an, so als wollten Sie einen leichten Schlag abfangen – jetzt. Spüren Sie die Spannung in der Bauchdecke – und mit dem nächsten Ausatmen, lassen Sie die Spannung los und entspannen. Wieder spüren Sie den Unterschied zwischen Anspannung und Entspannung. Lassen Sie die Bauchmuskeln locker, und entspannen Sie sie mit jedem Ausatmen mehr und mehr.

Lassen Sie den Bauch ganz entspannt und ruhig und gehen Sie mit Ihrer Aufmerksamkeit weiter zu den Beinen. Pressen Sie die Fersen beider Füße fest gegen den Boden, die Zehenspitzen sind nach oben gerichtet. Spannen Sie dabei Unterschenkel, Oberschenkel und Gesäßmuskeln an – jetzt. Halten Sie die Spannung einen Moment – und mit dem nächsten Ausatmen lassen Sie die Spannung wieder los und entspannen. Achten Sie wieder auf den Unterschied zwischen Anspannung und Entspannung. Folgen Sie den Gefühlen der Entspannung in den Gesäßmuskeln, den Oberschenkeln und den Unterschenkeln. Spüren Sie, wie die Entspannung bis in die Füße hineinreicht, bis in die Zehenspitzen.

Und nun konzentrieren Sie sich nur noch auf das angenehme Gefühl der Entspannung. Folgen Sie diesem Gefühl und versuchen Sie, es mit jedem Ausatmen immer noch tiefer werden zu lassen. Und lassen Sie dieses angenehme Gefühl in jeden Teil Ihres Körpers fließen: in die Arme – und Hände – in jeden einzelnen Finger – in Stirn und Kopfhaut – in die Augen – in Kiefer- und Wangenmuskeln – in Hals und Nacken – in die Schultern – den ganzen Rücken hinunter – in den Bauch – in das Gesäß – die Oberschenkel – die Unterschenkel – bis in die Füße hinein – bis in die

Zehenspitzen. Lassen Sie sich mit jedem Ausatmen tiefer und tiefer in Ruhe und Entspannung fallen. So weit, wie Sie möchten, wie es für Sie angenehm ist. Genießen Sie diesen Zustand von Ruhe und Entspannung noch eine kurze Weile ganz für sich. Prägen Sie sich dieses angenehme Gefühl von Ruhe und Entspannung ein, um es in sich zu bewahren und hinauszutragen in den Rest des Tages.

Sagen Sie sich nun bitte, daß Sie die Übung allmählich beenden. Spannen Sie langsam beide Hände wieder an, winkeln Sie die Arme an, strecken und räkeln Sie sich. Atmen Sie ein paarmal kräftig tief durch und öffnen Sie dann die Augen."

Die Instruktionen werden zunehmend reduziert

Im weiteren Verlauf des Entspannungstrainings nimmt sich der Kursleiter bei den gemeinsamen Entspannungsübungen während der Kurssitzungen mit seinen Instruktionen mehr und mehr zurück. Er leitet die Teilnehmer zur selbständigen Durchführung einzelner Übungsabschnitte an (z.B. *„Gehen Sie nun weiter zum linken Oberarm und führen Sie die Übung wie gewohnt durch ... jeder für sich ...* ".), gibt Raum für individuelle Abweichungen von der Standardinstruktion (z.B. *„Wenn Sie möchten, dann wiederholen Sie diese Übung noch einmal ...*"), bis er sich schließlich darauf beschränkt, nur noch die einzelnen Muskelgruppen anzugeben, die dann vom jeweiligen Teilnehmer selbständig zunächst an- und dann entspannt werden.

Nachgespräch

Wie haben die Teilnehmer die Übungen empfunden?

Nach dem Zurücknehmen der Entspannung befragt der Leiter jeden Teilnehmer nach seinen Empfindungen während der Übung:

- *„Wie haben Sie sich während der Übung gefühlt? Wie fühlen Sie sich jetzt?*
- *„Wie fühlt sich Anspannung an? Wie Entspannung?*
- *„Wie gut gelang es Ihnen, sich auf die Übung zu konzentrieren?"*
- *„Wie gut haben Sie sich entspannen können?"*
- *„Gab es Schwierigkeiten oder Mißempfindungen?"*

Bei dieser Rückmeldungsrunde sollte möglichst jede Empfindung, die von einem Teilnehmer berichtet wird, seien es Entspannungs- oder Anspannungsempfindungen, positiv als Ausdruck einer bewußten Körperwahrnehmung aufgenommen werden. Der Kursleiter macht abschließend deutlich, daß eine tiefe Entspannung nicht auf Anhieb gelingt und hier auch noch gar nicht das erste Ziel ist, daß dazu Übung und Geduld erforderlich sind, daß das Auftreten von Schwierigkeiten am Anfang normal ist und diese im Laufe des Kurses besprochen und überwunden werden können.

Planen täglicher Übungen

Entspannungsübungen mindestens einmal täglich

Der Kursleiter macht den Trainingscharakter des Verfahrens deutlich und betont u. U. mit dem Hinweis auf das Erlernen anderer Fertigkeiten die Notwendigkeit regelmäßigen Übens. Die Teilnehmer sollen die Entspannungsübung mindestens einmal täglich durchführen. Folgende Hinweise sollten bei der Planung der ersten selbständigen Übungen außerhalb der Kursstunden berücksichtigt werden. Die Übungen sollten

- regelmäßig,
- an einem festen Zeitpunkt des Tages,
- bei Ruhe und Ungestörtheit und
- ohne Zeitdruck

durchgeführt werden.

Die Planung der Übung erfordert Kreativität

Die Teilnehmer überlegen, wie sie die Übung in ihren Tagesablauf einbauen können und legen sich auf einen Übungstermin fest. Hierbei sind sowohl eine konkrete Verbindlichkeit der Planung als auch Kreativität gefordert, um ggf. auch unkonventionelle Wege, wie die tägliche Übung realisiert werden kann, zum Tragen kommen zu lassen (z.B. nach Feierabend auf dem Nachhauseweg auf einen ruhigen Parkplatz oder an einen Waldweg fahren und die Übung im Auto durchführen). Das Informationsblatt „Anleitung zum Entspannungstraining" (s. Anhang), in dem alle wichtigen Informationen zum Entspannungstraining zusammengefaßt sind, wird ausgeteilt.

Individuelle Übungsinstruktionen sind standardisierten vorzuziehen

Auf die Verwendung einer Tonkassette zur Unterstützung der häuslichen Übungen wird hier verzichtet. Zum einen, weil die Teilnehmer durch das autogene Üben von Anbeginn die Möglichkeit haben, den erreichten Entspannungszustand auf sich selbst und nicht auf die beruhigende Wirkung der Stimme vom Band zurückzuführen. Dies ist für das angestrebte Ziel eines erhöhten Gefühles eigener Kontrollmöglichkeit wichtig. Zweitens läßt das autogene Üben eher individuelle Abwandlungen des Vorgehens zu als das Üben nach einer Standardinstruktion vom Band. So fühlen manche Teilnehmer bestimmte Muskelgruppen vernachlässigt, z.B. den

Rücken oder das Gesäß, und entwickeln für diese zusätzliche Übungen. Andere möchten die Übung für eine bestimmte Muskelpartie häufiger wiederholen, etwa weil sie dort besonders deutlich Spannungsgefühle empfinden, während wieder andere schließlich bestimmte Wiederholungen eher als störend empfinden. Eine solche persönliche Aneignung der Methode in Form einer individualisierten Instruktion sollte vom Kursleiter nicht nur unterstützt, sondern ausdrücklich ermutigt werden.

7.3.2 Besprechung der Übungserfahrungen und Umgang mit Störungen

Erfahrungsaustausch

Für die Besprechung der Übungserfahrungen ist besonders zu Beginn des Trainings ausreichend Zeit einzuräumen. Der Erfahrungsaustausch gibt dem Kursleiter die Gelegenheit, die Teilnehmer, die regelmäßig geübt haben und über erste Erfolge berichten, zu loben und zu einer ausführlichen Schilderung ihres Vorgehens aufzufordern. Der Kursleiter sollte auf jeden Fall den naheliegenden Fehler vermeiden, sich bei der Rückmeldung ausschließlich auf Probleme und Schwierigkeiten im Zusammenhang mit der Entspannung zu konzentrieren.

Wichtig: positive Verstärkung

Die regelmäßige und erfolgreiche Durchführung der Übung ist keinesfalls selbstverständlich und wird dadurch anerkannt, daß der betreffende Teilnehmer ausreichend Gelegenheit erhält, über seine positiven Erfahrungen zu berichten. Hiervon können auch wertvolle Anregungen für die übrigen Kursteilnehmer ausgehen. Auch sollte der Kursleiter sich und den Kursteilnehmern in Erinnerung rufen, daß das erste Ziel der Entspannungsübungen nicht in einem möglichst tiefen Entspannungszustand, sondern in einer Sensibilisierung der Körperwahrnehmung besteht. Unter dieser Zielperspektive ist jede vom Teilnehmer berichtete Entspannungs-, aber auch Anspannungsempfindung(!) in einzelnen Körperbereichen als Erfolg anzusehen und entsprechend zu würdigen. Insbesondere immer dann, wenn ein Teilnehmer über unterschiedliches Spannungsempfinden entweder in verschiedenen Körperpartien oder im Verlaufe der Übung berichtet, sollte dies vom Kursleiter als etwas Positives herausgestellt und zum Anlaß genommen werden, individuelle Abänderungen der Standardinstruktion gemäß dem individuellen Körperempfinden zu ermutigen. Im folgenden werden Hinweise für den Umgang mit den häufigsten Schwierigkeiten und Störungen gegeben, die im Zusammenhang mit der selbständigen Durchführung der Entspannungsübungen auftreten können.

Ungünstiger Übungszeitpunkt oder fehlende Motivation?

Nicht durchgeführte Übungen. Die Bildung neuer Gewohnheiten wie z.B. täglicher Entspannungsübungen ist nicht einfach; Schwierigkeiten und Hindernisse gehören dazu. In jedem Kurs wird es daher Teilnehmer geben, die die Entspannungsübungen überhaupt nicht oder nur unregelmäßig durchgeführt haben. Vielerlei Gründe können hierfür verantwortlich sein. Möglicherweise sind der Übungszeitpunkt oder der Übungsort ungünstig gewählt, so daß die Einpassung der Übung in den Tagesablauf noch einmal neu überdacht werden muß. Vielleicht ist die Übung in der Hektik des Alltags auch „einfach vergessen" worden. Hier können ggf. Erinnerungshilfen (z.B. ein deutlich markierter Eintrag im Terminkalender) angeregt werden. Manchmal spielen auch – reale oder befürchtete – verständnislose bis abschätzige Reaktionen Dritter (z.B. Arbeitskollegen, Partner) eine Rolle, wenn Teilnehmer die Übungen nicht durchführen. Hier wäre zunächst zu prüfen, wie real derartige Befürchtungen sind, und ggf. zu überlegen, wie die Übungen dennoch durchgeführt werden können, ohne zu starke Konflikte zu provozieren. Schließlich ist auch denkbar, daß dem betreffenden Teilnehmer die Motivation zur Durchführung der Übungen fehlt. Das aber bedeutet, daß ihm Sinn und Zweck der Übungen nicht klar sind. Es muß dann möglichst konkret besprochen werden, ob und wenn ja welchen Nutzen der Teilnehmer für sich ganz persönlich in den Übungen sehen kann.

Die Entspannung sollte auch unter Störungen möglich werden

Ablenkung durch äußere Störungen. Ablenkende äußere Faktoren (z.B. Lärm, Telefon, Türklingel) stellen – zumindest bei Trainingsbeginn – eine häufige Störquelle bei der Durchführung der Entspannungsübungen dar. Hier ist mit den Teilnehmern zu besprechen, ob und wie solche Faktoren für die begrenzte Zeit der Entspannungsübung gezielt ausgeschaltet werden können (z.B. Türschild „Bitte nicht stören!"). Zugleich sollte aber auch darauf hingewiesen werden, daß das langfristige Ziel darin besteht, die Entspannungsreaktion auch unter widrigeren äußeren Bedingungen einsetzen zu können. Unter dieser Perspektive können auftretende äußere Störungen daher auch als Gelegenheit zum Training der eigenen Entspannungsfähigkeit unter „Echt-Bedingungen" betrachtet werden.

Wenn der Kontakt mit dem eigenen Selbst verloren gegangen ist ...

Innere Unruhe. Starke Ablenkbarkeit durch äußere Reize kann aber auch damit zusammenhängen, daß die Innenwendung der Aufmerksamkeit für den Betreffenden ungewohnt und u.U. auch beunruhigend und ängstigend ist. Viele der in unserer Kultur angebotenen Möglichkeiten zur Entspannung beruhen auf Ablenkung, auf Zerstreuung. Die Aufmerksamkeit wird dabei nach außen gewendet. Erinnert sei hier nur an das übergroße Angebot der elektronischen Unterhaltungsmedien. Selbstverständlich kann das Fernsehen helfen, von belastenden Gedanken, Alltagssorgen oder unangenehmen Gefühlen Abstand zu nehmen. Die Wirkung hält aber meist nicht lange an. Oft kehrt die innere Unruhe anschließend umso stärker zurück. Nicht selten auch bleibt nach einem Fernsehabend, bei dem man sich durch die verschiedenen Programme geschaltet hat, ein schales Gefühl der inneren Leere zurück. Der Kontakt mit dem eigenen Selbst ist verlorengegangen; man fühlt sich selbst nicht mehr. So wird hier nicht aufgehoben, sondern nur fortgesetzt, was in der Hektik des Alltags ständig passiert, nämlich daß der Kontakt zu sich selbst, zur eigenen Mitte verloren geht.

Sammlung und Zentrierung der Aufmerksamkeit

Bei den psychologischen Entspannungsmethoden geht es daher nicht um Ablenkung und Zerstreuung, sondern um Sammlung und Zentrierung der Aufmerksamkeit. Die im Alltag auf Außenreize hin orientierte Aufmerksamkeit wird hier nun nach innen gewendet, auf den eigenen Körper, die eigene Person gerichtet. Der Herzschlag, der Atem, das Pulsieren des Blutes in den Adern, Geräusche in Magen und Darm, die normalerweise im Schatten der Aufmerksamkeit liegen, werden nun bewußt. Innere Unruhe, kreisende oder flatternde Gedanken werden verstärkt wahrgenommen. Dies alles kann anfangs eher beunruhigen, als daß es zur Entspannung beiträgt, und den Wunsch aufkommen lassen, sich doch lieber abzulenken. Dies ist durchaus verständlich in einer Kultur, die davon geprägt ist, daß sie die Aufmerksamkeit der Menschen durch immer mehr und immer stärkere Außenreize zu fesseln sucht. Was bedeutet denn schon die Wahrnehmung des eigenen Körpers im Vergleich mit dem Nervenkitzel, den ein spannender Actionfilm oder gar das „bungee-jumping" versprechen. Mit wachsender Übung gelingt es dann jedoch immer besser, sich mit Ruhe und Gelassenheit auf sich selbst zu konzentrieren. Damit ist dann ein erster wichtiger Schritt auf dem Weg zur körperlichen und seelischen Entspannung getan.

Wie können Konzentrationsstörungen überwunden werden?

Konzentrationsstörungen. Schwierigkeiten bei der Durchführung der Übung bestehen gerade zu Anfang häufig auch in einer Störung der Konzentration durch abschweifende Gedanken. Hier handelt es sich um ganz normale Anfangsschwierigkeiten, die sich mit zunehmender Übung verlieren. Der Umgang mit störenden Gedanken, die für den Teilnehmer ja durchaus wichtig sein können, läßt sich durch folgenden Vergleich veranschaulichen: Wer sich mit einem guten Freund unterhält, wird einem zweiten Freund, der zu einem Gespräch zu ihm kommt, nicht die Tür vor der Nase zuschlagen, sondern diesen bitten, einen Moment zu warten; dann könne man sich ihm ganz widmen. Weitere bildhafte Ausdrücke, die den Umgang mit ablenkenden Gedanken während der Entspannung illustrieren, lauten: *„die Gedanken in den Koffer packen“*, *„die Gedanken in den Wartesaal stellen“*, *„die Gedanken vorüberziehen lassen wie Wolken am Himmel“* etc. Zur Förderung der Konzentration auf die Übung ist es ferner hilfreich, die Entspannungsanweisungen selbst innerlich mitzusprechen. Gegebenenfalls kann es auch sinnvoll sein, die Entspannungsübung zunächst zu verkürzen, da der Teilnehmer durch die Länge der Übung konzentrationsmäßig überfordert wird. In diesem Falle würde der Teilnehmer zunächst nur beispielsweise die Übungen für die Arme und Beine durchführen. Die Übungen für die anderen Muskelgruppen würden dann sukzessive hinzugenommen werden. Sollten diese Hinweise im weiteren Übungsverlauf nicht zu einer Überwindung anfänglicher Konzentrationsschwierigkeiten führen, kann es in Ausnahmefällen auch sinnvoll sein, auf den Einsatz einer Tonkassette zurückzugreifen. Der Kursleiter bespricht entweder selbst für einen Teilnehmer ein Band, oder aber er gibt dem betreffenden Teilnehmer die schriftliche Entspannungsinstruktion, die dieser sich dann zu Hause selber auf Band sprechen soll.

Zeichen einer beginnenden Entspannung

Körperliche Mißempfindungen. Eine Reihe zunächst störender körperlicher (Miß-)Empfindungen (z. B. spontane Muskelzuckungen, Kribbeln, vermehrter Speichelfluß, Empfindungen der Unförmigkeit einzelner Körperteile, insbesondere der Gliedmaßen etc.) sind positive Anzeichen einer beginnenden Entspannung. Wenn der Teilnehmer vom Kursleiter darüber aufgeklärt wird, fühlt er sich zumeist durch diese Empfindungen nicht mehr gestört.

Das Gefühl der Kontrolle muß erhalten bleiben

Vegetative Angstreaktionen. Während der Übung auftretende Schwindelgefühle, Übelkeit, starkes Herzklopfen oder Schweißausbrüche können Ausdruck einer Angst vor Kontrollverlust sein. Der Umgang mit diesen Störungen ist, sofern es sich nicht um eine einmalige physiologische Überreaktion handelt, recht schwierig. Folgende Hinweise können hilfreich sein: die Übung mit geöffneten Augen durchführen, die Übung verkürzen, sich während der Übung immer wieder des Kontaktes mit dem Boden vergewissern (Füße, Gesäß, Rücken), sich die Entspannungsinstruktionen selbst, ggf. auch laut, vorsprechen. Diese Hinweise zielen allesamt darauf ab, das Gefühl der Kontrolle bei dem betreffenden Teilnehmer aufrechtzuerhalten. Sollte auf diese Weise kein Erfolg zu erreichen sein, kann auch paradox interveniert werden: Der Teilnehmer soll bei der gemeinsamen Entspannungsübung während der Kurssitzung ausdrücklich nicht mitmachen, sondern lediglich als stiller Beobachter dabeisitzen. Dies kann dazu führen, daß der betreffende Teilnehmer auf dem Beobachterposten zum ersten Mal selbst Entspannungsgefühle erlebt. Erfahrungsgemäß treten heftige vegetative Angstreaktionen im Vergleich mit dem autogenen Training bei dem eher aktiven Verfahren der progressiven Muskelentspannung deutlich seltener auf.

Schlaf ist nur ein Durchgangsstadium

Einschlafen. Es kommt immer wieder vor, daß Teilnehmer während der Übung einschlafen und darüber durchaus glücklich berichten, z.B. weil sie bisher unter Einschlafstörungen gelitten haben. Der Kursleiter sollte das Einschlafen als Ausdruck einer eingetretenen Entspannung positiv aufgreifen, aber zugleich deutlich machen, daß es sich dabei nur um ein Durchgangsstadium handelt. Der langfristig angestrebte Zustand der Entspannung hat mit Schläfrigkeit, Dösen oder gar Schlafen nichts zu tun. Vielmehr geht es darum, einen Zustand „entspannter Wachheit" zu erreichen, d.h. entspannt und gelöst und zugleich wach und aufmerksam zu sein. Ein solcher Zustand ist im übrigen durch eine charakteristische Hirnstromaktivität nachweisbar, wie EEG-Untersuchungen an Personen, die über längere Zeit das autogene Training praktizierten, gezeigt haben (vgl. Vaitl 1993).

Mißverstandene oder falsch durchgeführte Übungen

Unsachgemäße Durchführung. Andere Störungen sind auf eine unsachgemäße Durchführung der Übung zurückzuführen. Sei es, daß die Anspannung zu kräftig oder zu schwach erfolgt, oder eine ungünstige Haltung eingenommen wird (besonders zu beachten ist die Lage des Kopfes) oder aber z.B. eine nicht abgenommene Brille eine Entspannung der Gesichtsmuskeln behindert. Auf diese Dinge hat der Kursleiter während der gemeinsamen Übung zu achten und die Teilnehmer hinzuweisen. Bisweilen können Teilnehmer die Übungen als „Gymnastik" mißverstehen mit der Folge, daß sie das Schwergewicht v.a. auf eine möglichst starke Anspannung der Muskeln legen, so daß u.U. Verkrampfungen und „Muskelkater" entstehen. Hier ist seitens des Kursleiters wiederholt korrigierend darauf hinzuweisen, daß die Übungen primär auf die Sensibilisierung der Körperwahrnehmung abzielen. Die initiale Muskelanspannung dient dazu, diesen Wahrnehmungsprozeß zu unterstützen.

Entspannung kann nicht erzwungen werden

Erwartungsdruck. Schließlich kann der Erfolg der Übungen auch durch zu große Erwartungen oder durch ein der Sache fremdes Leistungsdenken verhindert werden. Der Kursleiter sollte hierfür

Verständnis zeigen, aber zugleich auch darauf hinweisen, daß Entspannung nicht erzwungen werden kann. Er kann dies ggf. am Beispiel des Einschlafens verdeutlichen: Viele Teilnehmer werden die Erfahrung teilen, daß gerade dann, wenn man unbedingt einschlafen will, der Schlaf sich nicht einstellt. Erst wenn man die Absicht, schlafen zu wollen, aufgibt und auch den vielleicht aufkommenden Ärger und die Sorge über zu wenig Schlaf losläßt, stellt der Schlaf sich unvermittelt ein. Bei der Entspannung verhält es sich ganz ähnlich. Auch sie ist durch eine noch so große bewußte Willensanstrengung nicht zu erreichen. Zu denken ist beispielsweise auch an das Suchen nach einem Wort, das man erst findet, wenn man sich nicht mehr krampfhaft darum bemüht. Besonders bemühte Übende, die ihren „ganzen Willen“ einsetzen, oder solche, die glauben, man könne alles mit dem Willen erreichen, versagen. Man kann Spannung, Verkrampfung (und die damit einhergehenden Erscheinungen) nicht mit dem Willen beseitigen – lösen schon gar nicht –, denn Wille ist Spannung. Auf dem Weg der Entspannung steht daher ganz am Anfang – und immer wieder neu – die Notwendigkeit, den bewußten Willen, die Absicht, die Dinge aktiv beeinflussen, beherrschen, managen zu wollen, loszulassen zugunsten einer mehr mitgehenden, aufnehmenden und sich hingebenden Haltung.

Atmung ist vegetativ gesteuert, kann aber auch willensmäßig beeinflußt werden

Zur Verdeutlichung dieser Haltung kann der Kursleiter an dieser Stelle die im folgenden beschriebene Übung zur Atembeobachtung durchführen. Die Atmung gehört zu den Funktionen, die auf der einen Seite vegetativ gesteuert sind, d.h. automatisch ablaufen, auf der anderen Seite aber auch bewußt willensmäßig gesteuert werden können. Wenn ich mich nun bewußt und absichtlich um eine ruhige und gleichmäßige Atmung bemühe, so wird immer ein Rest an Spannung bleiben, der Atem nicht wirklich frei fließen; er ist gewissermaßen künstlich ruhiggestellt und festgehalten. Erst wenn es mir gelingt, von der Möglichkeit der aktiven Beeinflussung des Atems zu lassen, und mich statt dessen dem spontanen Rhythmus meines Atems zu überlassen, mich diesem hingebe und innerlich mitschwinge, wird es allmählich zu einer fortschreitenden Vertiefung und Harmonisierung des Atems kommen. So lautet denn auch die entsprechende Formel des autogenen Trainings nicht „ich atme“, sondern „es atmet mich“ oder „es atmet in mir“. Aufgrund ihrer „Mittelstellung“ zwischen unwillkürlichem und willkürlichem Nervensystem gilt die Atmung besonders in vielen Meditationsschulen als Königsweg zur seelisch-körperlichen Entspannung. Dabei geht es nicht um das Erlernen einer bestimmten Technik des richtigen Atmens, sondern um das Erleben des eigenen unwillkürlichen Atems.

Übung zur Atembeobachtung:

„Achten Sie zunächst wieder darauf, daß Sie bequem und aufrecht sitzen. Die Füße stehen fest und sicher auf dem Boden, der Rücken ist angelehnt, die Hände ruhen locker auf den Oberschenkeln. Richten Sie Ihre Aufmerksamkeit nach innen, auf Ihren Körper. Schließen Sie Ihre Augen und nehmen Sie Ihren Körper von innen heraus wahr. Die Hände, den Rücken, die Füße .... Richten Sie Ihre Aufmerksamkeit nun bitte auf Ihren Atem .... Beobachten Sie das Ein- und Ausströmen Ihres Atems ..., wie sich Ihre Bauchdecke beim Einatmen hebt und beim Ausatmen wieder senkt .... Nehmen Sie einen tiefen Atemzug und atmen langsam wieder aus ..., und lassen Sie dann Ihren Atem laufen .... Beobachten Sie einfach das Ein- und Ausströmen Ihres Atems .... Dies geschieht von ganz alleine .... Sie lassen es geschehen ...., beobachten einfach das Ein ... und Aus Ihres Atems .... Ein ... und Aus ... Ein ... und ... Aus .... Jeder für sich .... Wenn Gedanken Sie ablenken, dann lassen Sie sie vorüberziehen wie Wolken am Himmel und kehren mit Ihrer Aufmerksamkeit wieder zu Ihrem Atem zurück. Beobachten Sie einfach das Ein ... und Aus Ihres Atems .... Ein ... und Aus ... und Ein ... und Aus ... eine kurze Weile jeder für sich ....

Sagen Sie sich nun bitte, daß Sie die Übung allmählich beenden .... Ballen Sie Ihre Hände zu Fäusten, atmen Sie ein paar Mal kräftig durch, strecken und räkeln Sie sich ... und öffnen Sie dann die Augen."

Die Teilnehmer sollten selbst nach Erklärungen für die Störungen suchen

Im Umgang mit Störungen sollte der Kursleiter allgemein darauf verweisen, daß Störungen zu Beginn normal sind, und die Zuversicht äußern, daß viele sich im weiteren Übungsverlauf von alleine beheben werden. Er sollte sich den – tatsächlichen oder vermuteten – Erwartungen der Teilnehmer, für jede mögliche Störung eine Erklärung und einen Ratschlag präsentieren zu können, mehr und mehr entziehen und statt dessen die Teilnehmer auffordern, selbst nach Erklärungen und Lösungen zu suchen. Gerade auch bei Schwierigkeiten, die mehr auf der Einstellungsebene liegen, können die Erfahrungen anderer Kursteilnehmer korrigierend wirken.

7.3.3 Verkürzung der Entspannungsübung

Einzelne Muskeln werden zu Gruppen zusammengefaßt

Nach etwa drei Übungswochen beherrschen die meisten Teilnehmer die Methode so gut, daß mit einer Verkürzung der Übung begonnen werden kann. Zu diesem Zweck werden nun einzelne Muskeln zu Gruppen zusammengefaßt, die dann gemeinsam zunächst angespannt und anschließend entspannt werden. Die Übung wird – in Abweichung vom klassischen Vorgehen nach Bernstein und Borkovec (1990) – gleich auf vier Muskelgruppen verkürzt (Tabelle 7.2).

Kurzform: das Entspannungsgefühl kann zunächst schwächer ausfallen

Die Teilnehmer sollten die Anspannung dieser Muskelgruppen wieder zunächst in einer „Trockenübung" ausprobieren. Hierbei ist darauf zu achten, daß die Anspannung nicht zu stark erfolgt, und die Muskeln nicht verkrampfen. Der Kursleiter weist darauf hin, daß mit der Verkürzung der Übung zunächst das erreichte Entspannungsgefühl schwächer werden kann, daß aber die Verkürzung ein wichtiger Zwischenschritt ist auf dem Wege zu der angestrebten Anwendung der Entspannung im Alltag. Teilnehmer, die noch Schwierigkeiten mit der Langform haben, müssen nicht von der verkürzten Übung ausgeschlossen werden. Möglicherweise werden sie durch die lange Version konzentrationsmäßig überfordert und profitieren eher von der Kurzform. Eine schriftliche Instruktion für die Kurzform findet sich im folgenden.

Tabelle 7.2. Progressive Muskelentspannung – Kurzform. Anspannungsmodi für die einzelnen Muskelgruppen

(1) Arme:	beide Hände zu Fäusten ballen und Ellenbogen anwinkeln.
(2) Kopf:	Augenbrauen zusammenziehen, Nase rümpfen, Zähne und Lippen zusammenpressen, Kopf leicht einziehen und nach hinten drücken.
(3) Rumpf:	Schultern nach hinten unten zusammendrücken, leicht in Hohlkreuz gehen und Bauchdecke hart machen.
(4) Beine:	beide Fersen auf den Boden drücken, Zehenspitzen aufrichten, dabei Unterschenkel, Oberschenkel und Gesäßmuskeln anspannen.

Instruktion zur Muskelentspannung (Kurzform):

„Nehmen Sie eine möglichst bequeme Haltung ein und stellen Sie sich darauf ein, daß Sie sich entspannen wollen. Gehen Sie in Gedanken einzelne Muskelgruppen in Ihrem Körper durch und versuchen Sie aufzuspüren, welche Muskeln angespannt und verkrampft und welche bereits ziemlich locker und entspannt sind. Nehmen Sie einige tiefe Atemzüge, atmen Sie ein und dann langsam wieder aus. Beobachten Sie, wie Sie beim Einatmen kühle Luft durch die Nase einziehen und beim Ausatmen die durch den Körper erwärmte Luft langsam wieder entweichen lassen. Achten Sie auch darauf, wie sich beim Einatmen Ihre Bauchdecke hebt und beim Ausatmen wieder senkt. Wir beginnen nun mit den Übungen:

Richten Sie als erstes Ihre Aufmerksamkeit auf die Muskeln in beiden Armen. Spannen Sie beide Arme gleichzeitig an – jetzt. Halten Sie die Spannung einen Moment – und mit dem nächsten Ausatmen lassen Sie die Spannung wieder los und entspannen. Achten Sie ganz konzentriert auf das Nachlassen der Spannung und die aufkommende Entspannung. Spüren Sie deutlich den Unterschied zwischen der Anspannung vorher und der Entspannung jetzt. Lassen Sie die Entspannung der Arme mit jedem Ausatmen immer noch tiefer werden, bis auch Hände und Finger davon ergriffen sind, und lassen Sie dann Hände und Arme ganz entspannt ruhen.

Lassen Sie die Arme ganz entspannt und ruhig und richten Sie Ihre Aufmerksamkeit nun auf die Muskeln im Gesicht, Hals und Nacken. Spannen Sie Gesicht, Hals und Nacken zusammen an – jetzt. Spüren Sie die Anspannung – und dann mit dem nächsten Ausatmen lassen Sie die Spannung wieder los und entspannen. Beobachten Sie wieder den Unterschied zwischen der Anspannung vorher und der Entspannung jetzt. Lassen Sie mit dem Ausatmen alle Spannung weichen aus Gesicht, Hals und Nacken.

Wenden Sie sich jetzt bitte den Muskeln des Rumpfes zu. Spannen Sie Schultern, Rücken und Bauch gleichzeitig an – jetzt. Beobachten Sie das Gefühl von Anspannung im gesamten Rumpf – und mit dem nächsten Ausatmen lösen Sie die Spannung wieder und entspannen. Achten Sie wie-

der auf den Unterschied zwischen Anspannung und Entspannung, auf das Gefühl von Erleichterung, wenn die Spannung sich löst. Verstärken Sie dieses angenehme Gefühl von Entspannung, lassen Sie es mit jedem Atemzug tiefer und tiefer werden. Lassen Sie die Entspannung von den Schultern zur Wirbelsäule hinabfließen, den ganzen Rücken hinunter.

Richten Sie Ihre Aufmerksamkeit nun bitte auf Ihre Beine. Spannen Sie beide Beine gleichzeitig an – jetzt. Halten Sie diese Spannung einen Moment – und dann mit dem nächsten Ausatmen lassen Sie die Spannung wieder los und entspannen. Achten Sie auf das angenehme Gefühl der Entspannung, das sich allmählich in beiden Beinen ausbreitet, in den Oberschenkeln, in den Unterschenkeln, in den Füßen, bis in die Zehenspitzen. Folgen Sie der Entspannung und lassen Sie sie mit jedem Ausatmen tiefer werden.

Überlassen Sie sich ganz diesem angenehmen Gefühl der Entspannung, und lassen Sie es überfließen auf den ganzen Körper: Genießen Sie dieses wohlige und angenehme Gefühl tiefer Entspannung noch für einige Minuten. Versuchen Sie, sich dieses Gefühl einzuprägen, um sich im Laufe des Tages daran zu erinnern und es angenehm zu spüren, in all Ihren Muskeln.

Sagen Sie sich nun bitte, daß Sie die Übung allmählich beenden. Ballen Sie Ihre Hände zu Fäusten, strecken und räkeln Sie sich. Atmen Sie tief durch, und öffnen Sie dann allmählich die Augen."

7.3.4 Einführung des „Ruhewortes"

Das Ruhewort stimuliert die Auslösung der Entspannungsreaktion

Haben die Teilnehmer nach etwa weiteren zwei Übungswochen eine gewisse Routine in der Ausübung der Entspannungsmethode erlangt, so wird das Grundverfahren um die Einführung eines individuellen Ruhewortes erweitert. Dieses Ruhewort wird jeweils beim Ausatmen und Loslassen der Anspannung innerlich mitgesprochen. Durch die Verwendung des Ruhewortes wird allgemein die Konzentration auf die Übung gefördert und die Aufmerksamkeit gezielt auf Entspannungsempfindungen gelenkt, wodurch – vergleichbar den Formeln des autogenen Trainings – eine autosuggestive Vertiefung der Entspannung erfolgt. Außerdem wird mit dem Ruhewort ein interner diskriminativer Stimulus für die Auslösung der Entspannungsreaktion etabliert, was die spätere kurzfristige Anwendung der Entspannung in alltäglichen Situationen erleichtern soll.

Die Wahl des Ruhewortes erfolgt individuell

Der Kursleiter erläutert zunächst Funktion und Einsatz des Ruhewortes während der Entspannung. Er bittet die Teilnehmer, sich für einen kurzen Moment an ihre individuellen Entspannungsempfindungen zu erinnern und kann dies ggf. mit einigen begleitenden Entspannungsformeln unterstützen. Jeder Teilnehmer wählt sich ein für ihn individuelles Ruhewort, in dem in kurzer und prägnanter Form subjektive Anzeichen der Entspannung angesprochen werden, also z.B. „Ruhe", „schwer", „tiefer und tiefer", „leicht", „offen" oder „loslassen", „ausatmen" etc. Auch bildhafte Ausdrücke wie etwa „Sonne", „Welle", „Vogel" etc. sind möglich. Die Auswahl des Ruhewortes bleibt dem einzelnen Teilnehmer überlassen, der damit die Möglichkeit erhält, sein individuelles, vorherrschendes Entspannungsgefühl zum Ausdruck zu bringen. Allerdings sollte der Kursleiter darauf achten, daß das Ruhewort möglichst eng mit dem körperlichen Entspannungserleben verbunden, gewissermaßen im Körper „geerdet" ist. Teilnehmer, denen es schwerfällt, ein Ruhewort zu finden, können vom Kursleiter zu einer allgemeinen Beschreibung ihres Entspannungserlebnisses aufgefordert werden, aus der dann ein Ruhewort herausgefiltert werden kann.
In der anschließenden gemeinsamen Entspannungsübung wird der Einsatz des Ruhewortes erprobt. Nach den üblichen einleitenden Instruktionen beschränkt sich der Kursleiter nun auf die Angabe der verschiedenen Muskelgruppen, die von den Teilnehmern selbständig angespannt und anschließend unter Zuhilfenahme des Ruhewortes entspannt werden.

7.3.5 Anwendung der Entspannung im Alltag

Wie kann die Entspannung im Alltag eingesetzt werden?

Das letzte Kursdrittel sollte für Übungen zur Anwendung der Entspannung reserviert werden. Es werden Möglichkeiten vorgestellt, wie die Entspannung über die besonderen Übungszeitpunkte hinaus im normalen Alltagsgeschäft und auch unmittelbar vor oder in belastenden Situationen eingesetzt werden kann. Über die Anwendung der Entspannung im Alltag sollten die langen Entspannungsübungen jedoch nicht gänzlich vergessen werden. Zum Ausgleich und zur weiteren Verbesserung der Entspannungsfähigkeit sollten sie zwar nicht unbedingt mehr so häufig, aber doch regelmäßig durchgeführt werden.

„Ampelübung"

Kurzfristige Unterbrechungen sollen einem Spannungsaufbau entgegenwirken

Zur kurzfristigen zwischenzeitlichen Entspannung im Alltag dient die sogenannte „Ampelübung". In Analogie zum Stopsignal einer Ampel werden mit dieser Übung gezielt Cäsuren im Tagesablauf gesetzt, kurzfristige Unterbrechungen, durch die einem kontinuierlichen Spannungsaufbau im Laufe des Tages entgegengewirkt werden soll.

Das gleichzeitige Anspannen aller Muskelgruppen

Bei dieser Übung werden nun nicht mehr einzelne Muskeln oder Muskelgruppen angesprochen, sondern gleich der ganze Körper. Der Kursleiter demonstriert zunächst das gleichzeitige Anspannen aller Muskelgruppen: beide Hände zu Fäusten ballen, Ellenbogen anwinkeln, Augenbrauen zusammenziehen, Nase rümpfen, Zähne und Lippen aufeinanderpressen, Kopf leicht einziehen und nach hinten drücken, Schultern nach hinten unten ziehen, Bauchdecke hart machen, beide Fersen auf den Boden pressen und dabei Unterschenkel, Oberschenkel und Gesäß anspannen. Die Teilnehmer probieren das gleichzeitige Anspannen der Muskelgruppen aus, wobei wieder auf eine nicht zu starke Anspannung zu achten ist. Während der Kurssitzungen sollte der Kursleiter verschiedentlich „Ampelübungen" einstreuen.

Anleitung zur „Ampelübung":

„Bitte halten Sie nun einen Moment inne und richten Sie ihre Aufmerksamkeit nach innen. Spannen Sie kurz alle Muskeln Ihres Körpers an – jetzt. Halten Sie die Spannung einen Moment – und mit dem nächsten Ausatmen loslassen und entspannen. Sprechen Sie innerlich ihr Ruhewort bei jedem Ausatmen. Versuchen Sie, mit jedem Ausatmen alle Muskeln ganz locker und entspannt werden zu lassen.
Ein bis zwei Minuten –
Ballen Sie nun ihre Hände zu Fäusten, atmen Sie durch und richten Sie Ihre Aufmerksamkeit wieder nach außen."

Für die Übungen außerhalb der Kursstunden werden die Teilnehmer aufgefordert, vier bis fünf Gegenstände zu benennen, mit denen sie täglich, aber nicht allzu oft, in Berührung kommen. Diese Gegenstände sollen sie mit einem roten Signalpunkt, vergleichbar dem roten Ampellicht, versehen, der sie daran erinnern soll, ihre Muskelspannung zu überprüfen und sich kurz zu entspannen.

Entspannung durch Vergegenwärtigung

Die Entspannung erfolgt durch Vorstellung

Während die „Ampelübung" immer noch eine, wenn auch nur kurzfristige, Unterbrechung des alltäglichen Handlungsvollzugs erfordert, kann diese Variante der Entspannung auch während unterschiedlichster Alltagssituationen eingesetzt werden. Bei der Entspannung durch Vergegenwärtigung entfällt die initiale Anspannung der Muskeln. Die Teilnehmer vergegenwärtigen sich lediglich unter Benutzung ihres individuellen Ruhewortes, das an die Ausatmung gekoppelt ist, Entspannungsgefühle in den verschiedenen Bereichen ihres Körpers. Dabei wird die Aufmerksamkeit vor allem auf solche – individuellen – Muskelgruppen gerichtet, die nach den bisherigen Erfahrungen des jeweiligen Teilnehmers besonders zu Verspannungen neigen, bzw. auf solche Muskeln, von deren Lösung erfahrungsgemäß eine Generalisierung des Entspannungsgefühls auf den ganzen Körper ausgeht. Eine solche „Initialzündung" für die Entspannung wird besonders häufig durch das Fallenlassen der Schultern, die Entspannung von Stirn- oder Kiefermuskeln und eine Lockerung der Bauchmuskulatur ausgelöst.

Instruktion
zur „Entspannung durch Vergegenwärtigung":

„Richten Sie Ihre Aufmerksamkeit nun bitte nach innen, auf Ihren Körper. Gehen Sie in Gedanken durch Ihren Körper. Achten Sie auf Anspannungen einzelner Muskeln. Lassen Sie jeweils mit dem Ausatmen die Spannung aus den Muskeln weichen. Sprechen Sie Ihr Ruhewort und spüren Sie die Entspannung der Muskeln mit jedem Ausatmen ... Bleiben Sie in Kontakt mit diesem Gefühl der Entspannung, atmen sie einmal kräftig ein und aus, und richten Sie Ihre Aufmerksamkeit nun wieder nach außen."

Die Anwendung ist überall möglich

Die Entspannung durch Vergegenwärtigung hat vielfältige Anwendungsmöglichkeiten: z.B. im Bus, am Schreibtisch, während eines Telefongespräches, beim Fernsehen und auch in Gesprächen mit anderen kann sie dazu dienen, den Spannungszustand der Muskulatur zu überprüfen und überflüssige Spannungen zu lösen. Hierzu sollten im Kurs vielfältige Anregungen gegeben werden (zahlreiche Beispiele hierzu finden sich bei Wendtland 1992, S. 54 ff). Je nach Art der Situation, in der sie eingesetzt wird, kann die Übung mit geschlossenen, aber auch mit geöffneten Augen (und dabei nach

innen gerichteter Aufmerksamkeit) durchgeführt werden. Beide Varianten sollten im Kurs erprobt werden.
Die Durchführung der Entspannung durch Vergegenwärtigung ist auch im Stehen möglich, z.B. in einer Warteschlange vor der Kaufhauskasse oder in der Kantine, an der Bushaltestelle oder auf dem Bahnsteig, im Fahrstuhl oder während eines Gespräches mit einem Bekannten auf der Straße. Auch dies sollte im Kurs praktisch geübt werden.
Die Teilnehmer können die Übung auch bereits in leicht belastenden Situationen versuchen, dürfen aber noch keine durchschlagenden Erfolge erwarten. Es ist noch Übung erforderlich, bis die Entspannung nach und nach in immer schwierigeren Situationen mit Erfolg eingesetzt werden kann.

Differentielle Entspannung

Häufig werden Muskelgruppen beansprucht, die für eine bestimmte Tätigkeit gar nicht erforderlich sind

Eine generelle psychophysische Entspannung ist in vielen Alltagssituationen weder möglich noch sinnvoll oder erwünscht. Um alltägliche Tätigkeiten verrichten zu können, ist die Anspannung jeweils spezifischer Muskelgruppen erforderlich. Allerdings kommt es häufig zu einer unphysiologischen Beanspruchung auch solcher Muskelgruppen, die für die Ausführung der aktuellen Tätigkeit nicht oder kaum erforderlich sind. Gut zu beobachten ist dies beispielsweise bei den ersten Schreibübungen von Grundschulkindern, die ihre ersten Buchstaben unter Einsatz aller Muskelkräfte von der Zunge bis zu den Füßen auf das Papier bringen. Auch bei Erwachsenen gehen gerade Schreibtisch- (und auch Bildschirm-)-Tätigkeiten mit einer starken Anspannung besonders der Nacken-, Schultern- und Rückenmuskulatur einher. Dies ist auch bei vielen Tätigkeiten im Haushalt, z.B. Bügeln, Kartoffeln schälen oder Gemüse putzen, Abwaschen, Wiegen von Säuglingen, Tragen und Heben schwerer Gegenstände usw. der Fall.

Bei welcher Tätigkeit kommt es zu Verspannungen?

Der Kursleiter fordert die Teilnehmer dazu auf, in ihrem Alltag gezielt darauf zu achten, bei welchen Tätigkeiten sich besonders leicht Verspannungen entwickeln. Sie sollen dann versuchen, unter Anwendung der bisher gemachten Entspannungserfahrungen unnötige Anspannungen einzelner Muskeln zu lösen. Für einige häufige Tätigkeiten kann dies auch während der Kurssitzung exemplarisch erprobt werden. Eine vertiefte Behandlung dieses Themas würde allerdings den Rahmen dieses Kurses sprengen. Teilnehmer, die über häufige und starke Verspannungen im Zusammenhang mit der Ausführung bestimmter Tätigkeiten berichten, sollten auf die Möglichkeit der Teilnahme an einer Rückenschule (z. B. Kaisser & Höfling 1990; Nentwig, Krämer & Ullrich 1993; Burg, Attermeyer & Overbeck 1993) hingewiesen werden, in der dann auch Aspekte der Alltagsergonomie berücksichtigt werden.

7.3.6 „Phantasiereisen"

Positives Erleben soll hervorgerufen werden

Bei entsprechender Vorerfahrung des Kursleiters können die Übungen während der Gruppensitzungen – zur Abwechslung und zur Anregung – auch mit „Phantasiereisen" kombiniert werden. Dies sollte im Rahmen dieses Trainingsprogrammes allerdings mit der Eingrenzung auf positive Imaginationen geschehen mit dem Ziel, Möglichkeiten positiven Erlebens bei den Teilnehmern wachzurufen und zu beleben. In diesem Sinne eingesetzt, können die Phantasiereisen eine gute Vorbereitung und Ergänzung für den dritten Trainingsbaustein darstellen, in dem es explizit um den Aufbau von Möglichkeiten positiven Erlebens und Verhaltens zum Ausgleich für Belastungen geht. Im folgenden finden sich die Instruktionen (jeweils im Anschluß an eine kurze Entspannungsinduktion) für zwei in dieser Hinsicht bewährte Phantasiereisen.

Anleitung zur Phantasiereise „Ort der Ruhe":

„Lassen Sie nun bitte vor Ihrem inneren Auge das Bild eines Ortes entstehen ... eines Ortes, an dem Sie sich wohlfühlen ..., eines Ortes, an dem Sie Ruhe und Entspannung finden .... Dies kann ein Ort aus Ihrer Erinnerung sein ... oder auch ein Ort, den es nur in Ihrer Phantasie gibt. Zu Beginn fällt es oft gar nicht leicht, ein solches Bild zu finden .... Vielleicht laufen vor Ihrem inneren Auge auch mehrere Bilder hintereinander ab ... wie in einem Film. Lassen Sie diese Bilder dann eine Zeit lang laufen .... Und versuchen Sie nun bitte, ein Bild festzuhalten .... Richten Sie Ihre Aufmerksamkeit nur auf dieses eine Bild ... auf diesen einen Ort, der Ruhe und Entspannung ausstrahlt.
Und nun gehen Sie bitte in dieses Bild hinein ... und schauen Sie sich um an Ihrem Ort der Ruhe und Entspannung .... Schauen Sie nach links ... und nach rechts ... nach unten auf den Boden ... und nach oben zum Himmel .... Achten Sie auch auf Geräusche an diesem Ort .... Wenn Sie aufmerksam lauschen, können Sie vielleicht etwas hören ...

Vielleicht können Sie auch etwas spüren ... auf Ihrer Haut ... im Gesicht ... wo auch immer ... .
Und wenn Sie nun die Luft durch die Nase einziehen, können Sie vielleicht auch etwas riechen ... .
Verweilen Sie an diesem Ort der Ruhe und Entspannung und genießen Sie es, dort zu sein ... jeder für sich.
... (nach ca. 3 Minuten)
Verabschieden Sie sich nun bitte allmählich von Ihrem Ort der Ruhe und Entspannung ... . Nehmen Sie wieder Ihren Körper wahr ... . Ballen Sie Ihre Hände zu Fäusten und strecken und räkeln Sie sich ... . Atmen Sie ein paarmal kräfig tief durch ... und öffnen Sie dann die Augen."

Anleitung zur Phantasiereise „Boot" (nach Müller 1983)**:**

„Stellen Sie sich vor, Sie sind auf dem Meer. In einem Boot.
Sie liegen im Boot. Sie spüren den warmen Boden aus Holz.
Der Geruch des Holzes, sonnenwarm, ist angenehm.
Sie spüren das sanfte Schaukeln des Bootes.
Auf und ab ... auf und ab ... .
Im Rhythmus Ihres Atmes ... ein und aus ... .
Ruhig und entspannt.
Sie schauen zum Himmel. Sehen Sie Wolken? ...
Vielleicht können Sie Geräusche hören ... Das Plätschern der Wellen ... das Rauschen des Meeres ... .
Vielleicht auch können Sie das Meer riechen? ...
Lassen Sie sich treiben.
Ruhig, gelöst und entspannt.
Genießen Sie das sanfte Schaukeln noch eine Weile.
(nach einigen Minuten)
Sagen Sie sich nun bitte, daß Sie die Übung allmählich beenden. Verabschieden Sie sich vom Meer, von Ihrem Boot ... .
Nehmen Sie wieder Ihren Körper wahr ... . Ballen Sie Ihre Hände zu Fäusten und strecken und räkeln Sie sich ... . Atmen Sie ein paarmal kräfig tief durch ... und öffnen Sie dann die Augen."

Nach den Übungen soll den Teilnehmern etwas Zeit gelassen werden, um zurückzufinden. Dann folgt eine Gesprächsrunde, in der jeder Teilnehmer die Möglichkeit erhält, über seine Erlebnisse während der Übung zu berichten, sofern er dies möchte. Weitere Anleitungen für Phantasiereisen finden sich bei Müller (1983), Rehfisch, Basler & Seemann (1989) und Wendlandt (1992).

7.4 Überblick über den Ablauf des Entspannungstrainings

Im folgenden ist der Ablauf des Entspannungstrainings zusammenfassend dargestellt (Tabelle 7.3). Es sei daran erinnert, daß es sich hierbei nicht um einen verbindlichen Zeitplan handelt, wohl aber ist die Abfolge der einzelnen Elemente des Trainings zu beachten. Der Übergang von einer Variante des Trainings zur nächsten richtet sich nach den Übungsfortschritten der jeweiligen Gruppe.

Tabelle 7.3. Überblick über das Entspannungstraining

Sitzung	Inhalt	siehe
2	Einführung der Methode der PMR, Demonstration des Grundprinzips, erste gemeinsame Übung der Langform, Vorbereiten selbständiger Übungen	7.3.1
3/4	ausführliches Besprechen der Übungserfahrungen, Umgang mit Störungen, weiteres Üben der Langform mit Individualisierung der Instruktion	7.3.2
5	Verkürzung der Übung auf vier Muskelgruppen	7.3.3
6	Üben der Kurzform	
7	Einführung des „Ruhewortes“	7.3.4
8/9	selbständige Übungen mit Hilfe des „Ruhewortes“	
10–12	Anwendung der Entspannung im Alltag: „Ampelübung“, Entspannung durch Vergegenwärtigung, differentielle Entspannung, evtl. Kombination mit „Phantasiereisen“	7.3.5 7.3.6

Genußtraining 8

8.1 Ziele

Neben die problembezogene Auseinandersetzung mit den Belastungen der Teilnehmer und der Förderung der Entspannungsfähigkeit durch ein systematisches Training tritt mit diesem Programmelement die Beschäftigung mit Möglichkeiten positiven, euthymen Erlebens und Verhaltens.

Welche Probleme können durch fehlende Kompensationsmöglichkeiten entstehen?

Viele Menschen neigen dazu, unter Belastung Freizeitaktivitäten in Form von Hobbys, Sport und Spiel aufzugeben, soziale Kontakte einzuschränken und Interessen verkümmern zu lassen. Mag eine solche Einschränkung des Verhaltensspektrums in den Fällen, in denen es um die Bewältigung einer kurzfristigen Belastung geht, eine durchaus angemessene und erfolgversprechende Strategie darstellen, so erscheint sie bei lang andauernden Belastungen in zweierlei Hinsicht problematisch: Erstens führen fehlende Kompensationsmöglichkeiten bei anhaltender Belastung zu einer Abnahme der Widerstandskraft gegenüber Belastungen. Das subjektive Belastungsgefühl nimmt zu. Dies trifft ganz besonders auf die Einschränkung sozialer Kontakte zu, denen eine wichtige Aufgabe als emotionaler Schutzfaktor bei der Streßprävention zukommt. Ein intaktes soziales Netz bietet vielfältige Möglichkeiten der praktischen und emotionalen Unterstützung, die dem einzelnen die Bewältigung einer Belastung erleichtern können. Zweitens stellt die Einschränkung des Verhaltensrepertoires aber nicht nur eine langfristig ineffektive Bewältigungsstrategie dar, weil Kompensations- und Unterstützungsmöglichkeiten nicht genutzt werden, sondern sie schafft selbst Bedingungen für zukünftige Belastungen.

Ein Teufelskreis

Denn eine zunehmende soziale Isolierung und ein fortschreitender Mangel an Möglichkeiten, positive Verstärkung zu erlangen, sind die Folgen, die ihrerseits wichtige, das Auftreten von Depressionen begünstigende Bedingungen darstellen, wie man aus der verhaltenstheoretisch orientierten Forschung zum depressiven Syndrom weiß. Ein depressiver Mensch aber wird eher dazu neigen, äußere Anforderungen als hoch und eigene Bewältigungsmöglichkeiten als gering einzuschätzen, und so vermehrt streßbezogene Transaktionen erleben, die er dann möglicherweise mit einem noch weitergehenden sozialen Rückzug und einer weiteren Einschränkung seiner Aktivitäten zu bewältigen sucht.

Das Ziel: ausgleichende Aktivitäten genußvoll erleben

Es ist das Ziel dieses Programmteiles, einen solchen Circulus vitiosus dort, wo er besteht, zu unterbrechen und ein individuelles

Repertoire palliativer und regenerativer Aktivitäten im Alltag der Teilnehmer zu verankern. Die Teilnehmer sollen hierzu anknüpfen an frühere Kontakte und Tätigkeiten, die sie aufgrund von Belastungen vernachlässigt haben, aber sich ebenso auch neue Bereiche erschließen, und darin unterstützt werden, möglicherweise anfänglich bestehende äußere Hemmnisse oder innere Hemmungen zu überwinden. Aber es geht hier nicht allein um das Ausführen von potentiell ausgleichenden Aktivitäten; vielmehr ist es von entscheidender Bedeutung, daß

- der Teilnehmer diese Aktivitäten auch tatsächlich als erholsam und entspannend erleben kann,
- er die Aktivitäten beispielsweise nicht als zusätzliche Anforderung mißversteht, der er aufgrund eines abstrakten Gesundheitsinteresses oder gar dem Kursleiter zuliebe nachkommt,
- er an diese Aktivitäten nicht unter dem Gesichtspunkt von Wettbewerb und Leistung herangeht,
- er sich dabei nicht durch interferierende Gedanken an vergangene und zukünftige Belastungen stören läßt;
- kurz: daß er sich auf ausgleichende Aktivitäten einlassen und diese genießen, Spaß daran haben kann.

8.2 Methoden

Der Zugang zu positiven, genußvollen Emotionen ist verschüttet

Wie lassen sich die genannten Ziele erreichen? Die Erfahrungen aus vielen Kursen zeigen, daß die – auch wiederholte – Aufforderung „Machen Sie doch 'mal etwas Schönes!" allein in den meisten Fällen nicht ausreicht. Zwar gibt es immer wieder Teilnehmer, die hierdurch den nötigen letzten Anstoß erhalten, etwas zu verwirklichen, was sie sich u.U. schon lange gewünscht haben. Für die überwiegende Mehrzahl der Teilnehmer trifft dies jedoch nicht zu. Viele Teilnehmer haben im Laufe der Jahre den inneren Bezug zu angenehmen Aktivitäten verloren, sind unsicher und einfallslos im Hinblick darauf, was ihnen überhaupt Spaß machen könnte. Der Zugang zu positiven, genußvollen Emotionen ist gewissermaßen durch den Streß des Alltags verschüttet. Andere Teilnehmer haben durchaus Ideen für angenehme Aktivitäten, sind aber wegen ihrer vielfältigen alltäglichen Anforderungen so sehr von der Unmöglichkeit ihrer Realisierung überzeugt, daß obige Aufforderung in ihren Ohren nur zynisch klingt. Wieder andere schließlich zeichnen sich dadurch aus, daß sie einer Vielzahl von Aktivitäten nachgehen, diese aber nur selten wirklich als angenehm erleben und genießen können („Freizeitstreß"). Für diese würde besagte Aufforderung lediglich ein „Mehr desselben“ bedeuten. Hier wie dort macht es wenig Sinn, allzu schnell und forsch auf das bloße Ausführen von – potentiell angenehmen – Aktivitäten zu fokussieren. Erst muß gewissermaßen der erlebnismäßige Boden bereitet werden, auf dem dann bestimmte Aktivitäten auch tatsächlich als angenehm erlebt werden bzw. in spezifischer, nämlich in genußvoller Weise ausgeführt werden können.

Ein neuer Zugang muß geschaffen oder wieder entdeckt werden

Die im Rahmen dieses Bausteines eingesetzten Methoden zielen daher in einen ersten Schritt darauf ab, einen neuen Zugang zu positiven Emotionen zu finden, frühere positive Erlebnisse wiederzubeleben und Lust auf neue Erfahrungen zu wecken. Hierzu werden erlebnisaktivierende Methoden eingesetzt, insbesondere werden Übungen aus dem Therapieprogramm zum Aufbau positiven Erlebens und Handelns bei depressiven Patienten (die sogenannte „kleine Schule des Genießens“; Lutz & Koppenhöfer 1983; Koppenhöfer 1990; Lutz 1993) in modifizierter Form durchgeführt. Erst in einem zweiten Schritt wird dann von der Erlebnisebene auf die Verhaltensebene übergegangen. Hier geht es dann darum, konkrete, individuelle Aktivitäten (bzw. „Passivitäten“) verbindlich zu planen und umzusetzen. Dabei gewonnene Erfahrungen werden reflektiert und bei der Überwindung von Hindernissen besonders das soziale Unterstützungspotential der Gruppe angesprochen. In einem letzten Schritt geht es dann um die Planung und Realisierung eines „persönlichen Gesundheitsprojektes“, das dem Teilnehmer eine konkrete Perspektive über die Dauer des Kurses hinaus vermittelt.

8.3 Praktische Durchführung im Kurs

8.3.1 „Angenehmes Erleben im Alltag“ – Gruppengespräch

Etwa ab der vierten/fünften Kurswoche sollte der Kursleiter in diesen Programmbaustein einführen: „*Wir wollen uns in diesem Kurs nicht nur mit Problemen und Belastungen, sondern auch mit den positiven Seiten des Lebens beschäftigen; damit, was uns Freude macht; Dinge, bei denen wir uns wohlfühlen können, bei denen wir abschalten und uns erholen können. Das können Freundschaften und gesellige Kontakte sein, Hobbys, denen man sich widmet, oder sportliche oder kreative Aktivitäten. Was es im einzelnen ist, ist für jeden sicher verschieden. Gemeinsam aber ist all diesen Dingen, daß sie für die Bewältigung von Belastungen eine ganz wichtige Bedeu-*

tung haben; denn sie sorgen dafür, daß wir den nötigen Ausgleich für unsere Belastungen finden. Viele Menschen neigen dazu, unter Belastungen ihre Hobbys aufzugeben und Kontakte einzuschränken. Sie konzentrieren sich dann ganz auf die Belastung, können überhaupt nicht mehr abschalten und empfinden keine Freude mehr an anderen Dingen. Dies ist zwar verständlich, führt aber – vor allem, wenn die Belastung länger anhält, wie das ja häufig der Fall ist – dazu, daß Ausgleich und Erholung fehlen. Diese Menschen werden dann immer anfälliger für Streß, sind weniger belastbar und reagieren eher gereizt, hektisch oder nervös. Wir wollen uns in dieser und in den nächsten Kursstunden deshalb auch damit beschäftigen, wie jeder von Ihnen für einen regelmäßigen Ausgleich für seine Belastungen sorgen kann."

Zur Einstimmung auf das anschließende Gruppengespräch eignet sich folgendes Gedicht von Bert Brecht (1967):

Vergnügungen

Der erste Blick
aus dem Fenster am Morgen
Das wiedergefundene alte Buch
Begeisterte Gesichter
Schnee, der Wechsel der Jahreszeiten
Die Zeitung
Der Hund
Die Dialektik
Duschen, Schwimmen
Alte Musik
Bequeme Schuhe
Begreifen
Neue Musik
Schreiben, Pflanzen
Reisen
Singen
Freundlich sein.

Austausch über angenehme Erlebnisse des vergangenen Tages

Nach diesen einleitenden Worten bittet der Kursleiter die Teilnehmer, einmal darüber nachzudenken, welche Dinge sie in den vergangenen 24 Stunden als angenehm erlebt haben. Hierfür werden ein paar Minuten eingeräumt, in denen jeder Teilnehmer für sich über diese Frage nachdenkt. Anschließend bittet der Kursleiter die Teilnehmer, sich in Kleingruppen über ihre angenehmen Erlebnisse auszutauschen. Dabei kommt es darauf an, das jeweilige Erlebnis möglichst plastisch und lebendig zu schildern, so daß für die jeweils zuhörenden Teilnehmer die damit verbundenen positiven Gefühle nachvollziehbar werden.

Das Sprechen über angenehme Erlebnisse

Das Nachdenken wie das Sprechen über angenehme Erlebnisse wird für viele Teilnehmer ungewohnt sein. Man ist eher daran gewöhnt, über Ärger, Belastungen. Unangenehmes zu schimpfen, zu klagen o. ä. Dies sollte mit den Teilnehmern reflektiert werden als ein Hinweis darauf, daß das eigene Leben und Erleben bereits zu stark vom Alltagsstreß beherrscht wird. Das Sprechen über angenehme Dinge läßt die positiven Erlebnisse wieder lebendig werden und kann damit einen Beitrag gegen den „inneren Streß" leisten.

8.3.2 „Acht Gebote des Genießens"

Bedingungen für genußvolles Erleben im Alltag

Oft zeigen sich die Teilnehmer überrascht darüber, daß sie überhaupt und wie viele Gelegenheiten für angenehmes Erleben im ganz normalen Tagesablauf entdecken können, wenn sie einmal bewußt darüber nachdenken. Diese Erfahrung kann zum Ausgangspunkt für ein anschließendes Gruppengespräch über persönliche Voraussetzungen und Bedingungen für genußvolles Erleben im Alltag genommen werden: *„Was gehört dazu, was brauchen Sie, um auch im Alltag Dinge genießen, Angenehmes erleben zu können? Wie schaffen Sie es, im alltäglichen Leben mit seinen Anforderungen und Belastungen Angenehmes zu erleben?"*

Der Kursleiter sollte wichtige Punkte, die von den Teilnehmern genannt werden (wie etwa Zeit, innere Bereitschaft, Sinn für den Augenblick, offene Sinne, Aufmerksamkeit besonders auch für die kleinen Dinge etc.) auf einer Wandzeitung festhalten. Abschließend wird – gewissermaßen als Zusammenfassung – das Blatt mit den „Acht Geboten des Genießens" (modifiziert nach Lutz & Koppenhöfer 1983, s. Anhang) ausgeteilt und durchgesprochen.

„ACHT GEBOTE DES GENIESSENS“

1 GÖNNE DIR GENUSS
Viele Menschen haben Hemmungen, ein schlechtes Gewissen oder schämen sich, wenn sie sich selbst etwas Gutes tun. Vielleicht weil sie in ihrer Kindheit entsprechende Verbote von ihren Eltern bekommen haben, können sie sich selbst heute keinen Genuß erlauben. Hier kommt es darauf an, sich über unnötig gewordene Genußverbote klarzuwerden und diese fallenzulassen.

2 NIMM DIR ZEIT ZUM GENIESSEN
Das klingt banal, ist aber eine ganz wichtige Voraussetzung für das Genießen. Genuß geht nicht unter Zeitdruck – aber manchmal genügt schon ein Augenblick.

3 GENIESSE BEWUSST
Wer viele Dinge gleichzeitig tut, wird dabei kaum genießen können. Wollen Sie Genuß erleben, dann müssen Sie die anderen Tätigkeiten ausschalten und sich ganz auf diesen besinnen. Genuß geht nicht nebenbei.

4 SCHULE DEINE SINNE FÜR GENUSS
Genießen setzt eine fein differenzierte Sinneswahrnehmung voraus, die sich durch Erfahrung gebildet hat. Beim Genießen kommt es auf das Wahrnehmen von Nuancen an. Es gilt hier, die eigenen Sinne zu schärfen.

5 GENIESSE AUF DEINE EIGENE ART
Das weiß auch der Volksmund: „Was dem einen sin Uhl ist, ist dem anderen sin Nachtigall“. Genuß bedeutet für jeden etwas anderes. Hier kommt es darauf an, herauszufinden, was einem gut tut und – genauso wichtig – was einem nicht gut tut und was einem wann gut tut.

6 GENIESSE LIEBER WENIG, ABER RICHTIG
Ein populäres Mißverständnis über Genießen ist, daß derjenige mehr genießt, der mehr konsumiert. Für den Genuß ist jedoch nicht die Menge, sondern die Qualität entscheidend. Ein Zuviel wirkt auf die Dauer sättigend und langweilend. Wir plädieren deshalb dafür, sich zu beschränken, nicht aus Geiz oder aus falscher Bescheidenheit, sondern um sich das jeweils Beste zu gönnen.

7 ÜBERLASSE DEINEN GENUSS NICHT DEM ZUFALL
Eine Redensart besagt, daß man die Feste feiern soll, wie sie fallen. Das Zufällige, Spontane, Unerwartete bringt häufig einen ganz besonderen Genuß. Es erscheint jedoch nicht günstig, den Genuß alleine dem Zufall zu überlassen. Im Alltag wird es oft nötig sein, Genuß zu planen, d.h. die Zeit dafür einzuteilen, die entsprechenden Vorbereitungen zu treffen, Verabredungen zu vereinbaren usw.

8 GENIESSE DIE KLEINEN DINGE DES ALLTAGS
Genuß ist nicht immer zwangsläufig etwas ganz Außerordentliches. Vielmehr gilt es, Genuß im normalen Alltag zu finden – in kleinen Begebenheiten und alltäglichen Verrichtungen. Wer sich selbst im Alltag innerlich dafür offen hält, kann eine Vielzahl von Quellen für angenehme Erlebnisse gerade auch im alltäglichen Leben entdecken.

8.3.3 Praktische Übungen zum Genießen

Alltägliche Dinge sollen bewußt und differenziert wahrgenommen werden

Die genannten Genußprinzipien werden nun in einem nächsten Schritt in der Gruppe praktisch erprobt. Hierzu wird eine Sequenz von Übungen durchgeführt, bei denen es darum geht, zu einer bewußten und differenzierten sinnlichen Wahrnehmung alltäglicher Gegenstände anzuregen, damit verbundene positive innere Bilder und Erinnerungen wachzurufen und so einen Zugang zu genußvollem, angenehmem Erleben zu finden. Besonders geeignet hierfür sind das olfaktorische und das taktile System. Riechen und Tasten sind erfahrungsgemäß recht unmittelbar mit emotionalen Reaktionen verknüpft, wohingegen insbesondere visuelle Eindrücke eher kognitiv verarbeitet werden.
Das praktische Vorgehen in der Gruppe erfolgt in folgenden Schritten:

Konzentration auf angenehme Empfindungen

Einführung. Der Kursleiter knüpft zunächst kurz an die in der vorangegangenen Kurssitzung besprochenen Genußgebote an und macht deutlich, daß es bei den nachfolgenden Übungen darum gehen wird, diese praktisch zu erproben. Er bittet die Teilnehmer darum zu versuchen, sich ohne viel Nachdenken auf die Übungen einzulassen, auch wenn sie ungewohnt oder sogar „kindisch" erscheinen, und sich dabei ausschließlich auf angenehme Empfindungen zu konzentrieren.

Konzentration auf den Geruch eines Gegenstandes

Erste Übung. Der Kursleiter teilt dann an jeden Teilnehmer einen – jeweils den gleichen – Gegenstand aus [z.B. eine Orange (unbehandelt!) im Winter, eine duftende Blüte im Sommer]. Er fordert die Teilnehmer dazu auf, ihre Aufmerksamkeit einmal ausschließlich auf den Geruch dieses Gegenstandes zu richten, gibt wiederholt Instruktionen entsprechend den Genußgeboten (sich Zeit lassen, Aufmerksamkeit bewußt lenken, sich Genuß erlauben etc.) und regt auch zu Assoziationen, Bildern und Erinnerungen zu dem jeweiligen Geruch an (s. *Instruktion*). Anschließend findet ein kurzer Austausch statt, bei dem die Teilnehmer ihre Eindrücke einander mitteilen können, diese aber tunlichst nicht „zerredet" werden.

Instruktion zur Genußübung (Beispiel):

„Bitte versuchen nun, Ihre Aufmerksamkeit einmal ganz auf die angenehmen Geruchsempfindungen zu lenken, die von Ihrer Orange ausgehen. Versuchen Sie, sich ganz auf diesen Duft zu konzentrieren, die Orange mit der Nase zu erfahren. Das Wichtigste dabei ist: Sie haben Zeit. Lassen Sie sich Zeit, solange Sie wollen, um Ihre Orange zu beschnuppern. Konzentrieren Sie sich ganz auf den augenblicklichen Geruch. Nur dieser ist im Augenblick wichtig. Wenn Sie möchten, dann schließen Sie jetzt die Augen.

Spüren Sie den angenehmen Geruch in Ihrer Nase. Ziehen Sie den Duft ganz bewußt mit Ihrer Nase ein, und erlauben Sie sich, diesen angenehmen Duft der Orange zu genießen. Lassen Sie sich Zeit dabei .... .

Vielleicht tauchen vor Ihrem inneren Auge schöne Bilder oder Erinnerungen auf. Lassen Sie auch dafür Platz und genießen Sie die angenehmen Gefühle, die damit verbunden sind .... .

Achten Sie bitte auch darauf, wann Sie 'die Nase voll haben', wann Sie die Orange ausreichend lange beschnuppert haben. Verabschieden Sie sich dann allmählich vom Duft der Orange. – Jeder zu seiner Zeit! – Kehren Sie mit Ihrer Aufmerksamkeit zurück und öffnen Sie dann die Augen."

Verschiedene Materialien zu unterschiedlichen Sinneseindrücken werden angeboten

Zweite Übung. In einem nächsten Schritt geht es nun darum, mit einem größeren Angebot von Sinneseindrücken zu experimentieren und aus diesem Angebot allmählich einen Gegenstand auszuwählen, der momentan besonders angenehme Empfindungen auslöst. Der Kursleiter hat hierzu eine Reihe unterschiedlicher Materialien vorbereitet (zum Riechen: z.B. Gewürze, Blumen, Kräuter, Früchte, Parfums und auch alltägliche Gegenstände wie Schuhcreme, Bohnerwachs, Babylotion, Rum usw.; zum Tasten: z.B. Watte, Seide, Steine, Baumrinde, Wurzeln, Metall, Kork, Holzscheiben, Tannenzapfen etc.) und breitet diese in der Mitte des Gruppenraumes aus. Die Teilnehmer werden dazu eingeladen, sich in gleicher Weise wie zuvor der Orange nun auch anderen Eindrücken zuzuwenden *(„Probieren Sie nun bitte aus, wie sich diese anderen Dinge anfühlen oder wie sie riechen. Vielleicht entdecken Sie Altbekanntes wieder, gehen Sie auch auf Neues zu. Lassen Sie sich Zeit. Tauchen angenehme Bilder oder schöne Erinnerungen auf, so lassen Sie diese ruhig zu .... ")*. Wichtig ist auch die Beachtung des Prinzips „Genieße lieber wenig, aber richtig" *(„Nehmen Sie sich nicht zuviel vor. Überfordern Sie sich nicht. Versuchen Sie lieber einige Gegenstände intensiv zu erfahren als viele nur oberflächlich ... . ")*. Nach einer Weile werden die Teilnehmer aufgefordert, sich den Gegenstand auszuwählen, der ihnen jetzt die angenehmsten Empfindungen vermittelt *(„Genieße auf Deine Art.")* und sich noch einmal Zeit zu nehmen, sich ganz auf diesen Gegenstand zu konzentrieren.

Die Teilnehmer beschreiben ihre Empfindungen und Assoziationen

Austausch. Es findet dann in Kleingruppen ein Austausch statt, bei dem sich die Teilnehmer gegenseitig ihren Gegenstand vorstellen, die von diesem ausgelösten Empfindungen beschreiben und über die ggf. damit verknüpften Assoziationen und Erinnerungen berichten. Der Kursleiter kann hierzu zunächst ein Beispiel geben: *„Ich habe mir den Geruch der Zitrone gewählt. Das ist ein frischer angenehmer Geruch, der prickelt etwas in der Nase und auch auf der Zunge. Ich darf die Zitrone nicht zu dicht vor die Nase halten, dann wird der Geruch zu intensiv und unangenehm. Mich erinnert der Geruch an ein Glas heißer Zitrone, das meine Mutter uns Kindern früher an kalten Wintertagen gemacht hat, wenn wir vom Spiel draußen ins Haus kamen. Meist hat sie uns dabei etwas vorgelesen. Das war schon sehr gemütlich dann in der molligen Küche und angenehm das Gefühl, ganz langsam von innen heraus wieder warm zu werden ... ."* Durch das Verbalisieren der angenehmen Empfindungen können diese verstärkt und gefestigt werden. Es ist jedoch wieder darauf zu achten, durch ein zu langes „Darüber-Reden" die Empfindungen selbst nicht zu zerreden. Auch gibt es immer wieder Teilnehmer, die ihre Erlebnisse zunächst lieber für sich behalten möchten. Dies sollte selbstverständlich respektiert werden.

Sinneseindrücke im Alltag

Alltagsbezug. Zum Abschluß dieser Übungssequenz orientiert der Kursleiter die Teilnehmer dann wieder auf den Alltag außerhalb der Kursstunden: *„Bitte achten Sie in der kommenden Woche in Ihrem Alltag einmal ganz bewußt auf angenehme Sinneseindrücke, auf angenehme Düfte oder auf Gegenstände, die sich schön anfühlen. So wie wir es heute hier in der Gruppe getan haben. Lassen Sie sich von Ihrer Nase durch den Tag begleiten. Vielleicht machen Sie auch – allein oder mit Freunden – einen Schnupperspaziergang im Wald oder im Garten. Wenn Sie im Laufe der Woche ein solches angenehmes Sinneserlebnis haben, dann bringen Sie, wenn möglich, den Gegenstand, von dem es ausgelöst wurde, das nächste Mal bitte mit. Sollte dies nicht möglich sein, z.B. weil es Regentropfen, Sonnenstrahlen oder die Haut eines anderen waren, dann bringen Sie Ihre Erinnerung an dieses angenehme Erlebnis mit".* Als Erinnerungsstütze dient der Bogen „Genießen im Alltag" (s. Anhang), der an die Teilnehmer ausgeteilt wird.

Bei der Durchführung dieser praktischen Genußübungen sind folgende allgemeine Hinweise von Bedeutung:

Die Zusammenstellung der Materialien für die Übungen

Bei der Zusammenstellung der Materialien ist das Prinzip der Beschränkung („Genieße lieber wenig, aber richtig.") zu beachten. Es soll keine Duftorgie veranstaltet werden. Die Materialien sollten zum überwiegenden Teil aus dem alltäglichen Erfahrungsbereich der Teilnehmer stammen. Gut aufgenommen werden immer frische, der jeweiligen Jahreszeit entsprechende Früchte und Blumen. Diese vom Markt oder im Garten zu besorgen, stellt für den Kursleiter eine gute Einstimmung auf die Kurssitzung dar. Natürlich ist auch für ein ansprechendes und liebevolles Arrangement der Materialien im Gruppenraum zu sorgen.

Der Kursleiter fungiert als Modell

Bei den Übungen sollte sich der Kursleiter selbst aktiv als Modell beteiligen. Durch sein Verhalten kann er zum Abbau anfänglicher Scheu und Hemmungen beitragen. Dies wird allerdings nur dann der Fall sein, wenn er sich mit seinem Verhalten nicht zu sehr von den Möglichkeiten der jeweiligen Gruppe entfernt. Ein Kursleiter, der sich in einer noch scheuen und vorsichtigen Gruppe als „hemmungsloser Genußfreak" produziert, wird Hemmungen eher noch verstärken denn abbauen.

Wahrgenommene negative Empfindungen sollen nicht vertieft werden

Auch wenn die Instruktionen des Kursleiters eindeutig auf angenehme Empfindungen und Assoziationen abstellen, kann es vorkommen, daß durch den Kontakt mit bestimmten Gegenständen negative Empfindungen ausgelöst werden. Im Hinblick auf das 5. Genußgebot („Genieße auf Deine Art.") kommt es hier darauf an, derartige negative Empfindungen zwar wahrzunehmen, sie aber jetzt nicht zu vertiefen, sondern sich bewußt davon zu distanzieren und sich gezielt solchen Objekten zuzuwenden, die im Moment als angenehm erlebt werden können. Solange dies gelingt, stellt das Auftreten negativer Empfindungen während der Übungen kein Problem dar. Die eigenen Empfindungen bewußt beeinflussen zu können, die eigene Entscheidungsmöglichkeit und -freiheit dabei zu erleben, stellt vielmehr eine wichtige und wertvolle Erfahrung dar, die auch auf das alltägliche Erleben zu übertragen ist. Wenn z.B. durch bestimmte Erinnerungen tiefere negative Gefühle wachgerufen werden, stößt diese emotionale Selbstregulationsfähigkeit allerdings an ihre Grenzen. Dies tritt bei den Übungen erfahrungsgemäß zwar selten auf, ist aber nicht ausgeschlossen. Insbesondere kann die mit einem bestimmten Gegenstand assoziierte positive Erinnerung zugleich mit einer Verlusterfahrung verbunden sein (z.B. ein inzwischen verstorbener Mensch, ein nicht mehr vorhandener Garten etc.), die jetzt ebenfalls lebendig wird. Der Kursleiter sollte hierauf empathisch und akzeptierend eingehen, ohne allerdings die jeweiligen Trauergefühle zu vertiefen. Für die übrigen Gruppenmitglieder kann es eine Belastung darstellen, wenn ein Teilnehmer weint. Einige reagieren darauf, indem sie eigene genußvolle Empfindungen nicht mehr zulassen, sich diese nicht mehr erlauben („Genußverbot"). Durch einen einfachen, von Empathie und Akzeptanz getragenen menschlichen Kontakt mit dem betreffenden Gruppenmitgleid kann der Kursleiter hier Druck von der Gruppe nehmen und auch die Erfahrung vermitteln, daß Tränen Erleichterung verschaffen können. Auch der Hinweis darauf, daß der Verlust nicht absolut ist, da die positive Erinnerung zugänglich und lebendig ist, kann entlastend wirken.

8.3.4 „Ich nehme mir etwas Schönes vor" – Planen angenehmer Erlebnisse

Angenehme Erlebnisse im Alltag als Ausgleich für Belastungen gezielt planen

Nachdem das Thema „angenehmes Erleben im Alltag" auf die beschriebene Weise von der Erlebensseite her vorbereitet worden ist, besteht der nächste Schritt im Rahmen dieses Programmbausteines nun darin, angenehme Erlebnisse als Ausgleich für bestehende Belastungen gezielt zu planen. Über das bewußte und genußvolle Erleben spontan auftretender angenehmer Eindrücke hinausgehend geht es jetzt um das gezielte, geplante Herbeiführen angenehmer Erlebnisse im Alltag. Mit dem Beginn der zweiten Kurshälfte (ab der siebten Sitzung) sollte mit diesem Schritt begonnen werden. Zur Vorbereitung wird den Teilnehmern die „Liste angenehmer Erlebnisse" (s. Anhang) mit nach Hause gegeben. Diese Liste enthält eine Reihe von potentiell angenehmen Tätigkeiten, die der Teilnehmer jeweils danach beurteilen soll, wie gern und wie häufig er sie ausführt. In der folgenden Kursstunde werden die Ergebnisse ausgewertet mit dem Ziel, erste Anknüpfungspunkte für die (Wieder-)Aufnahme ausgleichender Tätigkeiten im Alltag zu finden: *„Gibt es Aktivitäten, die Sie zwar gern, aber nur selten oder nie ausführen? Gibt es Dinge, die Ihnen früher Spaß gemacht haben oder die Sie schon immer einmal gern machen wollten?"*

Zunächst werden potentiell angenehme Dinge benannt

Jeder Teilnehmer sollte sich hierzu äußern. Hier geht es zunächst ausschließlich um das Benennen von potentiell angenehmen Dingen, indirekt also um das Äußern von Wünschen, noch nicht aber um deren Realisierungsmöglichkeiten. Häufig sind vorschnelle Teilnehmeräußerungen wie „Ich würde ja gerne ..., aber ...", die dazu führen, daß angenehme Dinge als solche nicht mehr angenommen, Wünsche gar nicht erst zugelassen werden.

Die angesprochenen Wünsche sollen verwirklicht werden

Erst dann macht der Kursleiter deutlich, daß es ein Ziel dieses Kurses ist, nicht bei Wünschen (und guten Vorsätzen) stehen zu bleiben, die dann häufig im Alltag mit seinen Belastungen doch wieder vergessen werden, sondern dabei zu helfen, diese Wünsche, so gut es geht, zu verwirklichen. In dieser und den folgenden Kurssitzungen soll jeder Teilnehmer daher mindestens ein angenehmes Erlebnis für die jeweils folgende Woche konkret planen. Das heißt, daß Ort, Zeit, Dauer und ggf. Partner der jeweiligen Aktivität festgelegt und nach Möglichkeit in den Terminkalender des jeweiligen Teilnehmers eingetragen werden.

Gegenseitige Unterstützung und Kontaktaufnahme der Teilnehmer

Die konkrete Planung ausgleichender Aktivitäten bietet viele Möglichkeiten für eine gegenseitige Unterstützung und Kontaktaufnahme der Teilnehmer untereinander. Informationen über kulturelle Veranstaltungen, Programme von Einrichtungen der Erwachsenenbildung, Angebote örtlicher Sportvereine etc. können eingeholt, Bastelanleitungen, Kochrezepte, Bücher, Gesellschaftsspiele etc. ausgetauscht und gemeinsame Unternehmungen verabredet werden.

Konnten die Planungen verwirklicht werden?

Es ist nicht zu erwarten, daß die Umsetzung der geplanten Vorhaben auf Anhieb gelingt. In den nächsten Kursstunden werden daher die jeweils in der vorangegangenen Woche gewonnenen Erfahrungen reflektiert.

- „*Konnte ich meinem Plan für das angenehme Erlebnis verwirklichen?*"
- Falls nein: „*Welche Hürden sind aufgetreten? Wie kann ich diese bei meinem nächsten Plan berücksichtigen?*"
- Falls ja: „*Wie habe ich mich dabei gefühlt?*" „*Was war gut?*" „*Was hat mich gestört?*" „*Worauf will ich in Zukunft achten?*"

Probleme bei der Umsetzung

Im folgenden werden Hinweise zum Umgang mit einigen häufig auftretenden Problemen gegeben:

Zeitmangel

„Keine Zeit!" lautet schlicht das erste und häufigste Problem, das von Teilnehmern spontan geäußert und durch eine Aufzählung all der Aufgaben und Verpflichtungen illustriert wird, die sich dem Teilnehmer im Alltag stellen. Dies ist ein „Totschlag-Argument", das letztlich jedes Gespräch über die Planung angenehmer Erlebnisse erübrigt. Nach meiner Erfahrung ist es wenig sinnvoll, sich hier an einzelnen Teilnehmern „festzubeißen", mit dem Ziel, diesem aufzuzeigen, daß es doch zeitliche Freiräume für ausgleichende Aktivitäten gibt. Dies führt in der Regel dazu, daß vorhandene Widerstände eher noch verfestigt denn abgebaut werden. Der Kursleiter sollte lediglich versuchen, deutlich zu machen, daß die Aussage „Keine Zeit!" nicht nur eine objektive Sachlage beschreibt, sondern auch eine Selbstaussage enthält (etwa: „Ich verfüge nicht über meine Zeit." oder „Ich nehme mir keine Zeit." oder auch „Ich will mir keine Zeit nehmen.") und diese als solche stehenlassen. Ansonsten empfiehlt es sich, hier wie auch bei vielen anderen Schwierigkeiten in diesem Kontext auf das Beispiel anderer Teilnehmer zu setzen und auf den Prozeß, den jeder Teilnehmer – wenn auch mit unterschiedlichem Anfangspunkt und Tempo – durchläuft, vorausgesetzt, er wird nicht vorschnell auf ein erstes vordergründiges „aber" festgelegt. Sofern „keine Zeit" ein zentrales Thema für viele Kursteilnehmer darstellt, kann es sinnvoll sein, Fragen der Zeitplanung in einer Kursstunde als thematische Einheit gesondert zu behandeln (s. Exkurs 1).

Widerstände durch Familienmitglieder

Ein verändertes Freizeitverhalten bringt auch für die mit im Haushalt lebenden Familienangehörigen Veränderungen des familiären Alltags mit sich: Geht beispielsweise die Frau abends zu ihrem VHS-Kurs, dann muß der Mann die Kinder ins Bett bringen und ist anschließend allein zu Hause, woran er möglicherweise nicht gewöhnt ist. Sofern es bei einzelnen Teilnehmern Widerstand von seiten der Familienangehörigen gibt, werden in der Gruppe Lösungsmöglichkeiten besprochen. Dabei wird der Teilnehmer darin unterstützt, sich gegen diesen Widerstand im Interesse seiner Gesundheit aktiv zu behaupten. Andererseits ist darauf zu achten, daß durch die Gruppensolidarität einzelne Teilnehmer nicht in zu starke Konflikte mit ihren Angehörigen geraten. Es sollte auch überlegt werden, ob es möglich ist, die Angehörigen in die neuen Aktivitäten mit einzubeziehen.

Soziale Ängste und Unsicherheiten

Ein weiteres Problem kann in sozialen Ängsten und Unsicherheiten bestehen, die die Kontaktaufnahme mit anderen Personen beeinträchtigen. Hier bieten sich Rollenspiele an, um beispielweise zu üben, eine Einladung auszusprechen, eine Verabredung zu treffen, ein Gespräch aufrecht zu erhalten etc. Eine weitere Möglichkeit besteht darin, sich auf das hic et nunc der Gruppe zu beziehen und Kontaktmöglichkeiten der Kursteilnehmer untereinander zu ermuntern. Besonders dann, wenn ein Teilnehmer für ein bestimmtes Vorhaben in seinem privaten Umfeld keinen Partner finden kann, es aber auch nicht allein durchführen möchte. Angesichts der Bedeutung, die sozialen Beziehungen und sozialer Unterstützung als Ressource der Streßbewältigung zukommt, kann es sinnvoll sein, dieses Thema in einer Kursstunde gesondert zu besprechen (s. hierzu Exkurs 2).

Hemmungen am Beginn, Angst vor Blamage

Die Aufnahme neuer Aktivitäten – z.B. sportlicher Art – kann auch durch anfängliche Hemmungen verhindert werden, z.B. durch die Befürchtung, sich ungeschickt anzustellen und von anderen ausgelacht zu werden. In der Regel wird allein die Möglichkeit, über solche Befürchtungen sprechen und sie mit anderen Gruppenmitgliedern teilen zu können, so wie das Verständnis, das der Kursleiter dafür zeigt, ausreichen, um sie zu überwinden. Gerade bei sportlichen Aktivitäten stellt neben dem Verständnis für Anfangsschwierigkeiten aber auch die Vermittlung von Sachinformationen z.B. über trainingsphysiologische Grundtatbestände und Trainingslehre (Aufstellen von Trainingsplänen) eine wichtige Hilfe dar. Auch hierauf kann je nach Interesse der Kursteilnehmer (und des Kursleiters) in einer Kursstunde gesondert eingegangen werden. Eine gute, verständliche Darstellung der wichtigsten Sachverhalte und praktikable Trainingspläne finden sich z.B. bei Wöllzenmüller (1993).

Bei Freizeitstreß: meditative Tätigkeiten fördern

„Das mache ich ja schon alles!“ oder „Nur nicht noch mehr!“ können Reaktionen von Teilnehmern sein, die in ihrer Freizeit bereits sehr aktiv sind, möglicherweise sogar über „Freizeitstreß“ klagen. Statt noch mehr „Aktivitäten“ erscheint es sinnvoll, hier eher „Passivitäten“ zu fördern, solche Dinge, die einen stärker rezeptiven oder meditativen Charakter haben (siehe z.B. die Rubrik „Naturerlebnisse“ in der Liste angenehmer Erlebnisse. Praktische Anregungen hierzu finden sich auch bei Homfeldt 1994).

Störende Gedanken und innere Unruhe

Ein weiteres Problem tritt dann auf, wenn der Teilnehmer eine bestimmte Aktivität zwar ausführt, diese aber nicht als erholsam und angenehm erleben kann. Sei es, daß er gedanklich nicht abschalten kann oder daß er innerlich so unruhig ist bzw. erst unruhig wird, daß es ihm nicht möglich ist, sich mit etwas anderem zu beschäftigen. Der Kursleiter kann hier auf das Entspannungstraining und die dort gemachten Erfahrungen im Umgang mit störenden Gedanken verweisen. Hier wie dort kommt es darauf an, störende Gedanken nicht angestrengt zu unterdrücken, sich aber auch nicht gezielt mit ihnen zu beschäftigen, sondern sie gelassen „vorüberziehen zu lassen“, in der Gewißheit, sich ihnen später um so konzentrierter widmen zu können. Folgende Hinweise können hier außerdem hilfreich sein:

- Die ausgleichende Aktivität sollte nicht unter Zeitdruck durchgeführt werden.
- Zur Einstimmung kann es sinnvoll sein, zunächst eine Entspannungsübung zu machen.
- Man sollte sich nicht zu viel vornehmen, nicht ein einmal aufgestelltes Programm durchziehen müssen. Es sollte Platz für Zufälliges und Unvorhergesehenes bleiben.

Etwas nur für sich zu tun wird von Schuldgefühlen begleitet

Ein weiteres Problem schließlich hängt damit zusammen, daß einige Teilnehmer Schuldgefühle entwickeln, wenn sie etwas nicht zweckgebunden sondern „nur für sich“ tun. Sich selbst etwas Gutes zu gönnen ist jedoch eine Voraussetzung – als basale Einstellung zu sich selbst – für das genußvolle und angenehme Erleben einer Situation oder Aktivität. Änderungen werden hier nur allmählich erreicht werden können: dadurch, daß die mit den Schuldgefühlen verbundenen Einstellungen der Aufopferung immer wieder neu hinterfragt und ihre langfristigen Konsequenzen deutlich gemacht werden; durch das Beispiel der anderen Gruppenmitglieder, die etwas für sich tun, ohne dabei „schlechte Menschen“ zu sein oder andere Dinge zu vernachlässigen; schließlich durch erste eigene Erfahrungen, die ihnen zeigen können, um wieviel ausgeglichener und gelassener man sich seinen Aufgaben widmen kann, wenn man zwischendurch auch einmal an sich denkt.

Exkurs 1: Keine Zeit? –sinnvolle Zeiteinteilung im Alltag

Eigenes Verhalten als mitverantwortlich für Zeitprobleme erkennen

Ständiger Zeitdruck, das chronische Gefühl des Zeitmangels ist nicht nur ein häufiger Auslöser für Belastungsreaktionen, sondern stellt auch ein großes Hindernis für eine palliative und regenerative Streßbewältigung dar. Wenn dieses Thema in der Kursgruppe gesondert behandelt wird, dann geschieht dies mit dem Ziel, den persönlichen Umgang der Teilnehmer mit ihrer Zeit zu reflektieren, eigene Verhaltensweisen und Einstellungen als mitverursachend für Zeitprobleme zu erkennen und Anregungen zu einer gesundheitsförderlichen Zeiteinteilung zu geben. Eine Vermittlung von Einzeltechniken zur effizienten und ökonomischen Zeitplanung und ausgefeilten Zeitplansystemen findet im Rahmen dieses Kurses allerdings nicht statt.

Gründe für chronischen Zeitmangel

Der Kursleiter bittet die Teilnehmer, zunächst in Kleingruppen, mögliche Gründe für chronischen Zeitmangel zu sammeln: *„Jeder Tag hat für jeden Menschen 24 Stunden. Für den einen ist das gerade richtig, für andere eher zu viel und für wieder andere zu wenig. Worin sehen Sie mögliche Gründe dafür, warum einige Menschen nie Zeit haben?"*

Die Teilnehmer notieren einzelne Punkte auf Karteikärtchen. Diese werden anschließend in der Gesamtgruppe auf einer Pinwand zusammengetragen, sortiert und diskutiert. Das nachfolgend aufgeführte Ordnungsschema läßt sich erfahrungsgemäß gut anwenden:

Gründe für chronischen Zeitmangel I:
äußere Faktoren („Zeitfresser")

Telefon,
ständige Unterbrechungen,
zu viele, zu lange Besprechungen,
mangelnde oder fehlerhafte Informationen, die zu Verzögerungen führen,
unklare oder ständig wechselnde Aufgaben,
überflüssiger Papierkram,
Verkehrsstau,
weite Wege,
Schlange stehen in der Kantine.

Gründe für chronischen Zeitmangel II:
allgemeine Einstellungen und Verhaltensweisen

Schwierigkeit, Prioritäten zu setzen,
Dinge zu perfekt machen wollen,
Entscheidungen vor sich her schieben,
alles gleichzeitig erledigen wollen,
Unangenehmes vor sich her schieben,
alles selber machen wollen, nicht delegieren können,
nicht „Nein" sagen können,
immer für andere da sein wollen,
sich immer wieder Unvorhergesehenes aufdrängen lassen,
übersteigerte Suche nach Anerkennung,
falscher Ehrgeiz,
Angst vor Leere, vor dem Nichtstun, vor Langeweile.

Gründe für chronischen Zeitmangel III:
Fehler bei der Zeitplanung

hinausgezögerter Anfang,
sich mit Unwichtigem aufhalten, keine klaren Prioritäten,
überlange Arbeitszeiten,
eine Arbeit nicht abschließen,
fehlender oder zu später Schlußpunkt,
Verzicht auf Pausen,
hastiges und deshalb fehlerhaftes Arbeiten,
häufiger Wechsel von einer angefangenen Arbeit zur anderen,
zu enger Zeitplan, kein Platz für Unvorhergesehenes,
benötigte Zeit für einzelne Aufgaben unterschätzen,
„Ordnungswahn" oder mangelhafte Ordnung.

Hinweise für einen gesunden Umgang mit der Zeit

Abschließend werden die „Regeln gegen den Zeitstreß" (s. Anhang) ausgeteilt und durchgesprochen. Diese Hinweise sollen nicht dazu dienen, Zeit zu „sparen" – gewissermaßen als Selbstzweck wie bei den grauen Herren in Michael Endes modernem Märchen „Momo" (s. Kasten). Sondern sie wollen zu einem bewußten Umgang mit der eigenen – begrenzten – Zeit anregen, um sich von selbsterzeugtem Zeitdruck zu befreien und Freiräume für Regeneration und angenehme Erlebnisse zu schaffen. Weitere Hinweise zum Thema Zeitplanung finden sich bei Schräder-Naef 1987; Seiwert 1984 und Plattner 1992.

Über das „Zeitsparen“:

Und ob ich will!“ rief Herr Fusi. „Was muß ich tun?“ „Aber, mein Bester“, antwortete der Agent und zog die Augenbrauen hoch, „Sie werden doch wissen, wie man Zeit spart! Sie müssen zum Beispiel einfach schneller arbeiten und alles Überflüsige weglassen .... Sie vermeiden zeitraubende Unterhaltungen. Sie verkürzen die Stunde bei ihrer alten Mutter auf eine halbe. Am besten geben Sie sie überhaupt in ein gutes, billiges Altersheim, wo für sie gesorgt wird, dann haben Sie bereits eine ganze Stunde täglich gewonnen. Schaffen Sie den unnützen Wellensittisch ab! Besuchen Sie Fräulein Daria nur noch alle vierzehn Tage, wenn es überhaupt sein muß. Lassen Sie die Viertelstunde Tagesrückschau ausfallen und vor allem, vertun Sie Ihre kostbare Zeit nicht mehr so oft mit Singen, Lesen oder gar mit Ihren sogenannten Freunden.“ (Ende 1973, S. 67)

Exkurs 2: Mein soziales Netz

Der „Vertrauenskreis“

Einen guten Einstieg in das Thema „soziale Unterstützung als Ressource der Streßbewältigung“ stellt eine schon klassische gruppendynamische Übung dar, der sog. „Vertrauenskreis“ (vgl. Schwäbisch & Siems 1974)

Übung „Vertrauenskreis“

Die Gruppenmitglieder bilden stehend einen engen Kreis. Ein Teilnehmer geht in die Mitte des Kreises, schließt die Augen und läßt sich nach hinten fallen. Dabei wird der Körper aufrecht und steif gehalten, die Füße bleiben auf dem Boden in der Mitte des Kreises. Die Gruppenmitglieder im Kreis fangen den Teilnehmer in der Mitte mit den Händen auf und geben ihn mit einem leichten Schwung zurück, so daß der Teilnehmer in eine andere Richtung fällt, wo er wiederum von den dort stehenden Teilnehmern im Kreis aufgefangen und zurückgependelt wird. Das Gruppenmitglied schwingt also in einer Pendelbewegung in der Mitte der Gruppe hin und her. Beendet wird die Übung, indem der Teilnehmer in der Mitte die Augen öffnet und wieder in den Stand kommt. Jedes Gruppenmitglied kommt einmal in die Mitte und wird von der Gruppe hin und her gependelt.

Übertragung auf Vertrauensbeziehungen im Alltag

In dem anschließenden Nachgespräch tauschen die Teilnehmer zunächst ihre Erfahrungen während der Übung aus („*Wie haben Sie sich im Kreis, wie in der Mitte gefühlt?*", „*Welche Veränderungen haben Sie an sich und anderen bemerkt?*"). Diese Erfahrungen sollten dann möglichst auf alltägliche Beziehungen, genauer den Prozeß der Vertrauensbildung in Alltagsbeziehungen übertragen werden. Hierbei sind insbesondere folgende Aspekte hervorzuheben:

- Vertrauen ist nicht von vornherein gegeben. Vertrauen muß und kann wachsen. Es braucht Zeit, Geduld und Aufmerksamkeit, um wachsen zu können.
- Vertrauen wächst insbesondere dadurch, daß ich erstens etwas wage (mich öffne, verletztlich zeige, mich „fallen lasse" etc.) und zweitens den anderen aufmerksam und behutsam „auffange", wenn er ein Risiko eingeht.
- Sich fallen lassen und aufgefangen werden kann zu einem starken angenehmen Gefühl der Entlastung, Erleichterung und Entspannung führen. Aber auch jemanden auffangen, jemandem Aufmerksamkeit schenken ist oft mit angenehmen Gefühlen verbunden.

Welche positiven Beziehungen gibt es im eigenen Alltag?

Der Kursleiter bittet die Teilnehmer dann, einmal darüber nachzudenken, welche positiven, vertrauensvollen Beziehungen es in ihrem Alltag gibt. Hierfür steht das sogenannte Kontaktdiagramm zur Verfügung, in das der Teilnehmer die Namen aller wichtigen Personen, mit denen er in Kontakt steht oder früher gestanden hat, eintragen und durch entsprechende Pfeile kennzeichnen soll, welche dieser Kontakte er intensivieren möchte. Entweder noch in der gleichen oder in der folgenden Kurssitzung erfolgt dann der Austausch in der Gruppe: „*Gibt es Personen, mit denen Sie gerne enger und häufiger in Kontakt treten möchten? Falls ja, welche Möglichkeit sehen Sie dafür? Falls nein, welche Möglichkeiten gibt es für Sie, neue Kontakte zu knüpfen?*"

8.3.5 Persönliches Gesundheitsprojekt

Ein „Gesundheitsprojekt" wird entworfen

Nachdem in den vorangegangenen Wochen angenehme Aktivitäten (bzw. Passivitäten) jeweils von Woche zu Woche geplant wurden, geht es in den beiden letzten Kurssitzungen darum, ein längerfristig angelegtes „Gesundheitsprojekt" zu entwerfen. Damit soll jeder Teilnehmer eine konkrete Perspektive über die Dauer des Kurses hinaus entwickeln. Als Unterlage hierfür dient das Schema „Persönliches Gesundheitsprojekt" (s. Anhang). Anhand von Beispielen (s. unten) erläutert der Kursleiter zunächst dieses Schema.

Mein Ziel:	
mindestens 3x/Woche eine ½ Stunde joggen (bitte möglichst konkret formulieren)	
Vorteile:	**Barrieren:**
1. besseres körperliches Befinden *2. mehr Energie* *3. Stolz auf die eigene Leistung* *4. „Abschalten" beim Laufen* *5. bessere Figur*	*„innerer Schweinehund"* *daß ich es nicht schaffe, mir die Zeit zu nehmen*
Konkrete Schritte:	
was?	**(bis) wann?**
1. Check-up beim Hausarzt	*nächste Woche*
2. Trainingsplan besorgen	
3. ab nächsten Monat 3x ¾ Std. fest einplanen	
4. mit Training beginnen	*1. Aprilwoche*
Mein COACH:	Telefon:

Abb. 8.1. Planung eines persönlichen Gesundheitsprojektes (Beispiel 1)

Mein Ziel:	
Ich möchte mich mehr und v.a. regelmäßig um Kontakte außerhalb der Arbeit kümmern. (bitte möglichst konkret formulieren)	
Vorteile:	**Barrieren:**
1. mehr Lebensfreude *2. auf andere Gedanken kommen* *3. weniger „Kleinfamilien-Streß"* *4. Spaß haben, gemeinsam lachen* *5. auch Ehepartner wird zufriedener sein*	*Gefahr, daß ich mich abends nicht aufraffen kann* *vorm Fernseher hocken bleiben* *von Absagen entmutigt werden*
Konkrete Schritte:	
was?	**(bis) wann?**
1. mit Partner darüber sprechen	*morgen*
2. zum Wochenende befreundete Familie einladen	*innerhalb 14 Tage*
3. alte Skatrunde wieder ins Leben rufen?	
4. am nächsten Geburtstag eine kleine Party geben	*24. 8.*
Mein COACH:	Telefon:

Abb. 8.2. Planung eines persönlichen Gesundheitsprojektes (Beispiel 2)

Dann bittet er die Kursteilnehmer, sich jeweils ein anderes Gruppenmitglied auszuwählen, das sie als „coach“ bei der Verwirklichung des persönlichen Gesundheitsprojektes auch nach Kursende unterstützt. Die Teilnehmer setzen sich in Paaren zusammen und erarbeiten anhand des Schemas ihr Gesundheitsprojekt. Der Kursleiter steht den Paaren beratend zur Seite. Innerhalb der Paare sollten auch genaue Absprachen darüber getroffen werden, wann, wie und von wem nach Kursende zur gegenseitigen Unterstützung jeweils Kontakt aufgenommen wird. In einer abschließenden Runde stellt jedes Gruppenmitglied sein persönliches Gesundheitsprojekt in der Gruppe vor. Die Abbildungen 8.1 und 8.2 zeigen exemplarisch zwei recht verschiedene Gesundheitsprojekte.

8.4 Überblick über das Genußtraining

In der nachstehenden Tabelle 8.1 wird der Ablauf des Genußtrainings zusammenfassend dargestellt.

Tabelle 8.1. Überblick über das Genußtraining

Sitzung	Inhalt	siehe
5	Einführung und Gruppengepräch „Angenehmes Erleben im Alltag“, Acht Gebote des Genießens	8.3.1. und 8.3.2
6	praktische Übungen zum Genießen, Selbstbeobachtung „Genießen im Alltag“	8.3.3
7	Auswertung der „Liste angenehmer Erlebnisse“, konkrete Planung angenehmer Erlebnisse für die nächste Woche	8.3.4
8 bis 10	Rückmeldung zu den angenehmen Erlebnissen der letzten Woche und neue Planung, evtl. thematische Exkurse zu „Soziale Kontakte“, „Keine Zeit – sinnvolle Zeiteinteilung“	8.3.4 Exkurs 1 und 2
11 und 12	Planen eines persönlichen Gesundheitsprojektes	8.3.5

Übersicht über das Gesundheitsförderungsprogramm

9

Die nachfolgende Tabelle 9.1 gibt eine Zusammenfassung über die 12 Sitzungen des Gesundheitsförderungsprogrammes. Dieser Überblick stellt jedoch – dies sei hier nochmals betont – keinen verbindlichen „Stoffverteilungsplan“ dar. Er will vielmehr eine Hilfestellung für die inhaltliche und zeitliche Gestaltung des Kurses geben. Die Einführung einzelner Programmelemente, der Übergang von einem Programmschritt zum nächsten sowie besonders auch Schwerpunktsetzungen müssen und dürfen vom Kursleiter in Abhängigkeit von der jeweiligen Kursgruppe und deren Prozeß gehandhabt werden. Auch die in der Tabelle aufgeführten Zeitangaben sind nicht als verbindliche Soll-, sondern als Erfahrungswerte zu verstehen, die dem Kursleiter bei der individuellen Planung einzelner Kurssitzungen behilflich sein sollen.

Tabelle 9.1. Überblick über den Ablauf des Gesundheitsförderungsprogrammes „Gelassen und sicher im Streß“

Sitzung	Problemlösetraining	Entspannungstraining	Genußtraining	**Materialien** (s. Anhang)
1	Paarinterview, Information „Streß – was ist das eigentlich?“, Gruppenarbeit „Meine Kompetenzen zur Streßbewältigung“			Abb. M1 bis M6 Fragebogen „Typ-A“ Fragebogen „Kohärenzsinn“
		120 min		
2	„Wie man sich selbst verrückt macht“ – Gedanken und Streß	Einführung der PMR-Langform, Planen häuslicher Übungen		Anleitung zum Entspannungstraining Entspannungsprotokoll Liste „Streßverschärfende Gedanken“
	30 min	90 min		
3	Gruppengespräch „Mein persönlicher Streß“	Rückmeldung über häusliche Übungen, PMR-Langform (Wdh.)		Fragebogen „Alltägliche Belastungen“
	60 min	60 min		
4	Verhaltensanalyse von Streßsituationen, Einführen der Selbstbeobachtung	Rückmeldung, evtl. Übung zur Atembeobachtung, PMR-Langform (Wdh.)		Selbstbeobachtungsbogen „Belastende Situationen“
	60 min	60 min		

Tabelle 9.1 (Fortsetzung)

Sitzung	Problemlösetraining	Entspannungstraining	Genußtraining	Materialien (s. Anhang)
5	Auswertung und Fortsetzung der Selbstbeobachtung in Belastungssituationen	Einführung der PMR-Kurzform	Einführung und Gruppengespräch „Angenehmes Erleben im Alltag", Acht Gebote des Genießens	Selbstbeobachtungsbogen „Belastende Situationen" Acht Gebote des Genießens
	45 min	30 min	45 min	
6	Auswertung der Selbstbeobachtung, Anwendung der Problemlösestrategie auf ausgewählte Belastungssituationen	PMR-Kurzform (Wdh.)	praktische Übungen zum Genießen	Materialien zum Riechen und Tasten Bogen zur Selbstbeobachtung „Genießen im Alltag"
	60 min	15 min	45 min	
7	weiter: Anwendung der Problemlösestrategie auf individuelle Belastungssituation	Einführung des „Ruhewortes"	Auswerten der „Liste angenehmer Erlebnisse", konkrete Planung angenehmer Erlebnisse	„Liste angenehmer Erlebnisse"
	45 min	45 min	30 min	
8	wie Sitzung 7	selbständige Entspannungsübung mit Hilfe des „Ruhewortes"	Rückmeldung zu den angenehmen Erlebnissen der letzten Woche und neue Planung	
	50 min	20 min	50 min	

Tabelle 9.1 (Fortsetzung)

Sitzung	**Problemlösetraining**	**Entspannungstraining**	**Genußtraining**	**Materialien** (s. Anhang)
9	wie Sitzung 7	wie Sitzung 8	wie Sitzung 8, evtl. Exkurs „Keine Zeit – sinnvolle Zeiteinteilung“	evtl. „Regeln gegen den Zeitstreß“
	50 min	20 min	50 min	
10	wie Sitzung 7, Reflektion der sechs Schritte der Problemlösestrategie	Übungen zur Anwendung der Entspannung: „Ampelübung“	wie Sitzung 8, evtl. Exkurs „Mein soziales Netzwerk“	Paper „Problemlösen“ Schema zum Problemlösen evtl. Kontaktdiagramm
	60 min	20 min	40 min	
11	selbständige Anwendung der Problemlösestrategie durch die Teilnehmer	Übungen zur Anwendung der Entspannung: Entspannung durch Vergegenwärtigung	Planen eines persönlichen Gesundheitsprojektes	Schema „Persönliches Gesundheitsprojekt“
	50 min	20 min	50 min	
12	wie Sitzung 11	Übungen zur Anwendung der Entspannung: differentielle Entspannung	Planen eines persönlichen Gesundheitsprojektes (Fortsetzung)	Schema „Persönliches Gesundheitsprojekt“
	50 min	20 min	50 min	

Literatur

Antonovsky A (1979) Health, stress and coping. Jossey-Bass, San Francisco

Antonovsky A (1987) The salutogenic perspective: Toward a new view of health and illness. Advances 4:47–55

Antonovsky A (1988) Unraveling the mystery of health. How people manage stress and stay well. Jossey-Bass, San Fransisco

Badura B (1992) Gesundheitsförderung und Prävention aus soziologischer Sicht. In: Paulus P (Hrsg) Prävention und Gesundheitsförderung. Perspektiven für die psychoziale Praxis. GwG, Köln, S 43–52

Badura B (1993) Gesundheitsförderung durch Arbeits- und Organisationsgestaltung – Die Sicht des Gesundheitswissenschaftlers. In: Pelikan JM, Demmer H, Hurrelmann K (Hrsg) Gesundheitsförderung durch Organisationsentwicklung. Konzepte, Strategien und Projekte für Betriebe, Krankenhäuser und Schulen. Juventa, Weinheim München, S 20–33

Bandura A (1977) Self-efficacy: Toward a unifying theory of behavioral change. Psychol Rev 84:191–215

Bandura A (1992) Self-efficacy mechanism in psychobiologic functioning. In: Schwarzer R (ed) Self-efficacy: Thought control of action. Hemisphere, Washington/DC, pp 355–394

Becker P (1982) Psychologie der seelischen Gesundheit. Band 1: Theorien, Modelle, Diagnostik. Hogrefe, Göttingen

Becker P (1985) Bewältigungsverhalten und seelische Gesundheit. Z Klin Psychol Psychopathol Psychother 14:169–184

Bernstein DA, Borkovec TD (1990) Entspannungstraining. Handbuch der progressiven Muskelentspannung. Pfeiffer, München

Bortner RW (1969) A short rating scale as a potential measure of pattern A behavior. J Chronic Dis 22:87–91

Brecht B (1967) Gesammelte Werke. Suhrkamp, Frankfurt/Main

Broich J (1993 a) Körper- und Bewegungsspiele. Maternus, Köln

Broich J (1993 b) Anwärmspiele. Maternus, Köln

Burg UE v.d., Attermeyer RR, Overbeck MM (1993) Rückenschule in Theorie und Praxis. Fischer, Stuttgart

Buske-Kirschbaum A, Kirschbaum C, Hellhammer D (1990) Psychoneuroimmunologie. In: Schwarzer R (Hrsg) Gesundheitspsychologie. Ein Lehrbuch. Hogrefe, Göttingen, S 35–44

Cooper CL (1987) Streßbewältigung. Person, Familie, Beruf. dtv, München

Dohrenwend BS, Dohrenwend BP (Hrsg) (1974) Stressful life events: Their nature and effects. Wiley, New York

Dziewas H (1980) Instrumentelle Gruppenbedingungen als Voraussetzung des individuellen Lernprozesses. In: Grawe K (Hrsg) Verhaltenstherapie in Gruppen. Urban & Schwarzenberg, München, S 27–55

D'Zurilla TJ, Goldfried MR (1971) Problem solving and behavior modification. J Abnorm Psychol 78:107–126

Ende M (1973) Momo. Thienemann, Stuttgart

Ernst H (1992 a) Gesund ist, was Spaß macht. Kreuz, Stuttgart

Ernst H (1992 b) Gesund ist, was Spaß macht. In: Trojan A, Stumm B (Hrsg) Gesundheit fördern statt kontrollieren. Eine Absage an den Mustermenschen. Fischer Taschenbuch, Frankfurt/Main, S 152–166

Ernst H (1995) Genuß ohne Reue. Warum unsere kleinen Sünden oft gesund sind. Psychologie heute 22(5):20–24

Filipp S-H (1981) Ein allgemeines Modell für die Analyse kritischer Lebensereignisse. In: Filipp S-H (Hrsg.) Kritische Lebensereignisse. Urban & Schwarzenberg, München, S 3–52

Florin I (1978) Entspannung – Desensibilisierung. Leitfaden für die Praxis. Kohlhammer, Stuttgart

Florin I (1985) Bewältigungsverhalten und Krankheit. In: Basler HD, Florin I (Hrsg) Klinische Psychologie und körperliche Krankheit. Kohlhammer, Stuttgart, S 126–145

Fontana D (1991) Mit dem Streß leben. Huber, Bern

Franke A (1984) Gruppentraining gegen psychosomatische Störungen. Urban & Schwarzenberg, München

Frankl VE (1981) Die Sinnfrage in der Psychotherapie. Piper, München

Franzkowiak P, Sabo P (Hrsg) (1993) Dokumente der Gesundheitsförderung. Internationale und nationale Dokumente und Grundlagentexte zur Entwicklung der Gesundheitsförderung im Wortlaut und mit Kommentierung. Peter Sabo, Mainz

Friedman A, Rosenman RM (1974) Type A behaviour and your heart. Knopf, New York

Göpel E (1992) Prävention und Partizipation: Der Wandel von einem patriarchalischen zu einem partnerschaftlichen Modell in der Gesundheitsförderung. In: Paulus P (Hrsg) Prävention und Gesundheitsförderung. Perspektiven für die psychosoziale Praxis. GwG, Köln, S 35–42

Goldfried MR, Goldfried AP (1976) Kognitive Methoden der Verhaltensänderung. In: Kanfer FH, Goldstein AP (Hrsg) Möglichkeiten der Verhaltensänderung. Urban & Schwarzenberg, München

Grawe K, Dziewas H, Wedel S (1980) Interaktionelle Problemlösungsgruppen – ein verhaltenstherapeutisches Gruppenkonzept. In: Grawe K (Hrsg) Verhaltenstherapie in Gruppen. Urban & Schwarzenberg, München, S 266–306

Hamm A (1993) Progressive Muskelentspannung. In: Vaitl D, Petermann F (Hrsg) Handbuch der Entspannungsverfahren. Band 1: Grundlagen und Methoden. Psychologie Verlags Union, Weinheim, S 245–264

Helmkamp P, Paul H (1984) Psychosomatische Krebsforschung. Eine kritische Darstellung ihrer Ergebnisse und Methoden. Huber, Bern

Henry JP, (1986) Neuroendocrine patterns of emotional response. In: Plutchik R, Kellerman H (eds) Emotion: Theory, researc h and experiences, vol 3. Academic Press, San Diego, S 37–60

Holsboer F (1993) Stress und Hormone. Spektrum der Wissenschaft 5:97–100

Holst D v., (1993) Zoologische Stressforschung – ein Bindeglied zwischen Psychologie und Medizin. Spektrum der Wissenschaft 5:92–96

Homfeldt HG (Hrsg) (1994) Anleitungsbuch zur Gesundheitsbildung. Schneider Verlag Hohengehren, Baltmannsweiler

Hornung R, Gutscher H, (1994) Gesundheitspsychologie: die sozialpsychologische Perspektive. In: Schwenkmezger P, Schmidt LR (Hrsg) Lehrbuch der Gesundheitspsychologie. Enke, Stuttgart, S 65–87

Jacobson E (1938) Progressive relaxation. University of Chicago Press, Chicago

Jacobson E (1978) You must relax. Practical methods for reducing tensions of modern living. McGraw-Hill, New York

Jacobson E (1990) Entspannung als Therapie. Progressive Relaxation in Theorie und Praxis. Pfeiffer, München

Kaisser PJ, Höfling S (1990) Münchner Manual zur orthopädischen Rückenschule. Springer, Berlin Heidelberg New York Tokyo

Kaluza G (1989) Praxis der Gruppenarbeit mit chronisch Kranken. In: Basler H-D (Hrsg) Gruppenarbeit in der Allgemeinpraxis. Springer, Berlin Heidelberg New York Tokyo, S 123–134

Kaluza G (1993) Streßbewältigung und Gesundheit. Spektrum der Wissenschaft 5:106–109

Kaluza G, Basler H-D (1991) Gelassen und sicher im Streß – ein Trainingsprogramm zur Verbesserung des Umgangs mit alltäglichen Belastungen. Springer, Berlin Heidelberg New York Tokyo

Kaluza G, Strempel I (1994) Autogenes Training in der Augenheilkunde – dargestellt am Beispiel des Glaukoms. Kaden, Heidelberg

Kaluza G, Basler H-D, Henrich S (1988) Entwicklung und Evaluation eines Programmes zur Streßbewältigung. Verhaltensmodifikation und Verhaltensmedizin 9:22–41

Kämmerer A (1983) Die therapeutische Strategie „Problemlösen". Theoretische und empirische Perspektiven ihrer Anwendung in der kognitiven Psychotherapie. Aschendorff, Münster

Kessler A (1984) Stressbewältigungsprogramm A: Kursleiter-Unterlagen. Institut für Therapieforschung, München

Knoll J (1993) Kurs- und Seminarmethoden. Ein Trainingsbuch zur Gestaltung von Kursen und Seminaren, Arbeits- und Gesprächskreisen. Beltz, Weinheim Basel

Kobasa SC (1979) Stress for life events, personality and health: An inquiry to hardiness. J Per Soc Psychol 37:1–11

Kobasa SC, Maddi SR, Kaan S (1982) Hardiness and health: A prospective study. J Per Soc Psychol 42:168–177

Koppenhöfer E (1990) Therapie und Förderung genußvollen Erlebens und Handelns. In: Zielke M, Mark N (Hrsg) Fortschritte der angewandten Verhaltensmedizin, Bd. 1. Springer, Berlin Heidelberg New York Tokyo, S 250–263

Laux L (1983) Psychologische Streßkonzeptionen. In: Thomae H (Hrsg) Enzyklopädie der Psychologie, Bd. 1. Hogrefe, Göttingen, S 453–535

Laux L, Weber H (1990) Bewältigung von Emotionen. In: Scherer KR (Hrsg) Psychologie der Emotion. Hogrefe, Göttingen, S 560–629

Lazarus RS, Launier R (1981) Streßbezogene Transaktionen zwischen Person und Umwelt. In: Nitsch JR (Hrsg) Stress. Theorien, Untersuchungen, Maßnahmen. Huber, Bern, S 213–259

Lichstein KL (1988) Clinical relaxation strategies. John Wiley & Sons, New York

Lutz R (1992) Was ist richtig: „Gesundheit“ und „Krankheit“ oder „Gesundheit“ versus „Krankheit“. In: Lieb H, Lutz R (Hrsg) Verhaltenstherapie. Ihre Entwicklung – ihr Menschenbild. Verlag für Angewandte Psychologie, Göttingen, S 46–50

Lutz R (1993) Genußtraining. In: Linden M, Hautzinger M (Hrsg) Verhaltenstherapie. Techniken und Einzelverfahren. Springer, Berlin Heidelberg New York Tokyo, S 155–159

Lutz R, Koppenhöfer E (1983) Kleine Schule des Genießens. In: Lutz R (Hrsg) Genuß und Genießen. Beltz, Weinheim, S 112–125

Maddi SR (1990) Issues and interventions in stress mastery. In: Friedman HS (ed) Personality and disease. Wiley, New York, pp 121–154

Miller TW (ed) (1989) Stressful life events. International Universities Press, Madison/CT

Mittermair F (1985) Körpererfahrung und Körperkontakt. Spiele, Experimente und Übungen für Gruppen, Einzelne und Paare. Kösel, München

Möller ML (1981) Anders helfen. Selbsthilfegruppen und Fachleute arbeiten zusammen. Klett-Cotta, Stuttgart

Müller E (1983) Du spürst unter deinen Füßen das Gras. Autogenes Training in Phantasie- und Märchenreisen. Fischer, Frankfurt/Main

Müller MJ, Netter P (1992) Unkontrollierbarkeit und Leistungsmotivation – Einflüsse auf Cortisol- und Testosteronkonzentrationsänderungen während einer mental-leistungsbezogenen und einer physisch-aversiven Belastungssituation. Z Med Psychol 3:103–113

Nentwig CG, Krämer J, Ullrich C-H (Hrsg) (1993) Die Rückenschule. Aufbau und Gestaltung eines Verhaltenstrainings für Wirbelsäulenpatienten. Enke, Stuttgart

Ohm D (1992) Progressive Relaxation. Überblick über Anwendungsbereiche, Praxiserfahrungen und neuere Forschungsergbnisse. Report Psychologie 17(1):27–43

O'Leary A (1985) Self-efficacy and health. Behav Res Ther 23:437–451

Öst L-G (1987) Applied relaxation: Description of a coping technique and review of controlled studies. Behav Res Ther 25:397–409

Paulus P (1994) Selbstverwirklichung und psychische Gesundheit. Hogrefe, Göttingen

Pelikan M, Demmer H, Hurrelmann K (Hrsg) (1993) Gesundheitsförderung durch Organisationsentwicklung. Konzepte, Strategien und Projekte für Betriebe, Krankenhäuser und Schulen. Juventa, Weinheim München

Perrez M, Matathia R (1993) Differentielle Effekte des Bewältigungsverhaltens und seelische Gesundheit. Z Gesundheitspsychol 1:235–253

Perrez M, Reicherts M (1992) Stress, coping and health. A situation-behavior approach. Theory, methods, applications. Hogrefe & Huber, Seattle

Peter B, Gerl W (1991) Entspannungstrainig. Das umfassende Training für Körper, Geist und Seele. Orbis, München

Plattner I (1992) Zeitberatung. Die Alternative zu Zeitplantechniken. mvg, München Landsberg am Lech

Rehfisch HP, Basler HD, Seemann H (1989) Psychologische Schmerzbehandlung bei Rheuma. Springer, Berlin Heidelberg New York Tokyo

Rohde JJ (1992) Auf dem Weg zum Gesundheitsdespotismus? Einige kritische Erwägungen zu Prävention und Gesundheitsförderung. Z Med Psychol 2:56–57

Röhrle B (1994) Soziale Netzwerke und soziale Unterstützung. Psychologie Verlags Union, Weinheim

Rosenman RH, Brand RJ, Jenkins CD, Friedman M, Straus R, Wurm M (1975) Coronary heart disease in the Western Collaborative Study: Final follow-up of 8 1/2 years. JAMA 233:872–877

Schedlowski M (1994) Streß, Hormone und zelluläre Immunfunktionen. Spektrum Akademischer Verlag, Heidelberg

Scheier MF, Carver CS (1985) Optimism, coping and health: Assessment and implications of generalized outcome expectancies. Health Psychol 4:219–247

Scheier MF, Carver CS (1992) Effects of optimism on psychological and physical well-being: theoretical overview and empirical update. Cognitive Therapy and Research 16:201–228

Schelp T, Maluck D, Gravemeier R, Meusling U (1990) Rational-emotive Therapie als Gruppentraining gegen Streß. Huber, Bern

Schräder-Naef R (1987) Keine Zeit ? Sinnvolle Zeiteinteilung im Alltag. Beltz, Weinheim Basel

Schultz JH (1979) Das autogene Training. Konzentrative Selbstentspannung. Thieme, Stuttgart

Schulz K-H (1994) Psychoneuroimmunologie. In: Gerber W, Basler HD, Tewes U (Hrsg) Medizinische Psychologie. Mit Psychobiologie und Verhaltensmedizin. Urban & Schwarzenberg, München, S 129–140

Schwäbisch L, Siems M (1974) Anleitung zum sozialen Lernen für Paare, Gruppen und Erzieher. Kommunikations- und Verhaltenstraining. Rowohlt, Reinbek

Schwarzer R (1992) Psychologie des Gesundheitsverhaltens. Hogrefe, Göttingen

Schwarzer R (1993) Defensiver und funktionaler Optimismus als Bedingungen für Gesundheitsverhalten. Z Gesundheitspsychol 1:7–31

Schwarzer R (1994) Optimistische Kompetenzerwartung: Zur Erfassung einer personellen Bewältigungsressource. Diagnostica 40:105–123

Schwarzer R, Leppin A (1989) Sozialer Rückhalt und Gesundheit. Eine Meta-Analyse. Hogrefe, Göttingen

Schwenkmezger P (1994) Gesundheitspsychologie: die persönlichkeitspsychologische Perspektive. In: Schwenkmezger P, Schmidt LR (Hrsg) Lehrbuch der Gesundheitspsychologie. Enke, Stuttgart, S 46–64

Seiwert LJ (1984) Das 1×1 des Zeitmanagement. GABAL, Speyer

Seligman M (1979) Erlernte Hilflosigkeit. Urban & Schwarzenberg, München

Selye H (1981) Geschichte und Grundzüge des Stresskonzeptes. In: Nitsch JR (Hrsg) Stress. Theorien, Untersuchungen, Maßnahmen. Huber, Bern, S 163–187

Siegrist J (1984) Der Einfluß sozialer Faktoren auf die Entstehung chronischer Erkrankungen am Beispiel ischämischer Herzkrankheiten. Internist 25:659–666

Spivack G, Platt JJ, Shure MB (1976) The problem solving approach to adjustment. Jossey-Bass, San Franscico

Tausch R (1993) Hilfen bei Streß und Belastung. Rowohlt, Reinbek
Temoshok L (1987) Personality, coping style, emotion and cancer: Towards an integrative model. Cancer Surv 6:545–567
Tewes U, Schedlowski M (1994) Gesundheitspsychologie: die psychobiologische Perspektive. In: Schwenkmezger P, Schmidt LR (Hrsg) Lehrbuch der Gesundheitspsychologie. Enke, Stuttgart, S 9 –28
Theorell T, Harms Ringdahl K, Ahlberg Hutten G, Westin B (1991) Psychosocial job factors and symptoms from the locomotor system – a multicausal analysis. Scand J Rehabil Med 23:165–173
Vaitl D (1993) Psychophysiologie der Entspannung. In: Vaitl D, Petermann F (Hrsg) Handbuch der Entspannungsverfahren. Band 1: Grundlagen und Methoden. Psychologie Verlags Union, Weinheim, S 25–64
Vaitl D, Petermann F (Hrsg) (1993) Handbuch der Entspannungsverfahren. Band 1: Grundlagen und Methoden. Psychologie Verlags Union, Weinheim
Verres R (1991) Die Kunst zu leben. Krebsrisiko und Psyche. Piper, München
Vester F (1991) Phänomen Streß. dtv, München
Vögele C (1993) Psychosozialer Stress und Herz-Kreislauf-Erkrankungen. Spektrum der Wissenschaft 5:100–106
Vögele C, Steptoe A (1993) Ärger, Feindseligkeit und kardiovasuläre Reaktivität: Implikationen für essentielle Hypertonie und koronare Herzkrankheit. In: Hodap V, Schwenkmezger P (Hrsg) Ärger & Ärgerausdruck. Huber, Bern, S 169–192
Watzlawick P (1988) Anleitung zum Unglücklichsein. Piper, München
Weber H (1992) Belastungsverarbeitung. Z Klin Psychol 21:17–27
Weber H (1993) Ärgerausdruck, Ärgerbewältigung und subjektives Wohlbefinden. In: Hodap V, Schwenkmezger P (Hrsg) Ärger & Ärgerausdruck. Huber, Bern, S 253–271
Weber H (1994) Ärger. Psychologie einer alltäglichen Emotion. Juventa, Weinheim München
Wendlandt W (1992) Entspannung im Alltag. Ein Trainingsbuch. Beltz, Weinheim Basel
Westermayer G, Bähr B (Hrsg) (1994) Betriebliche Gesundheitszirkel. Verlag für Angewandte Psychologie, Göttingen
Wöllzenmöller F (1993) Richtig Jogging. BLV, München Wien Zürich
Wolpe J, Lazarus AA (1966) Behavior therapy techniques. Pergamon, New York

Sachverzeichnis

Anhang

Materialien für die Teilnehmer

Inhaltsverzeichnis

Zum Einstieg

Streß – was ist das eigentlich?

STRESSOR

Zusätzlich zu Ihrer vielen Arbeit bekommen Sie vom Chef eine neue Aufgabe zugeteilt mit der Bemerkung, daß er dafür einen fähigen Mitarbeiter brauche.

⇩

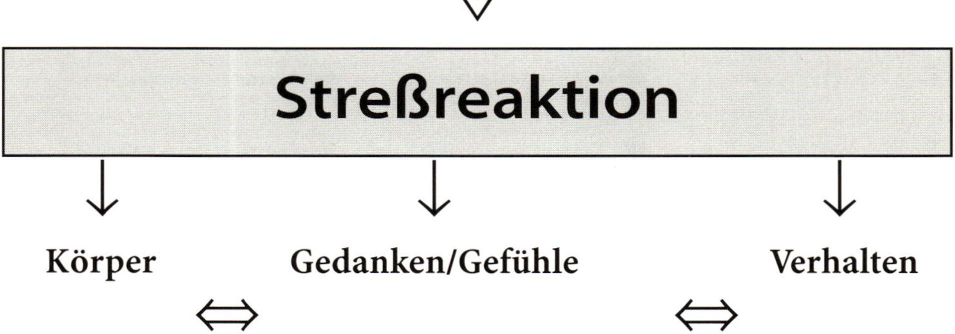

Abbildung M 1: Stressor und Streßreaktion

Streß – was ist das eigentlich? (Fortsetzung)

STRESSOR

Zusätzlich zu Ihrer vielen Arbeit bekommen Sie vom Chef eine neue Aufgabe zugeteilt mit der Bemerkung, daß er dafür einen fähigen Mitarbeiter brauche.

Streßreaktion

↓ ↓ ↓

Körper	Gedanken/Gefühle	Verhalten
z.B.: ● Puls↑ Blutdruck↑ ● Muskelspannung↑ ● Atemfrequenz↑ ● Blutgerinnung↑ ● Verdauung↓ ● Immunkompetenz↓ ● Sexualfunktion↓	z.B.: ● Angst ● Ärger ● Enttäuschung ● „immer ich" ● „das schaffe ich nie" ● „jetzt ist alles aus" ● „ich muß das ganz alleine schaffen"	z.B.: ● hastig und verkrampft arbeiten ● gereizt gegenüber anderen ● mangelnde Planung und Übersicht ● fehlende Pausen ● Rauchen ● „nebenbei" Essen

Abbildung M 2: Drei Ebenen der Streßreaktion

Streß – was ist das eigentlich? (Fortsetzung)

STRESSOR

Zentralnervensystem (spez. limbisches System)

⇙	⇘
Hypothalamus [Corticotropin-Releasing-Hormon (CRF) ↑]	**Sympathikus**
⇩	⇩ ⇩ ⇩
Hypophyse [Corticotropin (ACTH) ↑]	
⇩	
Nebennierenrinde (Cortisol ↑)	**Nebennierenmark (Adrenalin ↑, Noradrenalin ↑)**
⇩	⇩
Immunsystem (Thymus, Milz, Lymphknoten)	**Herz-Kreislauf-System**

Abbildung M 3: Die zwei Achsen der körperlichen Streßreaktion

Streß – was ist das eigentlich? (Fortsetzung)

STRESSOR

Streßreaktion

Gefahr für die Gesundheit durch:

- **nicht abgebaute körperliche Errregung**
- **chronisch erhöhtes Erregungsniveau durch anhaltende Belastungen und fehlende Erholung**
- **geschwächte Immunkompetenz**
- **zunehmendes gesundheitliches Risikoverhalten (Rauchen, ungesunde Ernährung, Bewegungsmangel)**

Erschöpfung/Krankheit

Abbildung M 4: Gesundheitsgefahren durch Streß

Streß – was ist das eigentlich? (Fortsetzung)

Situation
Zusätzlich zu Ihrer vielen Arbeit bekommen Sie vom Chef eine neue Aufgabe zugeteilt mit der Bemerkung, daß er dafür einen fähigen Mitarbeiter brauche.

Einschätzen der Situation (primäre Bewertung)

irrelevant:	**streßbezogen:**	**positiv/günstig:**
„O.K., das mach ich mit. Alles Routine!“	„Wenn das nur gut geht. Ich darf jetzt keinen Fehler machen“ (Bedrohung) „Immer ich. Die nächsten Wochenenden sind damit gestorben“. (Schaden/Verlust) „Das ist eine Chance! Ich werde mich sehr anstrengen.“ (Herausforderung)	„Interessante Tätigkeit! Endlich 'mal 'was Neues. Gut, daß er mich ausgewählt hat.“

⇕ ⇕ ⇕

Einschätzen eigener Kompetenzen (sekundäre Bewertung)

„Wie soll ich das bloß schaffen?“
„Das habe ich noch nie gekonnt.“
„Bisher habe ich neue Aufgaben immer gepackt.“
„Was ich nicht kann, kann ich lernen.“
„Ich bin diesem ständigen Druck nicht gewachsen.“
etc.

Streßreaktion

Abbildung M5: Gedankliche Bewertungen und Streß

Streß – was ist das eigentlich? (Fortsetzung)

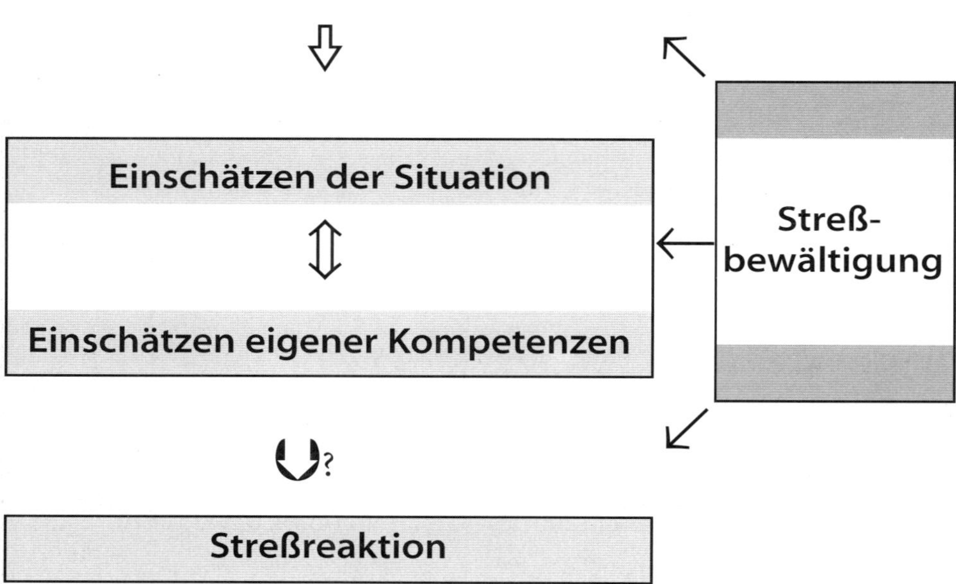

Abbildung M 6: Ansatzpunkte zur Bewältigung von Streß

Fragebogen zum Typ-A-Verhalten

Kreuzen Sie bei den folgenden 25 Aussagen jeweils an, ob die Aussage auf Sie zutrifft oder nicht.

	trifft zu	trifft nicht zu
1. Ehe ich mich abhetze, komme ich lieber zu spät zu einer Verabredung.	❐	❐
2. Es ist mir wichtig, in meinen Leistungen immer ein bißchen besser zu sein als die meisten anderen.	❐	❐
3. Wenn andere mit einem Satz nicht zu Ende kommen, führe ich den Satz zu Ende.	❐	❐
4. Ich fühle mich eigentlich immer in Eile.	❐	❐
5. Wenn ich warten muß, verliere ich eigentlich nie die Geduld.	❐	❐
6. Wenn mich eine Sache interessiert, setze ich mich voll ein. Dann gibt es weder Zweifel noch ein Zurück.	❐	❐
7. Andere halten mich eher für lässig.	❐	❐
8. Oft bin ich so unter Druck, daß ich mehrere Dinge gleichzeitig erledigen muß.	❐	❐
9. Wenn ich rede, ist meine Gestik sehr lebhaft.	❐	❐
10. Am wichtigsten ist mir ein Beruf, der mich befriedigt. Ansehen des Berufes und Bezahlung stehen für mich erst an zweiter Stelle.	❐	❐
11. Ich bin beim Essen häufig als erster fertig.	❐	❐
12. Meine Stimme wirkt eher ruhig.	❐	❐
13. Mein Beruf läßt mir kaum Zeit für andere Interessen und Hobbies.	❐	❐
14. Andere halten mich für ehrgeizig.	❐	❐

Fragebogen zum Typ-A-Verhalten (Fortsetzung)

	trifft zu	trifft nicht zu
15. Ich bin mit dem Erreichten zufrieden.	❒	❒
16. Ich lege Wert darauf, pünktlich zu sein. Ich verspäte mich selten oder nie.	❒	❒
17. Ich habe ausreichend Zeit, in Ruhe meinen Interessen nachzugehen.	❒	❒
18. Wenn jemand nicht gleich zur Sache kommt, werde ich ungeduldig.	❒	❒
19. Warten macht mich kribbelig.	❒	❒
20. Selbst wenn alles auf einmal kommt, lasse ich mich nicht aus der Ruhe bringen.	❒	❒
21. Ich werde von anderen als geduldiger Zuhörer angesehen.	❒	❒
22. Ich rede langsamer als die meisten anderen.	❒	❒
23. Ich bin vielseitig interessiert.	❒	❒
24. Wenn ich unter Druck stehe, kann ich mich manchmal tagelang nicht entspannen.	❒	❒
25. Es kommt häufig vor, daß ich an andere Dinge denke, wenn ich mit jemandem spreche.	❒	❒

Auswertung

- Für jede der folgenden Ausagen erhalten Sie jeweils einen Punkt, wenn Sie diese mit **„stimmt"** beantwortet haben: 2, 3, 4, 6, 8, 9, 11, 13, 14, 16, 18, 19, 24, 25.
- Für jede der folgenden Aussagen erhalten Sie jeweils einen Punkt, wenn Sie diese mit **„stimmt nicht"** beantwortet haben: 1, 5, 7, 10, 12, 15, 17, 20, 21, 22, 23.
- Zählen Sie die Punkte zusammen. Je höher Ihr Punktwert, desto ausgeprägter ist Ihr Typ-A-Verhalten. Der maximale Punktzahl beträgt 25.

Quelle: Bortner (1969)

Kurzfragebogen zum Kohärenzgefühl

1. Geht es Ihnen oft so, daß Ihnen egal ist, was um Sie herum vorgeht?

sehr oft	①---②---③---④---⑤---⑥---⑦	selten oder nie

2. Sind Sie in der Vergangenheit über das Verhalten von Menschen erstaunt gewesen, von denen Sie glaubten, daß Sie sie gut kennen?

das kam ständig vor	①---②---③---④---⑤---⑥---⑦	das geschah nie

3. Ist es vorgekommen, daß Menschen Sie enttäuscht haben, auf die Sie fest gezählt hatten?

das kam ständig vor	①---②---③---④---⑤---⑥---⑦	das geschah nie

4. Bis jetzt hatte Ihr Leben:

keine klaren Ziele	①---②---③---④---⑤---⑥---⑦	sehr deutliche Ziele

5. Haben Sie das Gefühl, daß Sie unfair behandelt werden?

sehr häufig	①---②---③---④---⑤---⑥---⑦	sehr selten oder nie

6. Haben Sie manchmal das Gefühl, daß Sie in einer ungewohnten Situation sind und nicht wissen, wie Sie sich verhalten sollen?

sehr häufig	①---②---③---④---⑤---⑥---⑦	sehr selten oder nie

7. Zu tun, was Sie jeden Tag tun, ist:

voller Unlust und Langeweile	①---②---③---④---⑤---⑥---⑦	voll tiefer Befriedigung und Spaß

8. Sind Ihre Gefühle und Gedanken sehr durcheinander?

sehr häufig	①---②---③---④---⑤---⑥---⑦	sehr selten oder nie

Kurzfragebogen zum Kohärenzgefühl (Fortsetzung)

9. Kommt es vor, daß Sie Gefühle spüren, die Sie lieber nicht hätten?

sehr häufig	①---②---③---④---⑤---⑥---⑦	sehr selten oder nie

10. Viele Menschen, auch solche mit einem starken Charakter, fühlen sich manchmal wie Verlierer in bestimmten Situationen. Wie häufig haben Sie sich so in der letzten Zeit gefühlt?

nie	①---②---③---④---⑤---⑥---⑦	sehr häufig

11. Wenn etwas geschehen ist, wie haben Sie das Ereignis im allgemeinen beurteilt:

ich habe seine Bedeutung entweder unterschätzt oder überschätzt	①---②---③---④---⑤---⑥---⑦	ich habe die Dinge richtig eingeordnet

12. Wie oft haben sie das Gefühl, daß die Dinge, die Sie täglich tun, eigentlich sinnlos sind?

sehr häufig	①---②---③---④---⑤---⑥---⑦	sehr selten oder nie

13. Wie häufig haben Sie Gefühle, die Sie kaum unter Kontrolle halten können?

sehr häufig	①---②---③---④---⑤---⑥---⑦	sehr selten oder nie

Auswertung
Addieren Sie alle Zahlen, die Sie angekreuzt haben, zu einem Gesamtwert auf. Je höher Ihre Punktzahl, desto stärker ist Ihr Kohärenzgefühl ausgeprägt.

Quelle:
Antonovsky (1987, in deutscher Übersetzung nach Ernst 1992)

Streßverschärfende Gedanken

	Dieser Gedanke ist mir	
	vertraut	nicht vertraut
Schwarzmalerei und Hilflosigkeit		
Ich halte das nicht durch.		
Das geht bestimmt schief.		
Ich werde versagen.		
Ich habe doch sowieso immer Pech.		
Das schaffe ich nie.		
Damit werde ich nicht fertig.		
Das geht über meine Kräfte.		
Ich mache alles falsch.		
Ich halte das nicht aus.		
Ich bin dem hilflos ausgeliefert.		
Ich kann doch nichts ändern.		
Besorgnis um Kritik		
Die anderen werden mich auslachen.		
Die werden's mir heimzahlen.		
Die werden mich für dumm halten.		
Ich werde nicht ernst genommen.		
Die anderen werden mich für einen Angeber halten.		
Ich werde dumm dastehen.		
Man wird mir böse sein.		
Man wird mich ablehnen.		
Ich werde mich blamieren.		

Streßverschärfende Gedanken (Fortsetzung)

	Dieser Gedanke ist mir	
	vertraut	nicht vertraut
Angst vor körperlichen Beschwerden		
Ich werde sehr nervös sein.		
Ich werde zittern.		
Ich werde rot werden.		
Ich werde Herzklopfen bekommen.		
Ich werde Atembeschwerden bekommen.		
Ich werden einen Kloß im Hals haben.		
Mir wird schwindelig werden.		
Ich werde den Faden verlieren.		
Ich werde stottern.		
Ich werde mich verhaspeln.		
Ich habe Angst um mein Herz.		
Selbstvorwürfe		
Das ist wieder mal typisch für mich.		
Ich hätte mich mehr anstrengen sollen.		
Ich habe nicht alles versucht.		
Ich hab's zu leicht genommen.		
Ich bin unfähig.		
Ich bin ein Versager.		
Da habe ich mich wieder mal dumm angestellt.		
Mir gerät auch nichts richtig.		
Selbstüberforderung		
Ich muß immer für meinen Betrieb da sein.		
Ich sollte jedem, der mich um Hilfe bittet, helfen.		
Ich will mit allen Leuten gut auskommen.		
Ich darf die anderen nicht enttäuschen.		
Auf mich ist 100%iger Verlaß.		
Ich darf keine Arbeiten liegen lassen.		
Ich darf keinen Termin überziehen		
In meiner Arbeit dürfen mir keine Fehler unterlaufen.		

Problemlösetraining 2

Alltägliche Belastungen

In meinem Alltag fühle ich mich belastet durch:

	Ja	Nein	Punkte
1. große soziale Verpflichtungen (z.B. in Vereinen oder Organisationen)			
2. große familiäre Verpflichtungen (z.B. im Haushalt, Pflege von Angehörigen)			
3. das Gefühl, allgemein nicht ausgelastet zu sein			
4. gesundheitliche Probleme (z.B. Krankheiten, Folgen von Krankheiten oder chronische Leiden)			
5. Schwierigkeiten, Berufs- und Privatleben miteinander zu verbinden (z.B. bei Doppelbelastung)			
6. Ehe- oder Partnerschaftskonflikte			
7. Probleme mit den Kindern (z.B. Erziehung oder Schule)			
8. finanzielle Einschränkungen (z.B. Arbeitslosigkeit, Ratenzahlungen)			
9. hohe Verantwortung am Arbeitsplatz (z.B. großes Risiko, einen Schaden zu verursachen)			
10. Unzufriedenheit mit meinem Arbeitsplatz (z.B. durch Unterforderung oder mangelndes Interesse)			
11. Unzufriedenheit mit meinen Arbeitsbedingungen (z.B. Lärmbelästigung, Hitze oder Nässe)			
12. meine Arbeitszeiten (z.B. Schichtarbeit)			
13. Störungen bei der täglichen Arbeit (z.B. Unterbrechungen oder schlechte Planung)			
14. verschiedene Anforderungen am Arbeitsplatz, denen ich nicht gleichzeitig gerecht werden kann			

Alltägliche Belastungen (Fortsetzung)

	Ja	Nein	Punkte
15. starke Anstrengung (z.B. hohe Konzentration, schwere körperliche Arbeit)			
16. persönliche Spannungen am Arbeitsplatz (z.B. mit Kollegen oder Vorgesetzten)			
17. Unstimmigkeiten im Verwandtenkreis			
18. häufig wiederkehrende Auseinandersetzungen mit anderen Personen (z.B. Vermietern, Mietern oder Nachbarn)			
19. Unzufriedenheit mit der Wohnsituation (z.B. Lärm, zu kleine Wohnung, schlechte Lage usw.)			
20. die Zeiteinteilung des Tagesablaufs (z.B. zu wenig oder zu viel Freizeit, zu wenig Schlaf)			
21. die Befürchtung einer drohenden Verschlechterung der bestehenden Lebenssituation (z.B. durch Arbeitslosigkeit oder Krankheit)			
22. sonstiges, bisher noch nicht genanntes (hier können Sie weitere Belastungen nennen):			

Auswertung
Gehen Sie die einzelnen Belastungen noch einmal durch und überlegen Sie, wie schwer die jeweilige Belastung in Ihrem Alltag wiegt. Gewichten Sie die Belastungen, die Sie mit „Ja" angekreuzt haben, mit einem Punktwert: Sie haben insgesamt zehn Punkte zur Verfügung, die Sie auf die verschiedenen Belastungen je nach ihrer Schwere verteilen können. Sie können natürlich auch – im Extremfall – alle zehn Punkte für eine Belastung vergeben. Die anderen Belastungen erhalten dann keinen Punkt. Sie erhalten auf diese Weise eine Rangreihe Ihrer Belastungen.

Dem Streß auf die Spur kommen – Arbeitsbogen zur Selbstbeobachtung in belastenden Situationen

Der erste Schritt zu einer besseren Bewältigung von alltäglichen Belastungen besteht darin, möglichst genau die Situationen herauszufinden, die Sie als Streß empfinden, und zu beobachten, was mit Ihnen in diesen Situationen geschieht.

Versuchen Sie in den kommenden Tagen sich selbst gezielt zu beobachten, wenn Sie sich „gestreßt“ fühlen, und schreiben Sie Ihre Beobachtungen möglichst sofort in diesem Bogen nieder.

Versuchen Sie, Ihre Belastungsgefühle wie z.B. Anspannung, Nervosität, Ärger oder Niedergeschlagenheit so früh wie möglich zu entdecken, und fragen Sie sich dann nach dem Auslöser für diese Gefühle. Das können bestimmte aktuelle Belastungssituationen sein, aber auch Gedanken oder Erinnerungen an zukünftige oder vergangene Belastungen.

Bitte bringen Sie den ausgefüllten Bogen zur nächsten Gruppensitzung wieder mit.

Selbstbeobachtung in belastenden Situationen

Situation			Reaktion		
Wo?	Wann?	Was geschieht?	Was spüre ich körperlich?	Was denke und fühle ich?	Was tue oder sage ich?

Wie man sich selbst auf neue Gedanken bringt ... – kognitive Strategien zur Streßbewältigung

Streß entsteht zu einem erheblichen Teil im Kopf. Wie wir Situationen einschätzen und unsere eigenen Kompetenzen bewerten, hat großen Einfluß darauf, ob es zu Streß kommt oder nicht. Ein wichtiger Weg zur Streßbewältigung besteht daher darin, eigene streßverschärfende Gedanken zu erkennen und zu verändern. Dies ist leichter gesagt als getan. Um sich selbst in Streßsituationen auf neue, streßvermindernde Gedanken zu bringen, kann es hilfreich sein, sich mit einer (oder auch mehreren) der folgenden Fragen zu konfrontieren:

- *Was denkt einer, den die Situation weniger belastet als mich?*
- *Wie werde ich später, morgen oder in einem Monat oder in einem Jahr über die Situation denken?*
- *Was würde schlimmstenfalls geschehen? Was genau wäre daran so schlimm? Wie wahrscheinlich ist das?*
- *Was wäre schlimmer als diese Situation?*
- *Habe ich schon einmal eine ähnlich schwierige Situation gemeistert? Wie?*
- *Was würde ich einem Freund zur Unterstützung sagen, der sich in einer ähnlichen Situation befindet?*
- *Was würde ein guter Freund mir in dieser Situation sagen?*
- *Wie wichtig ist diese Sache wirklich für mich?*
- *Gibt es etwas anderes, etwas, das mir sehr wichtig ist, an das ich mich in dieser Situation erinnern könnte und das mir Mut und Sicherheit geben kann?*

Besonders – aber nicht nur – in solchen Situationen, die nicht veränderbar sind, können folgende Fragen zu alternativen Bewertungen anregen:

- *Was kann ich in dieser Situation lernen?*
- *Welche Aufgabe habe ich in dieser Situation?*
- *Welchen Sinn finde ich in dieser Situation?*

Was mir noch einfällt

- ____________________
- ____________________
- ____________________

„Problemlösen"

Probleme gehören zum Alltag und meistens gelingt es uns, sie auf die eine oder andere Art zu meistern. Oft ist es jedoch auch so, daß uns das gleiche Problem immer wieder belastet und daß wir es – ohne Erfolg – auf die immer gleiche Weise zu lösen versuchen. In diesen Fällen ist es sinnvoll, sich Zeit zu nehmen und in Ruhe und systematisch nach neuen, kreativen Lösungsmöglichkeiten für das Problem zu suchen. Dazu gehören die folgenden Schritte:

- **Schritt 1: „Dem Streß auf die Spur kommen":** Zunächst beobachte ich möglichst genau die Situationen, in denen das Problem auftritt, und wie ich in dieser Situation reagiere.

- **Schritt 2: „Ideen zur Bewältigung sammeln":** Dann sammle ich möglichst viele unterschiedliche Ideen, wie die Situation zu bewältigen wäre, ohne vorschnell bestimmte Vorschläge zu verwerfen. Wenn möglich, befrage ich Freunde, Bekannte, Kollegen, wie Sie das Problem angehen würden. Oder ich versuche mich selbst auf neue Ideen zu bringen, z.B. indem ich mir vorstelle, wie jemand ganz anderes sich in dieser Situation verhalten würde. Ich lasse auch ungewöhnlich, unrealistisch oder unvernünftig erscheinende Ideen zu.

- **Schritt 3: „Den eigenen Weg finden":** Erst im nächsten Schritt gehe ich dann die einzelnen Ideen noch einmal durch und überlege, welche Vorschläge am ehesten dazu beitragen werden, daß die Belastung in dieser Situation abgebaut wird. Ich gehe unvoreingenommen an die einzelnen Vorschläge heran und vermeide ganz bewußt, einzelne Ideen schon jetzt zu verwerfen, weil sie mir im Moment als nicht umsetzbar erscheinen. So verhindere ich, daß ich mich selbst im Kreis drehe und gebe neuen Vorschlägen eine Chance. Ich wähle schließlich eine oder mehrere Ideen aus.

- **Schritt 4: „Konkrete Schritte planen":** Hier geht es nun um die praktische Umsetzung der ausgewählten Ideen. Ich überlege, welche Vorschläge wie praktisch verwirklicht werden können. Ich plane konkrete Schritte für die nächsten Tage und mache mir einen genauen Plan, wann, wo und wie ich diese Schritte durchführen will.

- **Schritt 5: „Im Alltag handeln":** Ich setze meinen Plan in die Tat um !

- **Schritt 6: „Bilanz ziehen":** Ich bewerte das Ergebnis: War die Problemlösung erfolgreich oder muß ich nach neuen Ideen suchen? Habe ich bestimmte Vorschläge vorschnell ausgeschlossen? Waren die konkreten Schritte nicht genau genug geplant? Habe ich mögliche Schwierigkeiten übersehen?

Schema zum Problemlösen

Was ist das Problem?	
① Wie sieht eine typische Situation aus?	
② Ideen zur Bewältigung	③ Auswahl
• ______	❒
• ______	❒
• ______	❒
• ______	❒
• ______	❒
• ______	❒
• ______	❒
• ______	❒
• ______	❒
• ______	❒

Schema zum Problemlösen (Fortsetzung)

④ Was ist zu tun? Konkrete Schritte planen!

Was?	bis wann?
● ______________________________	
● ______________________________	
● ______________________________	
● ______________________________	
● ______________________________	
● ______________________________	
● ______________________________	

⑤ Im Alltag handeln. Ich setze meinen Plan in die Tat um!

⑥ Bilanz ziehen:
Was war gut?
Was muß ich das nächste Mal anders machen?

Entspannungstraining 3

Anleitung zum Entspannungstraining (progressive Muskelentspannung nach Jacobson)

Bitte lesen Sie diesen Text aufmerksam durch. Er wird Ihnen behilflich sein,

- das, was Sie bereits über die Muskelentspannung erfahren haben, nochmals aufzufrischen,
- Antwort auf noch offene Fragen zu finden,
- die Übungen zu Hause korrekt durchzuführen.

Worum geht es?

Die Technik, die Sie erlernen werden, heißt *progressive Muskelentspannung.* Dabei lernen Sie, einige wesentliche Muskelgruppen Ihres Körpers in einer bestimmten Reihenfolge zu entspannen, indem Sie diese Muskelgruppen erst anspannen und dann lockern, während Sie gleichzeitig sehr konzentriert und sorgfältig auf die Empfindungen achten, die dabei an Ihren Muskeln auftreten. Mit einiger Übung werden Sie dazu kommen, Ihre Muskelspannung weit unter das normale Spannungsniveau zu senken, und zwar wann immer Sie wollen und wann immer Sie es brauchen. Sich entspannen lernen geht ähnlich wie das Erlernen anderer Fertigkeiten, wie Schwimmen, Autofahren oder Klavierspielen. Sie brauchen dazu Übung, Konzentration und Engagement. Dies bedeutet, daß Sie sich Zeit nehmen müssen, Zeit für sich selbst. Schon Wilhelm Busch wußte:
„Es gibt nichts Gutes, außer man tut es!“

Wozu Muskelentspannung?

Mit etwas Übung werden Sie feststellen, daß durch die Entspannung der Muskulatur auch andere Zeichen körperlicher Unruhe und Erregung, wie z.B. Herzklopfen, Schwitzen, Zittern zurückgehen oder verschwinden, daß Sie sich insgesamt viel ruhiger und gelassener fühlen. Mit der Muskelentspannung haben Sie also eine Technik zur Hand, mit der Sie körperliche und seelische Anspannung und Nervosität verringern und alltägliche Streßsituationen gelassener bewältigen können.

Was sie beim Üben berücksichtigen sollten!

Zeitpunkt: Üben Sie täglich mindestens einmal, und legen Sie den Zeitpunkt so, daß Sie anfangs 20–25 Minuten zur Verfügung haben, in denen Sie nicht gestört werden und sich auch nicht unter Zeitdruck fühlen. Diese Minuten sollen also voll und ganz der Entspannung zur Verfügung stehen.

Anleitung zum Entspannungstraining (Fortsetzung)

Äußere Umgebung: Gerade zu Beginn des Trainings ist es besonders wichtig, daß Sie während des Übens nicht abgelenkt und in Ihrer Konzentration gestört werden. Ideal ist deshalb ein ruhiger, abgedunkelter Raum. Achten Sie darauf, weder durch Personen oder Haustiere im Zimmer noch durch das Klingeln des Telefons oder der Türklingel unterbrochen zu werden.

Sitzgelegenheit: Die Sitzgelegenheit sollte so beschaffen sein, daß keine Anstrengung für die Körperhaltung nötig ist. Ideal ist ein gut gepolsterter Sessel (evtl. auch Sofa), in dem Sie Kopf, Nacken, Rücken und Arme bequem anlehnen bzw. auflegen können.
Kleidung: Achten Sie darauf, daß Sie während der Übung nicht durch beengende Kleidungsstücke (Jackett, Krawatte, Gürtel, unbequeme Schuhe etc.) oder Brillen, Kontaktlinsen, Uhren u.ä. in Ihrer Bewegungsfreiheit und Konzentrationsfähigkeit eingeschränkt werden. Legen Sie diese vorher ab.

Grundposition: Bevor Sie mit den Entspannungsübungen beginnen, sollen Sie sich eine Minute Zeit nehmen, in der Sie sich vergewissern, daß Sie auch wirklich bequem und entspannt sitzen und sich darauf vorbereiten, daß Sie sich entspannen werden.
Wenn Sie im Sitzen üben, achten Sie darauf, daß die Füße bequem stehen, daß die Beine gelockert sind, daß Sie sich überall richtig anlehnen können, daß Sie für Ihren Kopf eine angenehme Lage finden, daß die Schultern locker herabhängen und Hände und Unterarme entspannt auf der Lehne oder im Schoß aufliegen.
Sie können natürlich auch im Liegen üben. Legen Sie sich dazu auf den Rücken, die Arme liegen leicht angewinkelt, die Beine liegen ausgestreckt nebeneinander, die Füße zeigen nach außen. Vielleicht ist es bequemer, wenn Sie ein Kissen oder eine Rolle in den Nacken, den Rücken oder in die Kniekehlen legen. Probieren Sie die für Sie angenehmste Lage aus.

Worauf es bei der Übung ankommt!

Anspannen und Entspannen: Indem Sie eine Muskelgruppe anspannen und dann die so entstandene Spannung anschließend mit dem Ausatmen wieder lockern, ermöglichen Sie diesen Muskeln, sich weit unter ihr normales Spannungsniveau zu entspannen. Die Wirkung ist ähnlich wie bei einem unbewegt herabhängenden Pendel. Wenn wir es stark nach links („Entspannung") ausschwingen lassen wollen, könnten wir es stark in diese Richtung stoßen. Leichter wäre es jedoch, es zunächst ganz in die entgegengesetzte Richtung („Anspannung") zu ziehen und es dann fallenzulassen. Es wird über die Senkrechte hinaus in die gewünschte Richtung schwingen. Die Muskeln vor der Entspannung anzuspannen ist, als ob wir uns zu einem „fliegenden Start" in die tiefe Entspannung verhelfen. Dabei sollte das Anspannen 5–7 Sekunden nicht überschreiten, um die Muskeln nicht zu verkrampfen. Atmen Sie beim Anspannen ganz normal weiter und halten

Sie den Atem bitte nicht an. Nach dem Lockern einer Muskelgruppe sollten Sie sich ca. 20–30 Sekunden Zeit nehmen, um die Entspannung wirken zu lassen.

Auf Empfindungen achten: Ein weiterer Vorteil dieser Technik, erst Spannung zu erzeugen und dann zu lockern, liegt darin, daß Sie durch den Kontrast die mit Anspannung und Entspannung verbundenen Empfindungen leichter erkennen und unterscheiden lernen. Wenn Sie eine Muskelgruppe anspannen, so spüren Sie, wie die Muskeln hart werden und sich zusammenziehen. Achten Sie während des Anspannens immer genau auf diese Empfindungen. Wenn Sie dann die Muskelgruppe entspannen, d.h. alle Spannung gleichzeitig herauslassen, verschwinden diese Empfindungen und angenehme Entspannungsgefühle treten an ihre Stelle. Diese können von Mensch zu Mensch ganz unterschiedlich sein. Manche Menschen spüren Wärme in ihre Muskeln fließen oder ein angenehmes Kribbeln, andere empfinden Schwere und wieder andere ein Gefühl der Schwerelosigkeit. Wichtig ist nur, daß Sie während des Entspannens ganz aufmerksam auf diese Empfindungen achten, ihnen nachspüren und so die Entspannung tiefer und tiefer werden lassen.

Richtig atmen: Beim Anspannen der Muskeln sollten Sie ganz normal weiteratmen. Beim Lösen der Anspannung atmen Sie tief aus. Ansonsten sollten Sie Ihre Atmung nicht weiter beachten oder gar zu kontrollieren versuchen. Sie werden während der Übung ganz von alleine zu einer ruhigen und entspannten Atmung kommen.

Konzentration: Sie werden feststellen, daß es nicht einfach ist, sich 20 Minuten nur auf sich selbst bzw. auf die Muskelentspannung zu konzentrieren. Ihre Aufmerksamkeit wird häufiger durch Geräusche, andere Körperempfindungen oder abschweifende Gedanken abgelenkt werden. Das ist ganz normal und sollte Sie nicht beunruhigen. Wenn Sie feststellen, daß Sie abgeschweift sind, so nehmen Sie es ruhig hin und richten Sie dann Ihre Aufmerksamkeit wieder auf Ihren Körper. Denken Sie also nicht weiter darüber nach, sondern fahren Sie einfach mit der Übung fort. Häufig hilft es, sich die Anweisungen für die Übung durch innerliches Sprechen selbst zu geben und auch die Empfindungen, die beim Entspannen auftreten, innerlich zu kommentieren. Zum Beispiel so: „... atme aus und entspanne. Laß alle Spannung raus und konzentriere dich ganz auf die Empfindungen, die beim Entspannen der Muskeln auftreten. Achte darauf, wie sie weicher und entspannter werden ..." usw.

Beenden der Entspannung: Wenn Sie alle wesentlichen Muskelgruppen entspannt haben, dann versuchen Sie den angenehmen Entspannungszustand noch einige Minuten aufrecht zu erhalten und zu genießen. Sie können dazu die einzelnen Muskelgruppen in Gedanken nochmals durchgehen und den Grad Ihrer Entspanntheit erfühlen oder auch einfach so entspannt sitzen bleiben und einer angenehmen, wohltuenden Vorstellung nachhängen. Sagen Sie sich anschließend, daß Sie die Entspannung beenden wollen. Lassen Sie sich Zeit dabei. Ballen Sie Ihre Hände zu Fäusten, strecken und räkeln

Anleitung zum Entspannungstraining (Fortsetzung)

Sie sich, atmen Sie ein paarmal kräfig tief durch und öffnen Sie dann die Augen. Hierdurch wird der Körper nach der Entspannung – ähnlich wie nach dem Schlafen – wieder auf den Wachzustand eingestellt. Dieses *Zurücknehmen* der Entspannung soll nach jeder Übung erfolgen. Nur wenn Sie abends im Bett unmittelbar vor dem Schlafen üben, nehmen Sie die Entspannung nicht zurück. Andernfalls kann es vorkommen, daß Sie sich frisch und ausgeruht fühlen und deswegen in den darauffolgenden Stunden nicht schlafen können. Wenn Sie im Bett das Zurücknehmen der Entspannung auslassen, werden Sie besser einschlafen.

Entspannung läßt sich nicht erzwingen: Wir haben betont, wie wichtig Konzentration und regelmäßiges Üben für den Erfolg des Trainings sind. Sich entspannen können erfordert jedoch noch etwas mehr, nämlich: sich gehen lassen können, sich Zeit für sich selbst nehmen können und Geduld mit sich haben, wenn es einmal nicht so gut klappt. Viele von Ihnen werden auch die Erfahrung kennen, daß gerade dann, wenn man unbedingt einschlafen will, der Schlaf sich nicht einstellt. Erst wenn man die Absicht, schlafen zu wollen, aufgibt und auch den vielleicht aufkommenden Ärger und die Sorge über zu wenig Schlaf losläßt, stellt der Schlaf sich unvermittelt ein.
Bei der Entspannung verhält es sich ganz ähnlich. Auch sie ist durch eine noch so große bewußte Willensanstrengung nicht zu erreichen. Denken Sie z.B. auch an das Suchen nach einem Wort, das man erst findet, wenn man sich nicht mehr krampfhaft darum bemüht. Besonders bemüht Übende, die ihren „ganzen Willen" einsetzen, oder solche, die glauben, man könne alles mit dem Willen erreichen, versagen. Man kann Spannung, Verkrampfung (und die damit einhergehenden Erscheinungen) nicht mit dem Willen beseitigen – lösen schon gar nicht –; denn Wille ist Spannung. Auf dem Weg der Entspannung steht daher ganz am Anfang – und immer wieder neu – die Notwendigkeit, den bewußten Willen, die Absicht, die Dinge aktiv beeinflussen, beherrschen, managen zu wollen, loszulassen zugunsten einer mehr passiven, mitgehenden, aufnehmenden und sich hingebenden Haltung.

Progressive Muskelentspannung – Übungen der Langform

	Arme und Hände:	
(1)	Dominante Hand und Unterarm:	Hand zur Faust ballen.
(2)	Dominanter Oberarm:	Ellenbogen anwinkeln (mit geöffneter Hand).
(3)	Nicht-dominante Hand und	Hand zur Faust ballen.Unterarm:
(4)	Nicht-dominanter Oberarm:	Ellenbogen anwinkeln (mit geöffneter Hand).
	Kopf und Gesicht:	
(5)	Stirn und Kopfhaut:	Augenbrauen hochziehen und dabei die Stirn in horizontale Falten legen. oder: Augenbrauen zusammenziehen, so daß auf der Stirn tiefe senkrechte Falten („Zornesfalten“) entstehen.
(6)	Augen und obere Wangenpartie:	Augen zusammenkneifen und die Nase nach oben ziehen („rümpfen“).
(7)	Untere Wangenpartie, Kiefer, Mund:	Zähne aufeinander beißen, Lippen aufeinander pressen, Zunge nach oben gegen den Gaumen drücken.
(8)	Hals und Nacken:	Kopf etwas einziehen und nach hinten drücken. oder: Kopf nach vorne auf die Brust ziehen. oder: Kopf leicht geneigt nach rechts (bzw. links) drehen, das Kinn zeigt jeweils zur rechten (bzw. linken) Schulter. oder: Kopf mit dem Gesicht nach unten zur rechten (bzw. linken) Schulter neigen („das Ohr auf die Schulter legen“)
		Rumpf:
(9)	Schultern und obere Rückenpartie:	Schultern hochziehen (zu den Ohren). oder: Schulterblätter nach hinten unten drücken („als wollten sich die Schulterblattspitzen berühren“). oder: Schultern nach vorne vor die Brust ziehen.

Progressive Muskelentspannung – Übungen der Langform (Fortsetzung)

(10) Untere Rückenpartie:	leichtes Hohlkreuz machen, indem das Becken nach vorne gekippt wird. oder: den Rumpf nach vorne überbeugen.
(11) Bauch:	Bauch hart machen („als wolle man einen leichten Schlag abfangen"). oder: Bauchdecke einziehen. oder: Bauchdecke nach außen wölben.
Beine:	
(12) Gesäß, Ober- und Unterschenkel, Füße:	Fersen auf den Boden drücken, Zehenspitzen nach oben richten und dabei Unterschenkel, Oberschenkel und Gesäßmuskulatur anspannen. oder: Fersen vom Boden hochheben, dabei Waden-, Oberschenkel- und Gesäßmuskulatur anspannen.

Entspannungsprotokoll für die Woche von .... bis ....

In dieser Woche übe ich: ______________________________

Datum	Zeit	Übung durchgeführt?	Wie war der Erfolg? (1 = sehr gut bis 6 = sehr schlecht)	Bemerkungen:
		o ja o nein	1 2 3 4 5 6	
		o ja o nein	1 2 3 4 5 6	
		o ja o nein	1 2 3 4 5 6	
		o ja o nein	1 2 3 4 5 6	
		o ja o nein	1 2 3 4 5 6	
		o ja o nein	1 2 3 4 5 6	
		o ja o nein	1 2 3 4 5 6	
		o ja o nein	1 2 3 4 5 6	

Genußtraining 4

„Acht Gebote des Genießens"

1. **Gönne dir Genuß**

   Viele Menschen haben Hemmungen, ein schlechtes Gewissen oder schämen sich, wenn sie sich selbst etwas Gutes tun. Vielleicht weil sie in ihrer Kindheit entsprechende Verbote von ihren Eltern bekommen haben, können sie sich heute selbst keinen Genuß erlauben. Hier kommt es darauf an, sich über unnötig gewordene Genußverbote klarzuwerden und diese fallenzulassen.

2. **Nimm dir Zeit zum Genießen**

   Das klingt banal, ist aber eine ganz wichtige Voraussetzung für das Genießen. Genuß geht nicht unter Zeitdruck – aber manchmal genügt schon ein Augenblick.

3. **Genieße bewußt**

   Wer viele Dinge gleichzeitig tut, wird dabei kaum genießen können. Wollen Sie Genuß erleben, dann müssen Sie die anderen Tätigkeiten ausschalten und sich ganz auf diesen besinnen. Genuß geht nicht nebenbei.

4. **Schule deine Sinne für Genuß**

   Genießen setzt eine fein differenzierte Sinneswahrnehmung voraus, die sich durch Erfahrung gebildet hat. Beim Genießen kommt es auf das Wahrnehmen von Nuancen an. Es gilt hier, die eigenen Sinne zu schärfen.

5. **Genieße auf deine eigene Art**

   Das weiß auch der Volksmund: „Was dem einen sin Uhl ist, ist dem anderen sin Nachtigall". Genuß bedeutet für jeden etwas anderes. Hier kommt es darauf an, herauszufinden, was einem gut tut und – genauso wichtig – was einem nicht gut tut und was einem wann gut tut.

„Acht Gebote des Genießens" (Fortsetzung)

6. Genieße lieber wenig, aber richtig

Ein populäres Mißverständnis über Genießen ist, daß derjenige mehr genießt, der mehr konsumiert. Für den Genuß ist jedoch nicht die Menge, sondern die Qualität entscheidend. Ein Zuviel wirkt auf die Dauer sättigend und langweilig. Wir plädieren deshalb dafür, sich zu beschränken, nicht aus Geiz oder aus falscher Bescheidenheit, sondern um sich das jeweils Beste zu gönnen.

7. Überlasse deinen Genuß nicht dem Zufall

Eine Redensart besagt, daß man die Feste feiern soll, wie sie fallen. Das Zufällige, Spontane, Unerwartete bringt häufig einen ganz besonderen Genuß. Es erscheint jedoch nicht günstig, den Genuß alleine dem Zufall zu überlassen. Im Alltag wird es oft nötig sein, Genuß zu planen, d. h. die Zeit dafür einzuteilen, die entsprechenden Vorbereitungen zu treffen, Verabredungen zu vereinbaren usw.

8. Genieße die kleinen Dinge des Alltags

Genuß ist nicht immer zwangsläufig etwas ganz Außerordentliches. Vielmehr gilt es, Genuß im normalen Alltag zu finden – in kleinen Begebenheiten und alltäglichen Verrichtungen. Wer sich selbst im Alltag innerlich dafür offen hält, kann eine Vielzahl von Quellen für angenehme Erlebnisse gerade auch im alltäglichen Leben entdecken.

Genießen im Alltag

Bitte achten Sie in den kommenden Tagen einmal ganz bewußt auf schöne Dinge in Ihrem Alltag. Darauf, was Ihnen Freude macht, was Sie als angenehm empfinden und genießen können. Das können besondere Ereignisse sein, wie etwa der seltene Besuch guter Freunde oder z.B. ein Theaterbesuch. Wichtiger aber noch sind die ganz alltäglichen kleinen Freuden wie z.B. das angenehme Gefühl auf der Haut nach der morgendlichen Dusche oder ein schöner Sonnenuntergang, den sie beobachtet haben, oder der angenehme Geruch von frisch gemahlenem Kaffee. Bitte nehmen Sie sich jeden Tag ein paar Minuten Zeit – am besten nach ihrer täglichen Entspannungsübung – um sich zu vergegenwärtigen, was Sie an diesem Tag als angenehm erlebt haben. Machen Sie sich auf diesem Bogen einige Notizen.

Tag	**Heute war angenehm ...**
Montag	*der Weg zur Arbeit durch den frischen Herbstwind*

Liste angenehmer Erlebnisse

Die folgende Liste erhält eine Reihe von Tätigkeiten, die von vielen Menschen als angenehm und erholsam erlebt werden. Bitte geben Sie bei jeder Tätigkeit an, wie gern und wie häufig Sie diese Tätigkeit ausführen. Die Liste ist nicht vollständig. Falls Ihnen noch andere Möglichkeiten einfallen, tragen sie diese bitte in die freien Zeilen ein. Bitte bringen Sie den ausgefüllten Bogen zu unserer nächsten Gruppensitzung wieder mit!

Was?	Wie gern?			Wie häufig?		
	nicht	etwas	sehr	nie	selten	oft
1. Kontakt und Geselligkeit						
Freunde/Bekannte/Verwandte besuchen	❍	❍	❍	❍	❍	❍
Freunde/Bekannte/Verwandte einladen	❍	❍	❍	❍	❍	❍
mit den Kindern spielen	❍	❍	❍	❍	❍	❍
ein Lokal besuchen	❍	❍	❍	❍	❍	❍
Tanzen gehen	❍	❍	❍	❍	❍	❍
Unternehmungen/Ausflüge mit der Familie	❍	❍	❍	❍	❍	❍
Gesellschaftsspiele	❍	❍	❍	❍	❍	❍
in einem Verein mitarbeiten (Kegelclub, Chor, Schachclub etc.)	❍	❍	❍	❍	❍	❍
was mir noch einfällt:	❍	❍	❍	❍	❍	❍
•	❍	❍	❍	❍	❍	❍
•	❍	❍	❍	❍	❍	❍
•	❍	❍	❍	❍	❍	❍
2. Hobbys						
Fotografieren/Filmen	❍	❍	❍	❍	❍	❍
Sammeln von Briefmarken/Münzen	❍	❍	❍	❍	❍	❍
Pflanzen züchten	❍	❍	❍	❍	❍	❍
Malen/Zeichnen	❍	❍	❍	❍	❍	❍
Töpfern	❍	❍	❍	❍	❍	❍
Basteln/Handarbeiten	❍	❍	❍	❍	❍	❍

Liste angenehmer Erlebnisse (Fortsetzung)

Was?	**Wie gern?**			**Wie häufig?**		
	nicht	**etwas**	**sehr**	**nie**	**selten**	**oft**
ein Musikinstrument spielen	❍	❍	❍	❍	❍	❍
Musik hören	❍	❍	❍	❍	❍	❍
etwas Besonderes kochen	❍	❍	❍	❍	❍	❍
Puzzles/Rätsel lösen	❍	❍	❍	❍	❍	❍
technische Spiele (Eisenbahn,Computerspiele ...)	❍	❍	❍	❍	❍	❍
Heimwerken	❍	❍	❍	❍	❍	❍
was mir noch einfällt:	❍	❍	❍	❍	❍	❍
•	❍	❍	❍	❍	❍	❍
•	❍	❍	❍	❍	❍	❍
•	❍	❍	❍	❍	❍	❍
3. Kultur und Bildung						
ins Konzert gehen	❍	❍	❍	❍	❍	❍
Theaterbesuch	❍	❍	❍	❍	❍	❍
ins Kino gehen	❍	❍	❍	❍	❍	❍
einen Vortrag anhören	❍	❍	❍	❍	❍	❍
Besuch von Ausstellungen/Museen	❍	❍	❍	❍	❍	❍
ein gutes Buch lesen	❍	❍	❍	❍	❍	❍
einen Kurs bei der VHS belegen	❍	❍	❍	❍	❍	❍
Sportveranstaltungen besuchen	❍	❍	❍	❍	❍	❍
was mir noch einfällt:	❍	❍	❍	❍	❍	❍
•	❍	❍	❍	❍	❍	❍
•	❍	❍	❍	❍	❍	❍
•	❍	❍	❍	❍	❍	❍
4. Sport und Bewegung:						
Spazierengehen/Wandern	❍	❍	❍	❍	❍	❍
Waldlauf/Jogging	❍	❍	❍	❍	❍	❍

Liste angenehmer Erlebnisse (Fortsetzung)

Was?	**Wie gern?**			**Wie häufig?**		
	nicht	**etwas**	**sehr**	**nie**	**selten**	**oft**
Tennis	❍	❍	❍	❍	❍	❍
Tischtennis	❍	❍	❍	❍	❍	❍
Schwimmen	❍	❍	❍	❍	❍	❍
Radfahren	❍	❍	❍	❍	❍	❍
Tanzen	❍	❍	❍	❍	❍	❍
Kegeln	❍	❍	❍	❍	❍	❍
Skiwandern	❍	❍	❍	❍	❍	❍
Ballspiele	❍	❍	❍	❍	❍	❍
Gymnastik	❍	❍	❍	❍	❍	❍
Sauna	❍	❍	❍	❍	❍	❍
Federball	❍	❍	❍	❍	❍	❍
Angeln	❍	❍	❍	❍	❍	❍
leichte Gartenarbei	❍	❍	❍	❍	❍	❍
was mir noch einfällt:	❍	❍	❍	❍	❍	❍
•	❍	❍	❍	❍	❍	❍
•	❍	❍	❍	❍	❍	❍
•	❍	❍	❍	❍	❍	❍
5. Naturerlebnisse:						
im Gras liegen	❍	❍	❍	❍	❍	❍
Tiere beobachten (z.B. Vögel)	❍	❍	❍	❍	❍	❍
barfuß laufen	❍	❍	❍	❍	❍	❍
Blumen pflücken (z.B. auf einer Wiese)	❍	❍	❍	❍	❍	❍
in der Sonne sitzen	❍	❍	❍	❍	❍	❍
Kräuter, Pilze o.ä. sammeln	❍	❍	❍	❍	❍	❍
eine schöne Aussicht genießen	❍	❍	❍	❍	❍	❍
am Ofen sitzen/ins Feuer gucken	❍	❍	❍	❍	❍	❍
im Wasser waten	❍	❍	❍	❍	❍	❍
was mir noch einfällt:	❍	❍	❍	❍	❍	❍
•	❍	❍	❍	❍	❍	❍
•	❍	❍	❍	❍	❍	❍
•	❍	❍	❍	❍	❍	❍

Liste angenehmer Erlebnisse (Fortsetzung)

Auswertung

Schauen Sie sich nun bitte den ausgefüllten Bogen noch einmal an: Gibt es Tätigkeiten, die sie zwar gern, aber nur selten oder nie ausführen? Sind Sie vielleicht auf Dinge gestoßen, die Sie schon immer gern einmal getan hätten, aber bisher immer wieder verschoben haben? Gibt es Tätigkeiten, denen Sie früher mit Spaß nachgegangen sind und die Sie gerne wieder aufgreifen würden? Bitte notieren Sie auf diesem Blatt die angenehmen Dinge, die Sie in den nächsten Wochen zum Ausgleich für Ihre Belastungen unternehmen möchten!

♠ ____________________

♠ ____________________

♠ ____________________

♠ ____________________

♠ ____________________

♠ ____________________

♠ ____________________

♠ ____________________

♠ ____________________

♠ ____________________

Kontaktdiagramm

Befriedigende Kontakte zu anderen Menschen können die Bewältigung von Belastungen erleichtern und uns vor schädlichen Auswirkungen von Streß schützen: Andere Menschen können zum einen praktische Unterstützung geben, wenn einem z.B. die Arbeit über den Kopf wächst; aber nicht nur das. Auch die Aussprache mit anderen über die eigenen Belastungen kann Erleichterung verschaffen und neuen Mut machen. Schließlich gelingt es uns im Zusammensein mit anderen häufig leichter, abzuschalten und „auf andere Gedanken zu kommen".

Dieser Bogen will Sie dazu anregen, einmal über Ihre Kontakte nachzudenken. Das Kontaktdiagramm besteht aus einer Reihe von Kreisen. Der Kreis in der Mitte stellt Sie dar. Bitte tragen sie in die anderen Kreise die Namen der Personen ein, zu denen sie einen angenehmen und positiven Kontakt haben. Das können Familienangehörige oder Verwandte, Freunde, Bekannte oder Nachbarn sein. (Selbstverständlich können auch Kreise frei bleiben. Falls Sie mehr Kreise benötigen sollten, malen sie bitte selbst welche hinzu).

Schauen Sie sich bitte die Namen noch einmal an und überlegen Sie nun, zu wem Sie den Kontakt verstärken möchten, wen Sie z.B. gern häufiger besuchen oder zu sich einladen möchten. Verbinden Sie die Kreise mit den Namen dieser Personen bitte mit dem „Ich-Kreis" in der Mitte durch einem Pfeil. (z.B. ich → Onkel Fritz)!

Bitte bringen Sie den ausgefüllten Bogen zur nächsten Gruppensitzung wieder mit.

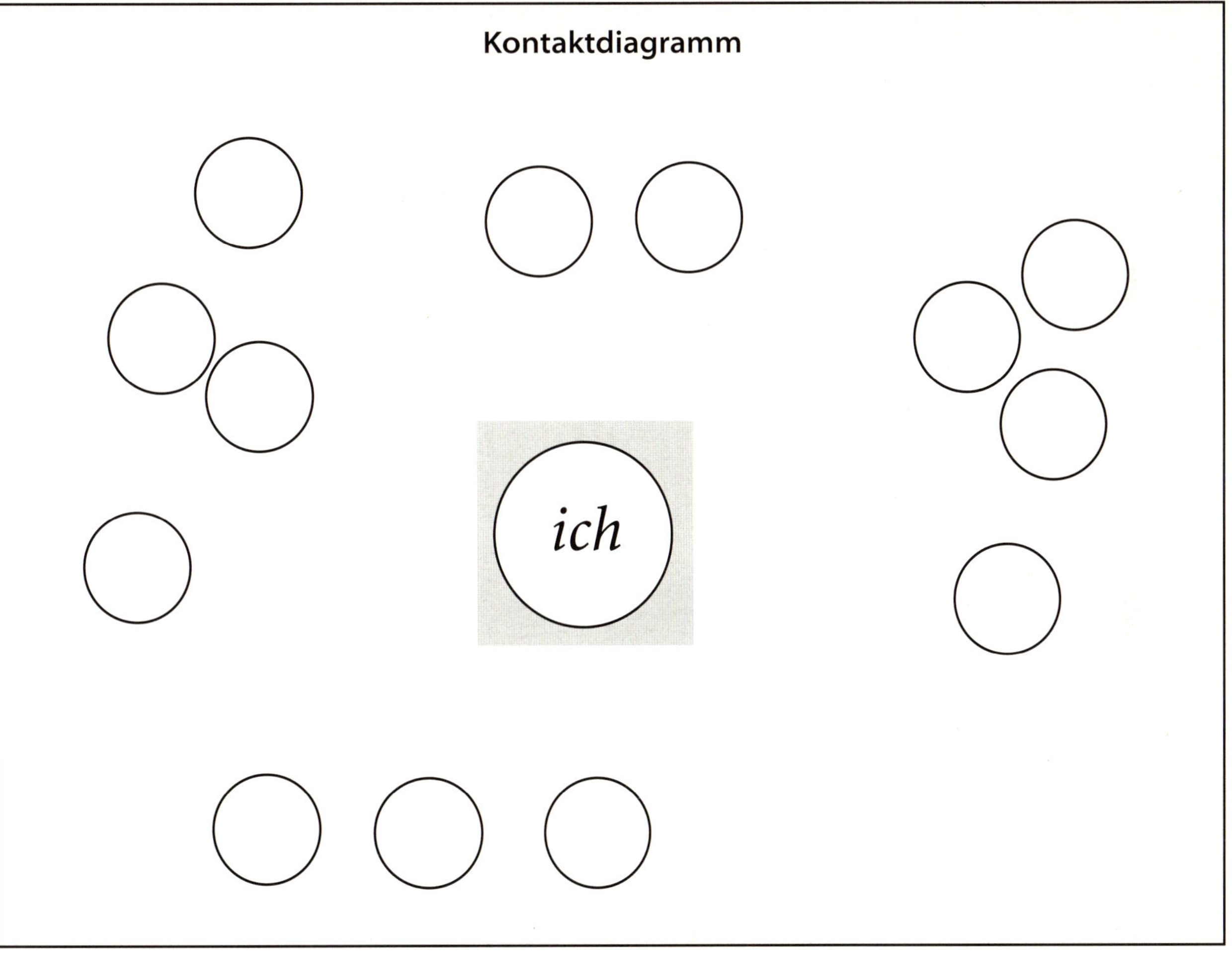
Kontaktdiagramm
ich

Regeln gegen den Zeitstreß

Hauptregeln

1. **Setze Prioritäten**
   Immer dann, wenn Sie das Gefühl haben, daß Ihnen alles über den Kopf wächst, zu viel gleichzeitig zu erledigen ist, sollten Sie sich die Zeit nehmen, eine Prioritätenliste zu erstellen. Überlegen und entscheiden Sie z.B. einmal für die kommende Woche, welche Dinge Ihnen besonders wichtig, welche etwas wichtig, welche eher unwichtig und welche ganz unwichtig sind. Und handeln Sie dann nach der zweiten Regel.

2. **Kümmere Dich um unwichtige Dinge erst dann, wenn die wichtigen Dinge erledigt sind**
   Lassen Sie sich von den unwichtigen Dingen nicht ablenken. Unwichtig heißt, daß diese Dinge warten können.

3. **Lerne, andere um Unterstützung zu bitten oder Aufgaben zu delegieren**
   Sie müssen nicht alles selbst machen. Überlegen sie einmal, für welche Aufgaben Sie die Unterstützung durch Personen in Ihrer Umgebung (z.B. Nachbarn, Kinder, Ehepartner, Untergebene etc.) gewinnen können, oder ob Sie Aufgaben an diese Personen delegieren können.

4. **Lerne, „nein" zu sagen**
   Wenn Anforderungen von anderen an Sie gestellt werden, dann überlegen Sie, ob Sie diese Anforderung wirklich erfüllen wollen und können. Sie haben das Recht, auch „nein" zu sagen! Das geht natürlich nicht immer, überlegen Sie aber bitte einmal, bei welchen Ihrer Aufgaben Sie gerne „nein" sagen möchten und könnten.

5. **Plane Zeit ein für Unterbrechungen und für nicht vorhersehbare Ereignisse**
   Wenn Sie Ihre Zeit zu eng planen, dann ist die Wahrscheinlichkeit sehr groß, daß Ihr Zeitplan durch unvorhersehbare Dinge umgeworfen wird und Sie in Hektik und Zeitnot geraten. Deshalb lieber von vornherein etwas mehr Luft einplanen! Das spart Nerven und letzlich auch Zeit.

6. **Nimm Dir mehrmals am Tag Zeit für Ruhe und Entspannung**
   Das haben Sie bereits im Zusammenhang mit den regelmäßigen Entspannungsübungen erprobt. Regelmäßige Ruhephasen sind nicht unnütze Zeitvergeudung, sondern wichtig für eine sinnvolle und effektive Zeitgestaltung.

Nebenregeln

7. Führe eine Liste mit all den kleinen Dingen, die zwischendrin, z.B. wenn man warten muß, erledigt werden können.

8. Stehe eine halbe oder eine ganze Stunde früher auf!

9. Das Fernsehen ist ein großer Zeitkiller. Wenn Du fernsiehst, entscheide Dich bewußt dafür! Ansonsten benutze den „AUS-Knopf".

10. Wirf – soweit möglich – unwichtige Post weg. Lies sie kurz durch und dann weg damit!

Name:________________________________ Datum:__________

Persönliches Gesundheitsprojekt

Mein Ziel:
(bitte möglichst konkret formulieren)

Vorteile:	**Barrieren:**
1.	
2.	
3.	
4.	
5.	

Konkrete Schritte:	
was?	(bis) wann?
1.	
2.	
3.	
4.	

Coach: ________________________________ Tel.: ____________

Hinweise zum Schmökern

COOPER, C. L.:
Streßbewältigung – Person, Familie, Beruf. dtv-Taschenbuch, 1987

ERNST, H.:
Gesund ist, was Spaß macht. Kreuz-Verlag, 1992

FONTANA, D.:
Mit dem Streß leben. Verlag Hans Huber, 1991

GEUE, B.:
Wie ich mir das Leben zur Hölle mache – und andere erfolgreiche Strategien, sich selbst zu schaden. Kreuz-Verlag, 1992

PLATTNER, I.:
Zeitberatung. Die Alternative zu Zeitplantechniken. mvg-Verlag, 1992

SCHRÄDER-NAEF, R.:
Keine Zeit ? Sinnvolle Zeiteinteilung im Alltag. Psychologie heute – Ratgeber. Beltz, 1987

Tausch, R.:
Hilfen bei Streß und Belastung. Rowohlt, 1993

VESTER, R.:
Phänomen Streß. dtv-Sachbuch, 1991 (12. Auflage)

WENDLANDT, W.:
Entspannung im Alltag. Ein Trainingsbuch. Beltz, 1992

WÖLLZENMÜLLER, F.:
Richtig Jogging. BLV-Verlagsgesellschaft, 1993

Springer-Verlag und Umwelt

Als internationaler wissenschaftlicher Verlag sind wir uns unserer besonderen Verpflichtung der Umwelt gegenüber bewußt und beziehen umweltorientierte Grundsätze in Unternehmensentscheidungen mit ein.

Von unseren Geschäftspartnern (Druckereien, Papierfabriken, Verpackungsherstellern usw.) verlangen wir, daß sie sowohl beim Herstellungsprozeß selbst als auch beim Einsatz der zur Verwendung kommenden Materialien ökologische Gesichtspunkte berücksichtigen.

Das für dieses Buch verwendete Papier ist aus chlorfrei bzw. chlorarm hergestelltem Zellstoff gefertigt und im pH-Wert neutral.

Druck: Druckerei Zechner, Speyer
Verarbeitung: Buchbinderei Schäffer, Grünstadt